何兆武文集

何兆武文集

从思辨到分析

历史理性的重建

何兆武——著

北京大学出版社
PEKING UNIVERSITY PRESS

图书在版编目（CIP）数据

从思辨到分析：历史理性的重建/何兆武著.—北京：北京大学出版社，2020.7
（何兆武文集）
ISBN 978−7−301−29363−8

Ⅰ.①从⋯　Ⅱ.①何⋯　Ⅲ.①史学理论—文集　Ⅳ.①K0-53

中国版本图书馆 CIP 数据核字（2018）第 037283 号

书　　　名	从思辨到分析：历史理性的重建 CONG SIBIAN DAO FENXI：LISHI LIXING DE CHONGJIAN
著作责任者	何兆武　著
责 任 编 辑	李学宜
标 准 书 号	ISBN 978−7−301−29363−8
出 版 发 行	北京大学出版社
地　　　址	北京市海淀区成府路 205 号　100871
网　　　址	http://www.pup.cn　新浪微博：@北京大学出版社
电 子 信 箱	pkuwsz@126.com
电　　　话	邮购部 010−62752015　发行部 010−62750672 编辑部 010−62752025
印 刷 者	涿州市星河印刷有限公司
经 销 者	新华书店
	965 毫米×1300 毫米　16 开本　24.5 印张　305 千字 2020 年 7 月第 1 版　2020 年 7 月第 1 次印刷
定　　　价	78.00 元

未经许可，不得以任何方式复制或抄袭本书之部分或全部内容。
版权所有，侵权必究
举报电话：010−62752024　　电子信箱：fd@pup.pku.edu.cn
图书如有印装质量问题，请与出版部联系，电话：010−62756370

1955年在西安

荷兰学者杜森(右)来访(2014年)

目 录

导论　从思辨的到分析的历史哲学　1

辑一　一个世界公民的历史哲学

康德也懂历史吗？
　　——一个世界公民的历史哲学　21
"普遍的历史观念"是如何可能的？
　　——评康德的历史哲学　40
"普遍的历史观念"是怎样成为可能的？
　　——重评康德的历史哲学　65
一条通向康德体系的新路
　　——读《论优美感与崇高感》　87
重读康德　108
关于康德的第四批判　116
批判的哲学与哲学的批判　126

辑二　历史理性的重建

历史理性的重建
　　——奥特迦·伽赛特历史体系观散论　135

论克罗齐的史学思想　175
论柯林武德的史学理论　211
评波普尔《历史主义贫困论》　254
反思的历史哲学
　　　——评罗素的历史观　293
论沃尔什和历史哲学　326
再论沃尔什和历史哲学　338
历史和历史解释
　　　——从德雷的新探索谈起　354

导论　从思辨的到分析的历史哲学

一

"历史哲学"一词是 18 世纪法国启蒙运动的著名思想家伏尔泰(Voltaire,1694—1778)最早使用的,他指的是人们对于历史不应该只以堆积史实为能事,还应该达到一种哲学的或理论的理解。现代的历史哲学一词,一般多用于专指西方唯心主义的历史哲学。至于唯物主义的历史哲学则一般通称为历史唯物主义,也就是马克思主义关于人类社会发展的普遍规律的科学。

在唯心主义方面,历史哲学一词的涵义和内容,也随着科学观念和哲学观念的变化而经历长期不断的演变,大体上是要回答两个问题:(一)历史演变的规律或规划是什么?(二)历史知识或理解的性质是什么?思辨的历史哲学主要地是回答第一个问题;分析的历史哲学主要地是回答第二个问题。一般说来,最近一个世纪在西方,历史哲学演变的趋势是从思辨的走向分析的。

历史是人类过去的活动,但是人们对于历史的认识却不仅仅限于要求知道或者确定历史事实而已,他们还要求从历史事实中能总结出一种理论观点来,即把编年史的记录提升到一种思想理论的高度上来,寻求历史发展和变化的某种规律,从历史事实中籀绎出意义,或者是对历史事实赋之以意义,从而把历史事实归纳为一种理论体系。这种理论性的活动就是历史哲学。

整个中世纪直到近代初期乃是神学的历史观占统治地位的时期,一部人类历史被看作是由一种超人的和超自然的外力(即神智)所支配的,历史就是天意的实现和见证。中世纪初期基督教教父圣奥古斯丁(Augustinus,354—430)的《上帝之城》,把人类历史看成是一部上帝的国度取代人间的国度的历史,是一部人类得救的历史。直到近代初期,法国历史学家鲍修哀(Bossuet,1627—1704)的《通史论》仍然是在论证:人类历史是由一种更高级的智慧所设计的,国家的兴衰是由神意所规定的。基督教神学认为,人类历史的本质就是一场善与恶的斗争。到了近代,由于自然科学的进步,自然规律的观念就在人们的思想里逐步占了上风,像是我们在笛卡儿和洛克那里所可以看到的那样。不过,16、17世纪数理科学的进步也形成了哲学思想是以数理科学为对象而遗漏了历史学的局面,笛卡儿(Descartes,1596—1650)《方法论》第一部竟致把历史学排斥于知识的领域之外,就是一个例证。到了18世纪,反宗教神学的思潮已蔚为巨流,也正面波及了历史哲学。意大利思想家维科(Giambattista Vico,1668—1744)是努力要把历史学系统地改造成一门"新科学",并唤起人们历史意识觉醒的近代历史哲学的奠基人。他第一个从理论上划分了上古、中古和近代的区别,并认为各个民族和社会都经历一定的发展阶段。他努力在神学之外寻求历史的规律,并确切肯定了历史学与仅凭观察和实验而得到的自然知识不同,因为历史是由人自己所创造的,而自然现象与变化则否。然而这样一部近代历史哲学的开山著作在很长的时期里,却不为思想界所熟悉。

18世纪的启蒙运动给人们的思想深深注入了一种信念,即人类理性一旦觉醒,就可以使人免于愚蠢和无知,并可以使人理解世界和掌握自己的命运。启蒙运动一些杰出的代表人物,如伏尔泰、卢梭、屠尔哥、孔多塞、赫尔德、康德等人,都认为历史过程是理性所可以理解的,并且是被道德所裁可的。天意的强烈人格性这时候已经逐步褪了色,被溶解于、乃至等同于自然。伏尔泰在他一系列的著作中,包括他那脍炙人口的讽刺小说中,尖辛地嘲笑了天命论,他把历史事变理解为自然过程中的必然与偶然的结合。他一方面抨击神学目的论,把中世纪教会的神权统治看成是黑暗的统治,一方面又相信历史的进步性,即历史是在理性的光明对愚昧无知进行斗争之中进步的。卢梭在他的许多著作中着力宣扬了人类天赋的理性光明。屠尔哥(Turgot, 1727—1781)认为人类的进步也就是人性、人的知识和感情的不断提高。而孔多塞(Condorcet, 1743—1794)的《人类精神进步史表纲要》则企图从理论上总结理性对于人类文明发展的贡献,他反对专制主义和愚民政策之扼杀人类的理性,并对于历史知识之有助于人类朝着未来的进步寄予无限的热望。这些启蒙思想家的美妙的憧憬,对于他们自己那个时代虽然成为一种极大的鼓舞,然而他们对理性的无限信赖那种历史乐观主义却无可避免地带有极大的空想成分。他们的思想方式基本上是形而上学的,也就是非历史的。因此,他们的观点受到了19世纪一些人的反对。例如,著名的瑞士史学家布克哈特(Jacob Burckhardt, 1818—1897)就反对那种以理性为依据的乐观主义,他批评人类之趋向完美、历史发展有一个目的等等观点,都属于主观的臆想,并没有任何历史经验上的证明。

1784年,康德(Immanuel Kant, 1724—1804)写成了他的《一个世界公民观点之下的普遍历史观念》,这篇历史哲学论文从理论上典型地发挥了他本人以及整个启蒙时代的历史观点,从而把18世纪的历史观提到一个新的哲学高度。文中提出:"人类历史整个说来,可以视为一幕大自然的隐蔽的计划的实现"①,因此人类的历史

---

① 《康德论文集》,莱克拉姆(Reclam)出版社,第232、222页。

就同时具有合目的性(朝着一个目标前进)和合规律性(按照一定的计划而展开)的两重性。随着人类之由自然状态进入社会政治状态,人性也就逐步地得到其完美的实现。这一实现过程就是历史。像维科、屠尔哥和孔多塞一样,康德也深信人性的完美是终究会在历史之中充分实现的,但是这种实现不可能是在一个个人的身上,而只有在人类的整体之中,在全部的历史过程之中。而人性中的恶或自私之表现于每个人的身上,就恰好成就了人类全体的美好——这种人类社会中的"对抗性"(竞争),康德就称之为人的"非社会的社会性"。① 这一理论自然会令人联想起在此文之前八年(1716)问世的亚当·斯密(Adam Smith, 1723—1790)《国富论》一书中的理论与其之间的相似,只不过后者只是论述人性之表现于一个抽象模型的经济活动之中,而前者则广阔地论述人性之表现于整个人类社会历史之中,并放在一个异常之有深度的哲学规划的总体基础之上。基于这种理论,康德就论证说,并不需要有一群天使(这是针对着卢梭的这一提法:要建立一套完美的立法,必须是先有一群天使而后可),就是一群魔鬼也照样可以建立一个理想的社会,只要他们有此智慧。由此而引申出来的一条系论便是:人类的永久和平不仅是可能的,而且必然是历史发展的归宿。康德就这样(有如后来的黑格尔)把历史纳入了一个富有辩证色彩的思辨体系,并从而预言了未来。但是这个论点也受到后来不少人的怀疑。康德把历史视为一个理性观念的发展过程,则大大影响了后来的费希特和黑格尔的历史哲学。康德的历史哲学被卡西尔(E. Cassirer, 1874—1945)誉为构成他的三大批判(《纯粹理性批判》《实践理性批判》和《判断力批判》)之外的第四个批判,即《历史理性批判》。康德这篇论文是直接受了赫

---

① 《康德论文集》,莱克拉姆(Reclam)出版社,第232、222页。

尔德的启发而写成的。

赫尔德(Johann Gottfried Herder,1744—1803)曾经是康德的学生,他的《人类历史哲学观念》一书继承了启蒙运动的进步理想,把历史看作是进步的。他提出人类历史的目的就是要充分实现人道,因此历史乃是一个有意义的而又合理的过程。但是和他同代人的一般看法不同,他并不把人性看作是一个常数,因而他并不把历史看作是人类永恒不变的思想意识的表现或反映。他宣称具体的人乃是不同民族、不同社会的不同条件之下的历史产物。这一论点是对18世纪把人性视为永恒不变这一基本观点的一大突破。与这一理论紧密联系,赫尔德就提出,应该从不同的时代背景和不同的民族精神来考察各种历史文化的特性,应该把历史视为是外因(环境)和内因(精神,尤其是不同的民族精神)相互作用的产物。这些方面乃是赫尔德超出前人的贡献所在。

不同于18世纪的启蒙思想家们对于过去的历史采取一种蔑视的态度,把过去的历史简单视为是非理性的,19世纪初叶的黑格尔(Georg Wilhelm Friedrich Hegel,1770—1831)是重视过去、重视历史的。在黑格尔看来,历史本身不仅是合理的,而且它就是理性自身(精神或世界精神)的发展过程。黑格尔的逻辑学虽然号称是穷尽了一切概念,但是这些概念却仍必须被赋之以具体的内容,也就是必须体现为自然的和精神的发展过程。这样,黑格尔就在启蒙运动的进步观念和康德先验的自由概念之中注入了新的因素。对于黑格尔,既然一切存在都是合理的,所以他也像康德一样,努力想要通过对历史内在辩证法的考察而揭示出其中所隐藏着的意义。黑格尔历史哲学的中心思想是:精神的本质就是自由,"自由是精神的唯一真理"①,所以"一部世界史就显示为精神上自由意识

---

① 黑格尔:《历史哲学》,J. Sibree 英译本,第18、19页。

的发展和实现"。① 这里,黑格尔虽则把世界历史看作是一个发展过程,却唯心主义地认定它是精神或观念的体现。因此,全书的结论就断言,精神发展与实现的过程也就是上帝在历史中的证实。

历史本来是经验的事实,但从赫尔德到黑格尔的历史哲学都是朝着非经验的或反经验的方面进行的。赫尔德上承孟德斯鸠的思想,还曾就自然环境论述了"民族精神",承认自然环境为历史的目标(人道的充分实现)准备了条件,然而到了黑格尔,"世界精神"却变成了主宰一切历史的唯一因素。于是人就变成了历史的工具,而人本身的作用和意义就变成了并不是他自己所曾或所能了解的东西。这一"理性的狡猾"的论点和后来某些分析派之强调历史学应该注重研究过去历史上人们的思想和动机,其着眼点显然是大不相同的。康德和黑格尔不但是18、19世纪古典德国哲学最突出的代表人物,同时也是这一时期古典思辨历史哲学最突出的代表人物。

历史是精神的自我实现,是自由的扩大或自由之体现于各个不同时代的历史之中——黑格尔的这个基本观点对后世历史哲学的影响是巨大的。黑格尔历史哲学的一些思想和论点被19世纪的史学家如兰克(Leopold von Ranke,1795—1886)、基佐(François Guizot,1787—1874)和20世纪的哲学家如克罗齐(Benedetto Croce,1866—1952)等人所吸收,也被19世纪的史学家如圣伯夫(Charles Augustin de Sainte-Beuve,1804—1869)、布克哈特和20世纪的分析派如波普尔(Karl Popper,1902—1994)等人所反对。至于卡莱尔(Thomas Carlyle,1795—1881),虽然以在英国宣扬英雄史观和德国古典哲学而闻名,但实际上除了夸张的文笔而外,他的《英雄和英雄崇拜》一书所标榜的中心观念,即历史的无限性或无极性

---

① 黑格尔:《历史哲学》,J. Sibree 英译本,第18、19页。

(Unendlichkeit)的观念,只不过是抄袭德国精神哲学的一种拙劣的翻版。黑格尔所遗留下来的问题——一种先天的逻辑结构怎么能够和经验中的历史事实相符合的问题,成为尔后许多历史哲学的中心问题。或者换一种说法来说,历史哲学的中心问题不外是如何构造出一种理论,使之能同时满足如下的两个条件:(一)它在推论上必须具有逻辑的严密性,(二)它在内容上又必须包罗或吻合历史经验的事实。

19世纪自然科学获得空前伟大的成功,这就使得许多历史哲学家要在历史学中追求一种像是物理科学中的因果律那样的努力,一时蔚然成风。属于这个思潮的,有人主张地理环境决定论(如巴克尔[Henry Thomas Buckle,1821—1862]),有人主张历史学就是社会心理学(如泰纳[Hippolyte Adolphe Taine,1828—1893]和兰普雷希特[Karl Lamprecht,1856—1915]),有人主张历史学就是生物社会学(如斯宾塞[Herbert Spencer,1820—1903]),而其中最为突出的代表应数孔德(Auguste Comte,1798—1857)。孔德所提出的人类精神发展的三阶段(神学的、形而上学的、科学的或实证的)的历史理论,是有意使历史研究模仿自然科学并尽力向自然科学看齐的一个例子。这一思潮被称之为实证主义的思潮。实证主义者以纯粹自然科学的眼光看待历史学并要求历史学,他们认为在原则上历史学和自然科学并无不同,一切科学的基本性质都是统一的、一致的,因而他们力图以自然科学那样的规律来总结历史,建立起一种社会发展的科学。他们相信历史是被它那内在的、必然的、普遍而客观的规律所决定,正如自然界是被自然律所决定的一样。这种信念到了20世纪遭受来自分析派的猛烈攻击,然而它的历史影响却始终是不可低估的,不仅在当时,而且在今天还一直有人在信仰它,例如美国的"新史学"派就依然在强调历史学的任务就是综合应用现代科学的成果。无疑地,一切现代科学的成果自然地要渗透到,而且应该有意识地应用到历史学中来,不然历史学就不能和现代科学的发展保持同步。但是同样无疑的是,历史学终究不是任何一种自然科学,也不可能以自然科学为依归。

与此同时,另一派唯心主义的历史哲学则沿着另一条道路在前进,他们把历史理解为精神的自我矛盾与斗争的发展历程。19世纪末的阿克顿(Lord Acton,1834—1902)就以自由作为历史的中轴线,狄尔泰(Wilhelm Dilthey,1833—1911)则认为历史是生命力的体现。

19世纪的西方,历史的乐观主义曾经风靡一时,但是20世纪初第一次世界大战的残酷现实使得许多人的这种历史乐观主义的向往幻灭了。战后不久,斯宾格勒(Oswald Spengler,1880—1936)出版的《西方的没落》一书就反映着这种悲观的情绪。斯宾格勒把各个历史文化当作历史上的独特生命现象加以描述,他认为每一种历史文化都经历大体相同的生长与灭亡的周期,并以暗淡的笔调预言了所谓西方文化的行将没落。20世纪中叶,汤因比(Arnold Toynbee,1889—1975)的12卷《历史研究》就脱胎于斯宾格勒的基本历史观点,但汤因比进一步加以改造,把全部世界历史分为21个文化单元,并论断说它们每一个都经历着相同的兴衰周期。在他们这一模式里,各个不同的文明被看成是在历史上是同时代的、平行的。他宣称他自己的目的是要探索"历史事实背后的意义"。①但是实际上,这种所谓历史形态学或历史文化形态学的一些基本概念(诸如对历史文化单元的划分,以及他所独创的一套所谓"挑战与应战""生长与解体"之类的观念)却严重地缺乏明确的科学规定,经不起逻辑的推敲,它们只可以说是一种半形而上学、半社会学的虚构,甚至流于宗教神学。因此,它们就不无道理地被某些分

---

① 汤因比:《历史研究》,第10卷,Oxford University Press,1954,第126页。

析派讥之为没有意义的词句,或者是伪科学。索罗金(Pitirim Sorokin,1889—1968)在20世纪二三十年代提出过《社会文化动力学》的理论,把历史文化分为感知的(sensate)和意念的(ideational),两种类型相交替,也近似于或者可以归入上述历史形态学一类的循环论的历史哲学。这类思潮的一个共同特点是,它们虽然都认为历史的演出表现为周期的循环,但是整个历史的本身却并没有一个总的规划或目的。如果说,19世纪的实证主义历史哲学是基于对数理科学原则的一种模拟,那么20世纪的这类形态循环论则是基于对生物学原则的一种模拟,而且是一种不恰当的模拟,因为历史文化现象从根本上说毕竟不是、也不应该被模拟为一个生物学上的个体生命现象。其他属于以生物学原则来解说历史的,还可以列入弗洛伊德(Sigmund Freud,1856—1939,他本人曾对历史做过个案研究,例如对达·芬奇的心理分析)以及心理分析派的某些后学,他们试图用文明与天性的冲突来解释历史。当代法兰克福学派的马尔库塞(Herbert Marcuse,1898—1979)就一方面接受了弗洛伊德的论点,一方面又力图掺入马克思主义;他的目的是要研究人类在文明社会中的异化,以及建立一种非压抑性的文明的可能性。心理分析派企图探索前人所从未曾探索过的领域,即以人们潜意识中最隐蔽的本能因素来解说历史的动力;不过迄今为止,所有这些方面的努力都还没有产生任何值得瞩目的历史理论,其成就也是不能和历史上的伟大的思辨历史哲学体系相比拟的。

二

以上各派大体上都属于思辨的历史哲学,他们都试图在一大堆貌似杂乱无章的历史事实的背后,寻求出理性的原则、规律或意义来;但是他们的缺点通常是都带有浓厚的形而上学观念的局限,缺乏严密的、科学的、语义学的与逻辑学的洗练。这种缺点导致了思想上和理论上的漏洞乃至混乱,使得他们不能建立起坚实的科学体系,而又易于招致反对者的攻击。20世纪初,由于自然科学上各种新发现和新理论百花怒放,旧的意义上的自然哲学就悄然让位给了所谓科学的(或分析的)哲学,于是思辨的历史哲学体系也就随之而日益有让位于批判的(或分析的)历史哲学之势。这一重点转移,在自然科学的哲学上和在历史哲学上是紧密相关的。

分析派严厉批评了以往思辨的历史哲学体系,认为它们都是徒劳无功的。分析派的出发点是:要理解历史事实,首先就要分析和理解历史知识的性质。历史哲学的任务应该就是(或者至少,首先而且主要的就是)对历史的假设、前提、思想方法和性质进行反思。这样,分析派的历史哲学就把研究的重点从解释历史事实的性质转移到解释历史知识的性质上面来,或者可以用一种比喻的说法,即把重点从对历史的形而上学的研究转移到对历史的知识论的研究上面来。历史记录乃是历史学家对历史事实的表述方式,人们又是通过历史记录而认识已经成为过去的历史事实的,因此,分析派所面对的问题就更多地乃是历史认识是什么,而不再是历史本身是什么,更多地乃是人们是怎样在认识历史的运动的,而不再是历史自身是怎样运动的。对于分析的历史哲学来说,重要得多的问题已经不再是对历史本身的探讨和解释,而是对历史学的探讨和解释。当时,在哲学应该成为科学的科学这一总的潮流影响之下,历史哲学也走上了力求成为历史科学的科学这条道路。分析的历史哲学提出的要求是,应该从哲学的角度来考察历史知识的性质,或者说对历史知识进行一番哲学的批判。1907年,德国历史学家齐美尔(Georg Simmel,1858—1918)提出了康德式的问题:历史科学是怎样成为可能的?对这个问题的答案构成了20世纪以来历史哲学文献的主体,包括像是卡西尔的《近代哲学与科学的认识问题》，亨佩尔（Carl Hempel，1905—1997）的《历史学中普遍规律的作用》以及诸如德雷（W. Dray，1921—2009）的《历史学中的规律与解释》，加德纳（P. Gardiner，1922—1997）的《历史解释的性质》，伯林（I. Berlin，1909—1997）的《历史的不可避免性》之类层出不穷的论著，其内容实质可以说都是环绕着这一中心问题而展开的。

1874年，英国唯心派布莱德雷（F. H. Bradley，1846—1924）《批判历史学的前提假设》一书的问世，通常被认为是现代分析历史哲学的开端。书中讨论了历史客观性的可能性问题，作者既反对当时实证主义的客观主义，也反对当时图宾根学派和历史主义派的怀疑主义。此后，历史科学与自然科学的异同问题，就成为历史哲学家们所讨论的一个热门。有趣的是，当时在英、法两国，实证主义的史学理论正在流行，极力要把历史学纳入自然科学的方向和轨道，而在德国情形却相反，开始掀起了反实证主义的思潮。在德国，狄尔泰于1883年在他的《精神科学引论》中区别了历史科学与自然科学两种研究方法的不同。这一提法被德国历史学家梅涅克（Friedrich Meinecke，1862—1954）和德国的新康德主义哲学家、弗赖堡学派的文德尔班（Wilhelm Windelband，1848—1915）和李凯尔特（Heinrich Rickert，1863—1936）所吸收并做了新的发挥。他们都严格区分了历史学和自然科学之不同，强调其不同就在于历史学是对只出现一次的独一无二的现象的理解，因而人们也就不可能总结其普遍的规律。他们都强调直觉在认识中的重要作用，并把历史理解说成是主观的东西。狄尔泰标榜历史主义（或历史的相对主义），以"体验"（Erlebnis）这一概念作为理解历史的关键，即历史是要从内部加以认识的。李凯尔特则提出，成其为科学规律的东西必须是反复出现的，而历史事件却是不可能重演的。（然则，是不是历史事件并不重演，就不可能从其中抽出某种模型或规律来呢?后来汤因比的工作所蕴含的回答则是,历史事件虽然仅只出现一次,然而它所采取的形态却是重复出现的,所以历史形态学的研究就是可能的,而且是理所当然的。)李凯尔特又提出,历史认识与自然科学知识的不同还在于:历史认识之中必然包括有不可离弃的价值体系在内,而这对自然科学则是完全不需要的。新康德主义派这种强调历史的独特性及其与先天价值的关系的论点,受到了许多人的责难,被认为是绝对地割裂了历史和自然。

继狄尔泰之后,新黑格尔派的克罗齐和柯林武德(R. G. Collingwood,1889—1943)都继续致力于论证历史科学与自然科学之不同。他们认为历史科学是一门特殊的科学,它提供的是有关个体的知识,而不是一般的或普遍性的知识。自然科学之研究自然界是从自然界的外部来加以考虑的,而历史科学之研究人类的经验和思想则必须从人的内心加以考虑。两者不仅方法不同,而且其所要证实的假说,性质也根本不同。人类历史乃是精神的历程;人类的每一桩活动都渗透着人们的思想(动机、意图、目的、计划),而不同于自然界的变化可以归之于单纯的自然因果律(另有的历史哲学家,如奥克肖特[Michael Oakeshott,1901—1990],甚至认为历史学中并不需要有任何因果律)。因而不同于自然科学的是,历史学必须对于这些过去的思想进行再思想(或反思),否则我们就不可能理解历史。由此推论,则过去的历史之为人们所理解,就仅仅有赖于历史学家使之为人们所理解。他们指责此前的历史学家们大都缺乏对历史学的这种认识,缺乏这种对历史的反思的洗礼。他们的主张实际上是把如何可能理解历史放在历史哲学的中心地位。因此,他们的出发点就并不是客观规律而是主观认识。历史学家所关心的并不是通常意义上的事实,而仅仅是具有思想的行为。克罗齐认为历史知识是思想(或心灵结构)的产物,是对过去时代的活思想,所以一切历史就都是当代史,也就是说它只存在于历史学家对它的思想认识之中。他的一个著名公式是：抽象的哲学就是方法论，而具体的哲学就是历史学。柯林武德接受了维科、黑格尔和克罗齐历史理论的影响，并做出了进一步的创新和发挥，公开号召一场史学革命。他的基本论点是：历史就是思想史，是人们思想活动的历史，所以历史学的任务就是要重演过去的思想，但那并不是简单的重演，而是把过去的思想囊括在（或者应该囊括在）现在的历史学家的活思想之中。凡是读克罗齐和柯林武德两人历史哲学著作的人，一定免不了对他们论证历史和思想的同一性时的那种强烈动人的力量感受到一种非常深刻的印象，但同时却也一定免不了对他们之处理历史与思想的统一性时的那种绝对化的僵硬态度会有一种不可救药之感。确实，他们在论证历史的本质即思想时，有其深刻的创见，但历史与思想的同一性究竟并不是、也不能等同于历史和思想的统一性。历史的背后总有思想在支配，两者是统一的；但思想并不就等于全部的历史，两者并不是同一回事。

由于肯定了在人类历史的锁链中，人类主观的意图和努力乃是其中最本质的一环，所以不少分析派的历史哲学家就由此径直走向了根本就不承认历史有客观规律的地步，从而也就不承认历史的发展和演变是可以预见的。有的人还主张，历史思维的性质更接近于法理思维（即法官判案的那种思维）而非科学思维。

分析派的一般倾向大都认为历史研究并不是科学，至少不是自然科学那种意义上的科学，而只是对于历史文献及其结构的意义与认识的研究。波普尔在他的《科学研究的逻辑》一书中谴责了一切思辨的历史理论，说它们只能是伪科学；在他的《历史主义的贫困》一书中又论证说，人类知识的进步是不可能预言的，而历史的行程又在极大程度上受到知识进步的左右，故而历史行程就是不可能预言的，也就是说历史的进程并无客观规律可寻——历史是不能预见的,未来是不能预知的。波普尔又指责思辨的历史哲学所依据的并不是真正严谨的科学推理,因为思辨的历史哲学没有能满足为严谨的科学推论所必须具备的两个条件,即(一)概念上的科学确定性,和(二)观察上的可验证性。按照他这种说法,要想构造任何历史理论或历史哲学都成为不可能的事,历史学只是、也只能是知识在人们日常生活中的一种实际运用罢了。波普尔研究历史解说的性质,一定程度上反映了英语国家分析派的特色。而大陆的当代历史哲学家们则带有较浓厚的生命哲学的传统色彩,然而,双方的结论却往往有殊途同归的地方。雷蒙·阿隆(Raymond Aron,1905—1983)的历史哲学探讨了历史的客观性,梅洛-庞蒂(Maurice Merleau-Ponty,1908—1961)则强调历史的主观性,认为历史从根本上说乃是人类主观的产物,并不具有客观性,因此也就并不存在什么历史的客观规律性。

维特根斯坦(Ludwig Wittgenstein,1889—1951)在当代分析哲学领域享有极高的声誉,在历史哲学方面也有其影响。他的若干追随者们在历史哲学领域几乎都不同意人类的行为和事迹之中有任何因果关系可寻。

P. 文茨(Peter Winch,1926—1997)更进一步发挥了维特根斯坦的论点,以为人类行为之有无意义并不取决于研究者,而是取决于行为者对意义的理解。另一个当代分析派的大师罗素(B. Russell,1872—1970),他本人就对历史很感兴趣,但他有关历史学的专著,如早年的《自由与组织》、晚年的《论历史》,都几乎把历史说成是人们思想的随心所欲的产品。当代还有人(如丹图[Arthur Danto,1924—2013])以为人们对同一件史实的理解,既可以是思辨的,又可以是分析的;两者并行而不悖,并且可以同等地是真的。又有人(如谢诺波尔)以为历史的动因包括意识的力量与无意识的力量两者在内。当代有关历史学知识论的理论是如此之纷纭繁多,这里没有必要一一加以列举。

总的说来,分析派的办法是从历史规律转而研究历史认识的性质和可能性,把它化归于科学哲学的认识论之下而重新考察思辨历史哲学的前提和假设。这个工作如果做得正确,当然不失为一项具有科学价值的工作。但是他们进行这个工作的时候,却摆脱不了自己狭隘的哲学观点的束缚;其结果是犯了一场"演丹麦王子而没有哈姆雷特"的错误,所谓的历史哲学竟致把历史本身(这本来是历史哲学的最重要的对象和前提)轻而易举地一笔勾销了。

20世纪以来,由于分析学派在西方(尤其是在英、美)哲学界几乎占有压倒的优势,从而影响到西方历史哲学,使它也日益把注意力转移到对历史学命题的语言意义分析方面来,尽管也不乏某些人(例如汤因比就是其中突出的一个)仍然在努力构造其思辨的体系,但普遍的趋势却是更着重于对历史理论的知识论研究。分析派所特别指出并批判思辨的历史哲学的一大缺陷,是它没有能认识到历史的自律性(Autonomy)。这一批判对某些(特别是对实证派)思辨历史哲学来说,在一定的限度之内有其合理性的一面。但是自律性是不是就与客观必然性彼此排斥而互不相容?对于这个问题,分析派的历史哲学家迄今为止并没有做出真正令人满意的答案,而他们在某些基本论点上似乎还没有超过康德所做的答案的水平。诚然,一切思辨的历史哲学,在其企图根据纯理性的推论而对历史上的经验世界得出一套逻辑的结构时,总会不可避免地在许多根本之点的论断上失之于武断和臆测,从而也就为分析派的攻击敞开了大门,使分析派理所当然地得以指责他们"不科学"。但是,对于不同的思辨历史哲学体系,我们应该进行具体分析,尤其是对一些古典的、体大思精的思辨历史哲学体系,对其中所饱含着的时代合理性以及其中许多洞见的深刻性,绝不是简单地以"不科学"的名义所能一笔抹杀的。在人类的认识史上,以往一些有价值的思辨历史哲学体系虽则并没有、也不可能掌握历史的真实和全貌,但它们是有贡献的。它们的贡献在于它们各得大道之一端,即在某些环节或某些方面触及了历史科学的某些根本问题。这是没有一个严肃的历史哲学家所能轻易忽略而不去认真汲取其中的合理成分的。还不用提即使是最极端的分析派也不能不承认的,这些思想理论作为一曲"概念诗"(Begriffsdichtung)对于时代和历史的发展所起的巨大的推动和鼓舞的作用。

反之,分析派有关历史哲学的许多论点,严格分析起来,是不是就全都那么"科学"呢?把对历史的理解局限于语言的和逻辑的分析,或者是把历史的作用力全然归结于主观思想的功能和活动,其结果就势必导致完全无视历史发展中不以人的意志为转移的客观存在、客观价值、客观的物质基础和物质动力。归根到底,历史哲学终究是有其不可否定的、不可弃离的客观对象及其问题的。当然,我们可以而且应该承认,当代的分析学派在语言意义和逻辑概念的分析技术上,确有其细致深入的一面。在许多哲学问题上,包括在历史哲学上,确实也有真命题与假命题之分,有意义的语句与无意义的语句之分,对一个判断究竟是可以证实的还是不可以证实的之分。分析的历史哲学在这些方面以及在许多别的方面确实做出了一定贡献,对于某些问题的提法的精确度和明晰性都超过了19世纪以前的思辨历史哲学。然后,对语言意义和逻辑概念的分析研究虽则有助于,但却终究不是、也不能代替人类对客观世界(包括历史在内)的知识本身。一种思想方法,无论多么正确,终究不是知识本身,尽管它有助于知识。这一点对于一切知识来说莫不皆然,对于历史知识或历史哲学来说也同样有效。

正如同分析哲学的那些分析研究,不管做出了多少进步,并不能取消或者代替哲学问题一样,分析的历史哲学也不能取消或者代替历史哲学本身固有的问题。逻辑分析归根到底是不能提供、更不能偷换对历史哲学具体内容的答案的。至于分析的历史哲学,其前途如何,这个问题固然将取决于整个分析哲学的前途如何;但在更大程度上则将取决于历史哲学中的合理成分,并在扬弃和批判其中不合理的成分的同时,怎样在自己的科学实践中确立它自己的科学的尊严。历史哲学并不是历史科学,它只能是对历史科学的哲学批判。这个哲学批判的工作怎样进行和进行得如何,都将随着历史科学本身的科学自觉而转移。

(原载《世界历史》1986年第1期。本文是为一次介绍性的讲话所准备的发言提纲)

辑 一
一个世界公民的历史哲学

康德也懂历史吗?
——一个世界公民的历史哲学

一

康德也懂历史吗？正如同样也可以问:康德懂文艺吗？康德写了一部美学巨著《判断力批判》,其中只引过一首腓特烈大帝写得实在很不高明的诗,此外并没有谈任何文艺。然而但凡研究美学理论的人,大概没有人能忽略这部书。康德的文风,冗长枯涩、佶屈聱牙,适宜阐扬美学的道理吗？只有读过了此书之后,读者才会赞叹这位哲人的思想是何等卓绝。他是从一个更高的、"世界公民"的观点之下观照普遍原理的;相形之下,一切具体的事例和史实都显得微不足道。

《历史理性批判》中的两篇历史哲学论文是:《一个世界公民观点之下的普遍历史观念》(1784)和《人类历史起源臆测》(1785)。这两篇论文表明,康德与人们习惯于想象的那位足不出哥尼斯堡、拘谨严肃而又"没有趣味的"哲学家的形象,判若两人。正如他中年所写的《论优美感和崇高感》与《一个通灵者的梦》一样,这两篇文章文思流畅,清明似水,洋溢着机智和幽默,宛如一阕谐谑的插曲——例如,其中提到城市姑娘总比乡村姑娘漂亮,这必然对于游牧部落成为一种强有力的吸引——但又始终不失其深邃的洞见。

全文体大思精，首尾一气呵成，是一长串理论思维锤炼成的精粹的提纲，并与他整个的批判体系打成一片，成为三大批判之外的第四批判；卡西尔称之为"历史理性批判"，孔波斯托（Renato Composto）的专著则径直题名为"康德的第四批判"。

启蒙时代的精神，即那种多少过分天真的、乐观的信心和憧憬——即人类历史是不断在走向完美之境的——可以说最集中地表现在当时两部历史哲学著作中：康德的《历史理性批判》和孔多塞的《人类精神进步史表纲要》。是什么保证了人类不断地在朝着美好前进而渐入佳境呢？那保证便是人类理性的自觉。然而两个人对这一历史进程的论述，却又大异其趣。孔多塞的重点在于务实，全就史实加以论述；康德则把重点放在务虚上，专就思辨立论而抽空其具体的内容，故而才可能写出《人类历史起源臆测》，同时却又明确指出臆测并不是虚构。康德把历史归结为九条命题，孔多塞则纳入十个阶段；两人都断言经历了种种曲折之后，人类终将步入自由平等的太平盛世。两人开启了下一个世纪的两大潮流；康德开启了黑格尔以降的精神科学，孔多塞则开启了孔德以降的实证主义。两条路线相互颉颃，蔚为近代历史思想史上最为引人入胜的一幕。

如果说，孔多塞体现了启蒙运动的精神，那么康德就不仅体现了而且确实还超越了它。卡西尔以为这一理性时代的缺点恰好在于它过分片面地强调理性，乃至竟要以理性囊括人生的全部（随后的浪漫主义就正是从这里打开缺口）。就在这个简单地"一切都必须在理性的法庭面前为自己的存在做辩护，要么就放弃存在的权利"[1]的时候，康德却匠心独运，对理性自身提出了更高明的看法：他把理性分解为纯粹的、实践的和判断的三个领域[2]，把认识分解

---

[1] 恩格斯：《反杜林论》，《马克思恩格斯选集》，北京：人民出版社，1972年，第3卷，第56页。

[2] 康德：《判断力批判》，Meredith 英译本，Oxford University Press，1911，第15页。

为感性的、智性的和理性的三个层次。而此前人们所谓的理性,往往不过是指智性;那是混淆了理性(Vernunft)和悟性(Verstand)的缘故。(尽管今天有人对认识的认识,仍停留在前康德的感性、理性两阶段论上。)一个人要完全超越时代固然是不可能的事,但他的贡献又往往恰好在于他能突破时代的约束而不随波逐流,与世浮沉。评价一个人,并不单看他遗留了多少在后世看来仍然是真确的东西,而更要看他留下有多少创造性的思想仍然值得后人深思。时代提供了传统,至于演出什么则要看个人才能的发挥。(这个题目有艾略特[T. S. Eliot]的专文。①)我们今天读史,仍不能不惊叹那个群星灿烂的时代所怒放的思想奇葩。

二

两篇论文均甚简短,但表现出作者对历史本质的深思熟虑的考察和见解。《臆测》一篇尤为貌似游戏,其中以基督教神话附会文明进步的史实,信手拈来均成妙谛,简直难以想象世上居然还能有如此之异想天开而又推论严密、如此之风趣盎然而又题材严肃的论文了。它所要表示的无非是:历史是一个理性的开展过程,我们在圣书中就可以找到它的原型。解经而出之以如此别开生面的方式,真可称为"非常异议可怪之论"。无怪康德晚年终因《论万物的终结》一文触犯了当时的文网而受到处分,被禁止讲授神学。大抵古今中外大家的即兴之作,虽似小道,亦必极有可观(如杜甫的打油诗、贝多芬的小调之类)。哲学家也不必总是整天道貌岸然地滔滔不绝在说教。

---

① 参看艾略特:《传统与个人才能》("Tradition and the Individual Talent"),收入《艾略特文选》(T. S. Eliot, *Selected Essays*, London:Faber & Faber,1934)。

本文写作的年代介于第一(1781)与第二(1788)两批判之间,即美国独立之次岁与法国革命的前夕;文中传达了一个重要的信息,即"我们所处的时代是一个批判的时代"。第一批判开宗明义就提出:"我们一切知识都始自经验,这是没有疑问的。"① 但知识始自经验,并非意味着知识就是经验的产物。与经验主义者不同的是,康德认为人心并非是一张白纸,知识的成立尚有赖于先验的(非经验的)成分。经验提供素材,而把材料构造成一座知识大厦的,则有待某种先验东西的加工。同样,史料只是素材,要勾画出完整的历史画面,则有待于某种先验东西的加工。这种先验的东西,康德称之为"观念"(Idee 即 Idea,以有别于 Vorstellung 即 idea)。观念并不是历史的产物,而是我们强加于历史之上的。观念是前提而不是结论,没有这个前提的引导,我们就无从理解历史;正犹如没有范畴,我们就无从理解物质世界。前些年史学界曾有一个口号"论从史出",它与康德的作意正好相反。(唯物主义者应该把思想理论看作是现实的产物,而不是从故纸堆中得出来的。)例如,一部二十四史是摆在那里的,古人读史是读它,今人读史也是读它;但古人和今人的理解和观念却截然不同。如果是论从史出,则古人读史早就应该得出和今人相同的理论和观点了。所以康德的先验论,并不像它表面上看去那么有悖于常识。观察历史(正如观察自然),我们总需戴上一副眼镜,观念就是那副不可或缺的眼镜。

《观念》的第一条命题是:"一个被创造物的全部自然禀赋都注定了终究是要充分地并且合目的地发展出来的。"所以理性这一自然禀赋,就终究是要充分发展出来的。但这个命题不能从史料中得出来,它根据的只是这一观念:"大自然绝不做徒劳无功的事。"②

---

① 康德:《纯粹理性批判》,绪论。
② 牛顿:《自然哲学之数学原理》(Issac Newton, *The Mathematical Principles of Natural Philosophy*, Berkeley: University of California Press, 1934),第398页。

这个观念牛顿曾以之指导我们了解自然世界,康德则引用于解说人类历史。(这是前提;正因为"天生我材必有用",所以才有"人尽其才"或"各尽所能"的结论。)牛顿的形而上学被引入历史哲学,其间我们看不出有任何斧凿的痕迹(还有,康德与边沁、康德与亚当·斯密之间某些惊人的一致)。

但是大自然的这一目的,却不是在个人的身上而只是在整个物种上才会实现,因为个体的生命是太短促了。(古希腊的希波克拉底[Hippokrates]说过"*Ars longa, vita brevis*"[人生朝露,艺术千秋]。)既然是要在整个物种的身上实现,就需要有一个使之得以实现的社会条件,因而"大自然迫使人去加以解决的最大问题,就是建立起一个普遍法制的公民社会"。① 同理,这一人与人之间的公民社会,又必须在一个更高的层次上(即在国与国之间)重演,建立起一个各民族的联合体(而不是一个大一统的世界帝国);因而理性的充分发展也就是人类永久和平的唯一保证——1795年的名文《永久和平论》,其大旨不外如是,只不过当时正值法国大革命"恐怖统治"的血腥年代,使他的信念(即"每个国家的公民体制都应该是共和制"②)不免多少受到影响。

大概没有人比康德更深刻又更敏锐地意识到:经验的事实永远是流变不居的,所以普遍的有效性就只能求之于永恒不变的先验形式,而不能根据经验的事实。道德的准则只能是纯形式的教诫;你必须按照能够成其为普遍准则的做法去行事。③ 康德晚年又明确提出:"凡是根据理性的理由对于理性是有效的,对于实践也就是有效的。"④历史是人类的实践,所以它当然也以理性的理由为

---

① 康德:《一个世界公民观点之下的普遍历史观念》。
② 康德:《永久和平论》。
③ 参看康德:《实践理性批判》《道德形而上学探本》。
④ 康德:《论通常的说法:这在理论上可能是正确的,但在实践上是行不通的》。

其唯一的准则。历史理性一旦这样成立,人类历史的两重性(自然性与道德性,必然与自由)就被结合为一体,亦即历史在两重意义上是有理性可以籀绎的,即(一)它是根据一个合理的而又可以为人所理解的计划而展开的,(二)它又是朝着一个为理性所裁可的目标前进的。前者是历史的合规律性(Regelmäßigkeit),后者是历史的合目的性(Zweckmäßigkeit),康德之结合自然规律与自由事业的这一尝试,不但前无古人,也使后来者难以为继。到今天,西方学人大都已放弃了这一思辨的努力,而转入分析的历史哲学的途径。

  历史是理性发展的过程,当然大体上也就是一场由坏而好、由恶而善的不断进步①;同时既然万物的发展都有一个终结②,历史有没有一个终结呢?这又是一个永远不能解决而永远要追问的问题。黑格尔肯定它是有一个终结的,那终结就体现在普鲁士政权的身上。(前两年福山[Francis Fukuyama]写了一本颇为耸动的书《历史的终结》,认为历史已经以两百年前法国革命的原则而告终结了。)康德、黑格尔两人面临同样的问题。但黑格尔是霸道的、武断的,认定全部人类历史都已被囊括在他那历史哲学的体系之中。康德则是谦逊的、探索的。他谦逊地承认迄今为止人类历史行程还太短,不足以验证他的原则;他还谦逊地承认自己不懂得历史,只是在臆测,并期待着历史学界出现一位开普勒或牛顿式的人来探索历史的定律。③ 这和黑格尔咄咄逼人、剑拔弩张的霸气,恰形成鲜明的对比,反映出两人迥然不同的人格和风貌。赖欣巴哈评论两人说:"黑格尔曾被人称为康德的继承者;那是对康德的严重误解,也是对黑格尔不恰当的过誉。康德的体系不失为一位伟大的思想家要把理性主义建立在科学基础上的企图。黑格尔的体系

---

① 参看康德:《重提一个老问题:人类是在不断进步吗?》。
② 参看康德:《万物的终结》。
③ 参看康德:《一个世界公民观点之下的普遍历史观念》。

则是一个狂信者的简陋的虚构。"他还断言:"系统哲学到康德就终止了。"①这种臧否是否妥当,可另作别论,但两人的历史哲学予人以不同的感受,则是不争的事实。也许这种感受完全是出自读者个人的倾向,有如周礼全兄所说,每个人(在气质上)不是个康德派就是个黑格尔派的缘故吧。

三

历史的两重性相应于人的两重性。人既是现象人(homo phenomenon),又是本体人(homo noumenon)。我们对人及其历史,既应从外部(现象)加以考察,也应该从内部(本体)加以考察。意志是自由的,没有自由就没有道德可言,但它表现为现象(人的行为)则又服从自然规律。"当历史学考虑人类意志的自由作用的本体时,它就可以揭示出它们有一种合乎规律的进步,并且就以这种方式而把从个别主体看来显得是杂乱无章的东西,在全体的物种上却能够认为是人类原始禀赋之不断前进的、虽则是漫长的发展。"②两者看似矛盾,却统一于理性。矛盾统一是人人都会说的口头禅,问题是如何统一。

历史法则并非就是科学规律(如物理学规律或生物学规律),指出这一点是康德超出实证主义的地方;但它又并不是没有大自然的目的和规律作为引导,这又是康德超出唯意志论和英雄史观的地方。历史发展既有规律而又自由——这里并不是在玩弄文字游戏,而是对卢梭如下命题更高一层的发扬:人是被迫自由的。③什么叫"被迫自由"?对此康德有详尽的阐述。或者可以形象地这

---

① 赖欣巴哈:《科学哲学的兴起》(Hans Reichenbach, *The Rise of Scientific Philosophy*, Berkeley: University of California Press, 1956),第122页。
② 康德:《一个世界公民观点之下的普遍历史观念》。
③ 参看卢梭:《社会契约论》,第一卷。

样说:大自然一旦创造了物质世界,同时就颁布了自然法,迫使全自然去服从。大自然一旦创造了人的世界(历史),就同时赋给人以自由;从此人就被迫不得不自由地去创造自己的历史。自由之于人生,就相当于物自体之于自然界。故此每个个人虽是自由的,但人类整体又是有规律可循的;康德举了一个社会统计学的例子:每个人的结婚年龄是自由抉择的,但全社会的婚龄及其变化却又是有精确的客观规律可寻的。① 作为自然人,人就是大自然的奴隶;作为自由人,人就是历史的主人。这样,他就以历史的两重性一举而解决了历史哲学中(至少是思辨的历史哲学中)一系列根本的难题(或者说二律背反)以及人类文明史上一些重大转折的契机。②

历史哲学的核心问题就在于如何处理人作为自然规律的奴隶与作为自由意志的主人这一双重身份——颇有似于拉斯基(此人与现今中国读者已经久违了)所说,政治学的核心问题就在于怎样调和强制的权力与个人的自由。既然"人类的历史大体上可以看作是大自然的一项隐蔽计划的实现"③,历史学家所要加以探索的便是表面现象背后的这一隐蔽的计划。我们应该把"一切消逝的"(历史)看作"都只是象征"④,否则对历史的理解就只能停留在皮相上,被浩如烟海的现象所淹没。但既然大自然就是天意,那么"被创造物"的人居然想要窥测天意,岂不是胆大妄为,有如传说中的多马竟敢亲手去摸耶稣被钉死的伤痕那样,是要以人智去测探神明了么?却又大谬不然,康德断言说:"这一哲学尝试必须看作是可能的,并且还是这一大自然的目标所需要的。"⑤天意与大自然

---

① 参看康德:《一个世界公民观点之下的普遍历史观念》。
② 参看康德:《人类历史起源臆测》。
③ 康德:《一个世界公民观点之下的普遍历史观念》。
④ 歌德:《浮士德》,第二部,第五幕,第七场。
⑤ 康德:《一个世界公民观点之下的普遍历史观念》。

二者是一而二、二而一的;现象的规律与本体的自由也是一而二、二而一的。历史哲学就是要权古今之变以明天人之际。天道就体现在人道之中,就密迩在哲人的会心处。人类历史这一幕惊心动魄的演出,恰有如蒲柏(Alexander Pope,1688—1744)《人论》中的名句所说:"All this scene of man,/A mighty maze! but not without a plan."

对自然现象,我们只是从外部静观它。但历史却是我们自身的创造,我们是以自己的心灵在感受它,我们满腔热忱地投身参与它、推动它。假如历史仅只服从自然规律,人只是它的工具,只是某种非人的、即不以人的意志为转移的势力的傀儡,那么为什么还要追究个人(如战犯或人民公敌)的历史责任呢?(一切罪行就应该都推给"历史"去负责好了。)岂不正因为历史是人的创造,人作为历史的主人是自由的,所以才应该负责。康德在这里并没有违反常识,只是人们习焉而不察,未能很好地对这一历史的两重性做出分辨。于是我们就看到降及19世纪,一方面有实证主义的风靡一世,力图把历史学跻入科学之林(伯里说:"历史学本身不过是科学,不多也不少"①);另一方面就有反实证主义思潮的蓬勃,强调历史学绝不是实证科学(因为历史学比科学多了点什么,又少了点什么)。康德以先验哲学来处理历史经验,然而历史知识的本质却又终究是经验的。两者看来又像是一个二律背反。李泽厚兄尝云,人类历史就是在二律背反之中前进的;是不是可以进一步引申说,人类对历史的认识也是在二律背反之中前进的呢?

四

人是历史的动物,其他物种都不是。其他动物每一代都仅凭

---

① J. B. Bury, "History as a Science," F. Stern ed., *The Varieties of History*, New York: Vintage Books, 1973, p. 223.

其本能重演上一代的历史。唯有人可以积累经验,一代胜似一代;人的历史并不重演。这是人类进步的条件。天意(大自然)虽然如此,却有待于个人的努力奋斗去实现。于是就出现了自私、贪婪、虚荣和罪恶种种非社会性的东西。不如此,就无由实现人的社会性。这就叫作"非社会的社会性"。① 也可以说,天意不仁,以人类为刍狗;她赋予人以自由,就是要通过人在社会之中的竞争和敌对而达到她自己的目的。因此人脱离自然状态而步入理性的自由的第一步,便是一场道德的堕落。这是"天赋本能的自相冲突",因为"这就能给予理性以最初的机缘来反叛大自然的声音,并使之不顾大自然的抵抗而做出了自由抉择的最初尝试"。接着便是他那著名的命题:"因此,大自然的历史是由善而开始的,因为它是上帝的创作;自由的历史则是由恶而开始的,因为它是人的创作。"人第一次自由地运用理性,就要误用,就要犯罪。这也并非就是坏事;它有得有失。对个人来说道德的堕落是失,对大自然来说则是得。所以我们对大自然就只能"惊叹和赞美这种安排的智慧和合目的性"。②

　　这一论点显然来自卢梭,又显然与卢梭背道而驰。非社会性与社会性的矛盾,是卢梭、康德(亚当·斯密乃至近代绝大多数思想家)所关注的问题。卢梭向往着一个世外桃源,康德则期待着一场浮士德式的坚忍顽强的斗争;因为无忧无虑的安逸只能使人沉溺于怠惰和无所作为。卢梭要求"返于自然",康德则要求"不断朝着改善前进"。③ 卢梭鄙弃文明的虚伪和丑恶,康德则视之为理性和启蒙必不可少的组成部分。卢梭的"自然"是无知无识、纯任天真;康德的"大自然"则是在实现一项隐蔽的计划,故而他要求人们

---

① 康德:《一个世界公民观点之下的普遍历史观念》。
② 康德:《人类历史起源臆测》。
③ 康德:《重提一个老问题:人类是在不断进步吗?》

audare sapere［敢于认识］。① 卢梭谈到立法之难，曾感叹道，那简直需要有一群天使而后可；康德针对此点反驳说，那并不必需一群天使而后可，即使是一群魔鬼也行，只要他们有此智慧。② 多么深切而著明的答案：即使是一群魔鬼，只要是有"保存自己"的理性，必然也会"在一起要求普遍的法律"，建立起一个普遍法制的社会。天使和魔鬼在理性面前是等值的；卢梭为天使说法，康德则为一切众生（包括天使和魔鬼）说法。大自然给予人类的最高任务就是在法律之下的自由与不可抗拒的权力这两者能够最大限度地结合在一起，那也就是一个完全正义的公民宪法（体制）。这里，康德的思想层次直比卢梭高出了一个数量级，可谓青出于蓝，冰寒于水。

人类物质生活的进步是摆在我们面前无可置疑的，但人类精神面貌也在不断进步吗？卢梭与康德的天使与魔鬼之辩，其实是古已有之。《通鉴》卷一九三："（唐太宗）贞观四年，上尝与群臣语及教化。……封德彝曰：三代以还，人渐浇讹。……（魏）徵曰：若谓古人淳朴，渐至浇讹，则至于今日当悉化为鬼魅矣。"如果是活在近代，封德彝会是个卢梭派，魏徵会是个康德派。假如说道德也是在进步的，那些随着文明而来的贪婪心、权力欲等等又应该有一个什么位置呢？这看来又是一个二律背反，是不能由经验来回答的。"普遍的历史观念"之所以成为必要，正是由于在经验上不可验证的，在思想上却不可或缺。前者是知识，后者是信仰。固然一个人不必一定要"抛弃知识，才能为信仰取得地位"。③ 但至少知识与信仰无关。信仰并不基于知识，否则知识越多，信仰就应该越坚定了。（王静安诗云："知识增时只益疑。"）知识越多虽不必然就越反动或越愚蠢，但也并不必然就越革命或越聪明。与苏格拉底的教

---

① 康德：《答复这个问题："什么是启蒙运动"？》。
② 参看康德：《永久和平论》。
③ 康德：《纯粹理性批判》。

诚相反,知识并不是德行——这一点从卢梭到康德是一脉相承的。

人作为道德人有其自身的尊严,不单(如拉梅特利所说)是架机器。(更何况,"按照人的尊严去看待人,这也是有利于政权本身的"①——惜乎当权者对此往往听不入耳。)现代的历史主义者很容易指责康德是非历史的,但答案很可以是:历史理性就正有赖于这一历史的非历史性。历史性正是由非历史的普遍道德与意志自由所铸就的。这也正是自然法学派与历史法学派论战的焦点。有人认为,是科学就应该抛弃一切目的论,但问题恰在于历史学并非就全是科学,因为它还是人的自由的创作。自然规律不以人的意志为转移,而人的创作则取决于人的自由意志。目的论超乎经验的范围之外,这一点正是康德以及自然法学派对历史学派的理论优势之所在。经验事实不能检验目的论,目的论却不会违反经验事实。

五

读康德的人大多以第一批判为入门,有时兼及第二。一般很少读他的第三,更谈不到第四。最令人遗憾的莫过于就连王静安那样一位美学大师而兼史学大师,也未能接触到第三和第四。倘若他读过了又会得出什么样的结论,这就只好留待我们想象了。我猜想,他或许更少一些叔本华那种浅薄而廉价的悲观论,或许另有一种为目的论所鼓舞的、面貌一新的《红楼梦评论》《人间词话》和一系列的历史论文。无论如何,单是这种猜想,就足以令人回味无穷了。

第一批判认为物自身是不可知的,第二批判认为道德律是内在的、超感的、不可思议的。这就使他不能不陷入把世界分裂成互

---

① 康德:《答复这个问题:"什么是启蒙运动"?》。

不交通的两橛之苦。康德晚年极力追求由分而合,要把天人打成一片;第三批判是通过审美,第四则是通过历史。此中最重要的理论契机,全在于其间贯彻始终的目的论。目的论是一座桥梁,由此沟通天人之际。《纯粹理性批判》偏重分析,此后逐步转入综合。大抵一种理论,非分析无以成其绵密,非综合无以成其高深。他晚年畅论天人之际的著作,仿佛把人带到更高一层的境界,使读者如饮醇醪,不觉自醉。理论凡是达不到这一步的,大概就不能真正使人崇高或净化(catharsis)。那种境界,逻辑分析是无所用其伎俩的,但又绝不违反理性思维的原则。《浮士德》所谓"那不美满的,在这里完成;不可言喻的,在这里实行"①,庶几近之。这种境界虽非很多人都能达到,但却是一切哲人都在祈求的;因为每个哲学家最后都是要"论证(justify)上帝的对人之道"(弥尔顿语),并且要论证这个道是公正的(just)而且是可论证的(justifiable)。

我们的知识并非单纯是客体的反映而已,其中还有主体(即先验的认识形式)的参与。"悟性并不是从自然界中得出定律,而是它把定律强加之于自然界。"②我们自身乃是我们对外界知识的先验的立法者。历史知识既然也属我们对外界的知识,所以就不但要服从自然律,也要服从我们先验的立法。这个先验的立法又是什么呢?那就是"普遍的历史观念"——是它把历史素材组成为一个知识的体系。早在1755年康德就明确地表示过这一目的论:"为什么物质恰恰具有能达到这种合理而有秩序的整体的规律?""难道这不是无可否认地证明了……必然是一个至高无上的智慧按照调和一致的目标来设计万物的本性吗?""整个自然必然是最高智慧在起作用。"③二十八年以后,他又明确提出:"我们构想这个

---

① 歌德:《浮士德》,第二部,第五幕,第七场。
② 康德:《未来形而上学导论》。
③ 康德:《自然通史与天体理论》。

世界,就仿佛它那存在和内在规则都是由一个至高无上的理性而来的。"①再过七年在第三批判(第83—84节)中遂对这一目的论的精义大畅玄风。历史哲学的论文则就历史论证了善与恶的统一,局部的恶成就了整体的善。非社会的社会性实际上就是圣诞颂歌中的"上帝与罪人的和解"。从而"个别的人,甚至整个民族,很少想得到:当每一个人都根据自己的心意并往往是彼此互相冲突地在追求着自己的目标时,他们却不知不觉地是在朝着自己所不认识的自然目标作为一个引导而在前进着,是为了推动它而在努力着"。② 这种天人合一,才真正名副其实地是一幕"理性的狡猾"。

大自然绝不做徒劳无功的事,她一旦把理性和自由给予了人类,这就够了;从此她就不再去插手干预,而是让人类自己去创造自己的一切——这就是历史。在这里,自然哲学、道德哲学与历史哲学能够如此之巧妙地合为一体,真令人不能不惊叹作者思想创造力之丰富。自由与必然、历史与观念、普遍与特殊、德性与幸福、天与人之合一,其理论的展开是那么顺理成章,仿佛笛卡儿以来的一切二元论问题,至此均告解决。目的论终于把分裂成两橛的世界又统一起来。康德晚年的重点有逐步转移到历史和政治方面来的趋势。如1793年的《单纯理性限度内的宗教》、1795年的《永久和平论》、1798年的《论系科之争》。因此所谓第四批判的提法,确属事出有因,且又查有实据,并非纯属想当然耳的杜撰。

"天意"一词原文为Vorsehung(英文为Providence,不知此词是否更应译作"天道"),是指"世界进程之中的合理性",也就是"大自然";康德更多地是使用"大自然"一词,他以为它比"天意"更适宜而且更谦虚。③ 大自然等于天意,这本来是18世纪流行的见解;法国

---

① 康德:《未来形而上学导言》。
② 康德:《一个世界公民观点之下的普遍历史观念》。
③ 参看康德:《永久和平论》。

大革命期间罗伯斯庇尔还举行过宗教仪式,崇拜宇宙间至高无上的理性。伏尔泰笔下的赣第德(Candide),经历了无数的坎坷之后,终于得出结论说:"还是得好好耕种自己的园地";康德谈了那么多历史哲学之后的结论是:"我们应该满足于天意"①,大自然的规划如此,我们就必须在它面前谦卑。这谦卑并非是要求人们退缩,而是要求他们进取,要求他们尽自己的义务,也就是要珍重自己的权利和自由。如果不珍重这个自由权利,那就是卢梭所说的"放弃自己做人的权利"了。② 自由、以自由为基础的道德律和权利,绝不是一句空话,它是驾驭人类历史的大经大法。一切政治都必须以它为原则,否则政治就会堕落为一场玩弄权术。从根本上说,政治和道德是统一的,此外一切形式的马基雅维利主义(或洋"法家")在理论上(因而也就在实践上)都是站不住脚的。康德反复申说的基本论点是:人是目的,不是工具。(所以他一定不会同意任何的"驯服工具论"。)人本身就是目的,是大自然的目的;所以"有理性的生物(人)一律平等"。③ 人以其天赋的尊严都是平等的,否认这一点就只是宣扬奴隶道德。任何统治者如若把自己的同胞当作是工具,那就"违反造化本身的终极目的了"。④ "你不能以别人为工具"这一准则落实到政治层面上便是:"凡是人民所不会加之于其自身的东西,立法者就不得加之于人民。"⑤其后,黑格尔却由此走入只问目的、不择手段的地步,以目的来论证手段的正当性(洛克认为:你不能用一种坏手段达到一个好目的),从而否定了道德至高无上的地位;而在康德,则道德在任何情况下都绝对是第一位的。

---

① 康德:《人类历史起源臆测》。
② 卢梭:《社会契约论》,第一卷,第四章。
③ 康德:《人类历史起源臆测》。
④ 康德:《重提一个老问题:人类是在不断进步吗?》。
⑤ 康德:《论通常的说法:这在理论上可能是正确的,但在实践上是行不通的》。

从柏拉图以来就有一种"哲人王"的理想,宣扬应该由最有智慧的天才来统治子民百姓。康德反对这种理想,一则因为它在理论上违反了人的尊严和权利,二则因为它在实践上行不通。我们之所以"不能期待国王哲学化,或者哲学家成为国王,也不能这样希望",是"因为掌握了权力,就不可避免会败坏理性的自由判断";而且更可悲的事实是:"一旦掌握了权力,谁都不肯让人民替他去制订立法。"①权力把仆人转化为主人,也就把主人转化为仆人。如果从哲学理论再回到历史现实上来,那么18世纪的民主思想(康德是它当之无愧的哲学代言人),其出发点仍然只是一种信念;例如,他的所谓人是目的(以及人人自由平等)、《独立宣言》的"一切人都生来平等","生存权、自由权和追求幸福之权"都是自明的真理,《人权宣言》的"人在权利上是生而自由平等的","它们(人权)是自由权、财产权、安全权和抵抗压迫之权"。这种信念一直持续到现代,如第二次世界大战中,1941年初罗斯福提出的四大自由,同年《大西洋宪章》所重申的自由理想。但是这里除了信念而外,确实再没有任何别的什么可以论证这些命题的正确性和必然性。一个怀有不同信念的人,完全有理由拒绝它们(如1966年"五·一六通知")。

对任何一种理论,恐怕既不应从单纯的外部环境加以解释而无视其内在的价值,也不应单纯着眼于其内在价值而无视其外部的环境。单纯从时代背景来说明思想,不免陷于庸俗唯物论;而不考虑时代的制约则不免陷于形而上学的独断论。对康德历史哲学的二律背反,似亦可作如是观。

六

康德历史哲学的努力究竟是成功了呢,还是失败了呢?法肯

---

① 康德:《永久和平论》。

海姆（Emil Fackenheim, 1916—2003）、麦茨利什（Bruce Mazlish, 1923—2016）等人都以为它是一场失败。不过我想，这恐怕有赖于我们怎样去看问题。就经验的真理要求证实、从而必须摒弃一切形而上的公设（postulate）而言，任何一种要建立思辨历史哲学的企图都肯定是要失败的，康德也不例外。凡是企图建立在经验基础之上的历史哲学，都必然受到不断变化着的经验事实的修正，所以永远达不到一个完整的体系。但就建立一种先验的思辨历史哲学而言，情形就不同了。正如自由、平等之类的观念，历来不知有多少人根据历史事实加以驳斥，而且本来它在历史事实上也是毫无根据的；但是权利作为一种形而上学的公设，却至今并未丧失它的地位和立论的力量。也有论者（如柯林武德）以为康德在理论上没有能解决他那历史学的二律背反。如果确系如此，那么至少应该承认，康德已经在尽可能大的限度上做出了这一尝试；而且还应该说，他比任何别人都做得更好、更高明、更能一贯自圆。须知这是一个永恒的问题，是不可能有最终答案的，我们也不能这样苛求。古往今来，无论哪种理论，我们都不能要求它就是万古不易的定案；如果真理就明白摆好了在那里，人类知识还有什么进步可言？我们对它的评价只能是看：它提供了什么（以及多少）有价值、有深度的智慧是启发了后人的思想的。

康德对历史之高瞻远瞩，他之"观察人生是那么地健全"（阿诺德[M. Arnold]评莎士比亚语），那绝非是皓首穷经的腐儒所能梦见。只有在这样一个"世界公民"的观点之下，历史才有可能屹立为一座宏伟的大厦，而不再是一堆了无生气的断烂朝报。如果我们也采取康德的办法来考察康德，似乎也不妨把他的理论分解为两个部分：一部分是经验性的，是一定时间、地点和条件的产物并且随之而变；一部分则是纯形式的，是不随时间、地点和条件而变的。规律也可分为两种：普遍的和特殊的；普遍的是不以时间、地点和条件为转移的,特殊的则随之而转移。任何特殊的都不能独立于普遍的之外。(否则,普遍的就不成其为普遍的了。)特殊首先是必须服从普遍,然后才谈得到特殊。理性对于一切人是普遍的;任何人首先都是一个世界公民,是从普遍理性的角度看待历史的。这个普遍历史是一切国家、一切民族的特殊历史所莫之能外的。我们不能脱离共性而侈谈特性,世界上并不存在脱离于普遍性之外的特殊性。康德毕生所追求的正是这种普遍有效性。这里姑引一则具体事例来说明。一个世纪以前,有些中国人以为三纲五常是中国特殊的国情,有些洋人则认为男人梳猪尾巴,女人裹小脚,男女都吸鸦片烟是中国特殊的国情。而且的确,举世之中妇女缠足的唯有中国,你能说它不是中国的特色和国情吗?半个世纪以前,有人反对马克思主义,其最振振有词的一条理由就是马克思主义不适合中国国情。世上有没有特殊国情这种东西?大概是有的。究竟应该怎么理解?大概也可以言人人殊。不过,超乎国情和特点之上的,首先是普遍真理,即历史潮流的合目的性和合规律性——它是人心所向和大势所趋,是放之四海而皆准、俟诸百世而不惑的。人是可以改造的(不是注定了非要裹小脚和吸大烟不可的),历史是人创造的,人是历史的主人,不是历史的奴隶。故此康德一面探讨普遍的历史观念,一面就同时着意宣扬自由、权利与和平。这一"天行健,君子以自强不息"的观点,乃是他理论中最有价值、最有生命力的组成部分之一。

　　启蒙思想的出发点和归宿是理性。理性就是人的阿尔法和欧米茄。但为什么就是"理性"呢?可不可以是别的呢?例如,能不能换成"信仰""感情""存在""阶级""国家"或者其他的什么呢?看来一切时代的思想理论都有其视之为理所当然的公理(axiom),那是自明的、不言而喻的和不可究诘的。到了另一个时代却未必就接受同样的公理了。每个时代、民族、集群各有其奉之为神圣不可侵犯的信条；人情如此，似甚难拂。使今天读者在两个世纪之后惊异不止的，倒不是康德所假设的信条，而是他在这个基础上竟然能够构筑起一座如此之远远超出自己时代局限的美轮美奂。当然，这并不意味着它就是完美无缺的。我以为他理论的最大问题是，他并没有对他所应该提出的一个根本问题做出交代，他甚至没有明确提到这个问题。他的哲学教导说：我们在认识外界之前，首先应该认识我们自身的认识能力，亦即我们首先应该回答：我们的认识是如何成为可能的？这是《纯粹理性批判》的中心问题。准此，则我们在认识历史之前，是不是也应该首先认识我们自身对历史的认识能力呢？或者说，在阐述历史的形而上学之前，是不是也应该首先问一下，我们的历史知识是如何成为可能的呢？如果不经过这一批判便径直着手对历史做出形而上学的论断，岂不是正如康德自己所谴责的，飞鸟想要超过自己的影子了吗？康德解答了几何学如何可能的问题、物理学如何可能的问题以及形而上学为什么不可能的问题。但是他并没有提出历史学是如何可能的问题，就径直着手去探讨历史的形而上学，好像根本没有考虑到历史认识的能力也是需要批判的——竟好像要等到20世纪的分析历史哲学才"重提这个问题"。是康德的理论前后有未能一贯之处呢，还是他对这个问题别有义解呢？

（本文曾分两部分，分别刊载于《读书》1992年第8期与《哲学评论》1993年第1期，现仍合为一文）

"普遍的历史观念"是如何可能的?
——评康德的历史哲学

一

康德的历史哲学论文有一篇刊载于 1784 年 11 月的《柏林月刊》①,题名为《一个世界公民观点之下的普遍历史观念》。

自 1781 年至 1795 年的 14 年间(康德 57—71 岁),是康德批判哲学的成熟时期:《纯粹理性批判》第一版出版于 1781 年,随后《未来形而上学导言》(1783)、《道德形而上学探本》(1785)、《纯粹理性批判》第二版(1787)、《实践理性批判》(1788)、《判断力批判》(1790)、《单纯理性限度内的宗教》(1793)、《永久和平论》(1795)相继问世。在此期间,他所写的一系列有关历史哲学的论文,即《一个世界公民观点之下的普遍历史观念》和《什么是启蒙》(1784)、《评赫尔德的人类历史哲学观念》(1785)、《人类历史起源臆测》(1786)、《论万物的终结》(1794)以及《论系科之争》(1798),则构成他的批判哲学理论体系的另一组重要的有机组成部分,卡西尔把这一组著作称之为三大批判之外的第四批判,即《历史理性批判》。② 其中的第一篇论文写于美国革命成功(1783)

---

① 《柏林月刊》(*Berlinische Monatsschrift*)为当时德国启蒙运动的主要刊物之一,由康德的友人毕斯特(Johann Erich Biester)主编。
② 即题名《康德的第四批判》(*La Quarta Critica Kantiana*, Palermo, 1954)。按,持这种看法的不只是卡西尔一个人,如孔波斯托研究康德历史哲学的专著。

之次岁，法国大革命爆发(1789)之前五年。康德对美、法革命的同情是世所熟知的，无待赘叙。他受法国革命的影响之大与对法国革命的向往之深，可见之于《论系科之争》(实际上包括三篇独立的论文)之中的第二篇《重提一个老问题：人类是在不断进步吗？》。为此，康德本人曾赢得了"雅各宾党"的称号。还有谣传，竟说他曾接受了赛耶斯(Emmanuel Siéyes)的邀请，去巴黎担任顾问。然而，18世纪末德国历史文化的特点是只思考其他民族已经付诸实践的东西，康德在本文中所表现的以启蒙时代的批判精神与进步观念对人类历史的发展所做的一系列探讨，实质上就提供了18世纪民主革命思潮的一份德国哲学版本。

二

康德哲学是以牛顿古典体系的自然构图为其依据的；这一点是时代的规定所使然，因为在18、19世纪，牛顿的体系乃是被人公认的唯一体系。① 牛顿所总结的自然界的根本大法是：

> 大自然绝不做徒劳无功的事。当更少的东西就够用了的时候，更多的东西便是徒劳无功的了；因为大自然喜欢简单而不爱炫耀多余的原因。②

这条根本大法被康德引入了人类社会，从而形成他历史哲学

---

① 例如，英国诗人蒲柏说过，"自然和自然的法则本来都隐蔽在黑暗里，上帝说让牛顿出世吧，于是一切便都见到了光明"。法国天体物理学家拉格朗日(Joseph Louis Lagrange, 1736—1813)则说，只存有一个宇宙，而充当这个宇宙的解释者的，在全世界只能有一个人(指牛顿)。尽管康德在理论上承认，万有引力定律是随意的，上帝也可以选另一种，比如说引力不是和距离的平方而是和距离的立方成反比；但事实上，他从未怀疑过牛顿的真理。

② 牛顿：《自然哲学之数学原理》，Berkeley: University of California Press, 1962年，第398页。

的一条主要理论线索：

> 大自然绝不做徒劳无功的事，并且绝不会浪费使用自己的手段以达到自己的目的。①

因此之故，既然"大自然把理性和以理性为基础的自由意志赐给了人类"②，这就已经明白无误地宣告了大自然所安排的人类历史的目的，那就是，大自然所赐给人类的理性和自由是注定了终究要在人类漫长的历史过程之中全部地、充分地发展出来并得到其最大限度的表现的；否则的话，大自然就是在做着徒劳无功的事了。康德就这样把牛顿的原则以一种半生物学、半神学的目的论的论证方式，辩护了启蒙时代的进步观。这种把自然历史和社会历史打成一片的目的论究竟有多大理论上的有效性，我们在下文将予以剖析。

康德历史哲学的另一个来源是卢梭，中年以后的康德几乎始终处于卢梭强大的思想影响之下。这位康德眼中的道德世界的牛顿，在道德观上所影响于康德的，不亚于牛顿之在自然观方面。在《论优美感和崇高感》的页旁注释中，康德明确表白是卢梭纠正了他并使他学会了尊重人的那段话，是经常被人征引的。在历史哲学方面，康德所得之于卢梭的，就在于把人类历史看成是大自然的一幕隐蔽计划的实现。③ 在论述了牛顿是第一个在行星运动的复杂性中发现了秩序和法则之后，康德便进而称引："卢梭是第一个在人类（历史）所采取的繁复形式之下，发现了深沉潜藏着的人道的性质，以及人类凭着对它的观察而可以见证天意的那种隐蔽的法则。"④这一论点是康德于历史哲学本文中所着意阐明与发挥的

---

① 普鲁士科学院编：《康德全集》，Berlin：G. Reimer，1912—1934年，第8卷，第16页（以下未另注明者，均据此版）。
② 同上。
③ 康德本文命题第八，《康德全集》，第8卷，第27页。
④ Rosenkranz und Schubert 编：《康德全集》，Leipzig，1844年，第11卷，第248页。

基本线索之一。

在政治哲学方面,康德受到卢梭启发的,是把自由视为最基本的天赋人权:"自由(不受他人意志的束缚)——就其依据普遍的法律而与别人的自由可以共存而言——乃是属于每一个人之所以成其为人的唯一的原始权利。"①然而康德对待18世纪民主革命的原则却不是无条件的。他虽则赞美法国大革命②证明了"全人类的道德倾向"③,并认为"在坏宪法(体制)所激起的革命暴力,以非法手段建立了一部新的、更为正义的宪法之后,就应该不再允许人民回到原先的政府形式之下",然而后面却又附加了一条妥协性的让步,即"以暴力造反的行为而参加了革命的每一个人,都应该依法受到叛逆处分"。④ 此外,关于国家的起源与性质,关于国家的建立须以民约为基础、人民的公意才是主权的实体,以及由自然状态而文明状态而完美的公民宪法这一发展过程,康德都带有极重的卢梭思想的痕迹,但又把它们改造成了康德的批判体系。

启蒙运动各家的历史哲学(特别是法国的孟德斯鸠和伏尔泰、德国的莱辛与赫尔德),康德均曾加以研读,并且在如下的基本观点上和他们是一致的:人类历史的发展就是人类理性与自由的进步的历程;不管经历多少曲折,理性最后终将把人类带入地上的天堂。⑤ 此前,旧时代的历史观弥漫着浓厚的崇古思想,把人类历史

---

① 普鲁士科学院编:《康德全集》,第9卷,第42页;又可参看第160页。
② 按,法国大革命是18世纪末最激荡西方知识分子心灵的大事,对每个知识分子都是一场考验,都要求他们作出鲜明的表态,颇有类于20世纪初的十月革命。康德、孔多塞、华兹华斯、柏克等人,各自给出了自己的答案。
③ 普鲁士科学院编:《康德全集》,第8卷,第85页。
④ 同上书,第372页。
⑤ 因此,屠尔哥的历史哲学题名为《人类精神进步论》;孔多塞的历史哲学题名为《人类精神进步史表纲要》;康德的历史哲学则由《世界公民观点之下的普遍历史观念》出发而归结为《永久和平论》。实际上,这些都是从哲学理论上论证18世纪哲学家们的理想的天城。

看成是一部从天国堕落的历史；启蒙运动则崇拜进步，认为只是到了自己的时代，人类才真正自觉地开始步入地上的天堂；而其所以可能如此，则全靠人类理性之扫除愚昧。所以最重要的工作就莫过于启蒙，亦即莫过于开启人们的知识和智慧。这一点鲜明地表现在康德《什么是启蒙》一文中开宗明义的一个响亮的口号："Sapere aude！（要敢于认识）。"①这里反映了18世纪"哲学家"（philosophes）们的天真；因为人间的苦难并非都是由愚昧所造成的，有知识的人干起坏事来，一点也不比无知的人更仁慈一些。

康德历史哲学的另一个基本论点，即人类正是由于其自私心才有可能步入至美至善的社会，也属于整个启蒙时代的特征。维科在18世纪初就提出过，人性中的种种恶德汇合成为社会发展的动力，这就证明了"有一个神圣的天意，有一个神明的立法智慧，都是由于它，人类像沙漠中野兽一样生活的那种追求私利的热情，就会创造出一种使人类得以生活在人的社会里的公民体制"。② 人类乃是天意的不自觉的工具，这一观点成为康德历史哲学的一个主要来源。维科之后伏尔泰《风俗论》（1765）的绪论即以《历史哲学》为名，书中提出：普遍的天意是永恒不变的，普遍的人性和普遍的道德也是永恒不变的。这里面的合理因素是：历史学应该摆脱神学教条和伟人史观而着眼于各民族、各时代的精神，历史应该视为一个整体的、合规律的发展过程。和伏尔泰同时的莱辛也曾企图以启蒙思想沟通人世的历史和天意。康德受了这些新学说和新思想的启发而要进一步去探讨，这样的一种历史行程，其哲学的根据究竟是什么？

全部人类的历史现象，都是人类有意志的行为，因而都是自由

---

① 普鲁士科学院编：《康德全集》，第8卷，第35页。
② 维科：《新科学》，第1卷，第3篇，米兰，1854年，第95页。

的抉择；但是就其整体看来，则在无数杂乱无章的历史现象的背后却隐然透露出有一条必然的线索存在。这不可能是人类智慧的结果，因为全部历史的记录充满了人类的自私、愚蠢和罪行；但历史却又确实就是通过这一切而在不断前进着的。一方面历史是盲目地遵循着自然的必然规律在前进的，另一方面历史又是人类自由与理性自觉地走向完美的自我实现的发展过程；康德的历史哲学就是要解决这一历史理性本身的二律背反，它成为了以启蒙时代的批判理性重新考察人类历史理论的重要古典文献之一。

三

贯穿着康德历史理性批判的中轴线乃是历史的两重性，即历史的合目的性与历史的合规律性。就其当然（Sollen）而论，历史就是朝着一个目的在前进的，所以它不是盲目的；就其实然（Sein）而论，历史就是按照规律而开展的，所以它不是偶然的。目的的王国和必然的王国最后如何既当然地而又实然地统一起来，而且统一于普遍的理性，这就是康德的历史哲学所要解决的中心问题。

康德对这个问题的答案就是他所精心规划的自然目的论。这一理论在1784年的历史哲学论文中已经尝试着提出，而在他六年之后的第三批判（特别是第二部，第83—84节）中则做了详尽的发挥。这一理论代表着康德晚年企图打通本体世界（noumena）和现象世界（phenomena）、当然（自由）与实然（必然）的努力。自然界的目的，在康德看来，正如传统形而上学的命题一样，是既不能由经验（和科学）加以证实，又不能加以证伪的东西；然而它对于我们却又是不可或缺的东西。因为除非有这样一种目的论，否则我们就无由理解自然以及作为自然界之一个部分的历史。成其为历史哲学家（或哲学的历史家，即站在哲学高度上的历史家）的探讨对象的,就正是这一自然的目的或自然的规划。

康德使用的自然或大自然一词和天意是等值的,所谓"自然的计划"亦即"上帝(或神明)的立法"。大自然所赋给人类的全部理性潜力是终将会充分地发挥出来的——尽管不是表现在个人的身上(因为个人的生命毕竟是太短促了),但却要表现在人类整个物种上。就个人的一生经历而言,他那历史就是一笔毫无意义的偶然事件的糊涂账;但放眼人类的全体(即整个物种),则历史就呈现为一幕由理性的智慧所引导的、朝着一个由理性的智慧所规定的鹄的而前进的历程。假如历史就只不过是表面看上去的那样一堆混沌,那就没有自然的计划(天意)可言了。但当我们的道德生活不可避免地要信仰天意时①,历史在两重意义上就是有道理(理性)可籀绎的,即(一)它是根据一个合理的而又可以被人理解的计划而展开的,(二)它又是朝着一个为理性(道德)所裁可的目标而前进的。前者属于自然规律,后者属于道德规律。康德的工作就是要把这两者统一于历史的理性。

大自然的终极目的是人,自然界的一切都环绕着人这个中心而构成为一个目的的体系。大自然赋予人的外在目的是幸福,赋予人的内在目的是文化。② 唯有内在的目的才是人类历史的真正目标,而要达到这一目标的唯一办法就是在人与人之间建立一个法治的公民社会,从而保障每一个成员既能充分发展自身的自由,又不对别人滥用自己的自由。③ 人类的思想与行为(其表现即成为历史)绝不仅仅消极地只是某个特定时代和环境的产物而已。人本身有其内在的价值,他不仅仅是工具,他本身就是目的。与神学

---

① 《判断力批判》,第 87 节。
② 普鲁士科学院编:《康德全集》,第 8 卷,第 27 页。康德强调义务,但也并不否定幸福;其意若谓:你要有德,那么大抵你就会幸福。
③ 《判断力批判》,第 83 节。

的信条相反,目的的王国或自由的王国并非不在这个世界里①,而是就要在这个大地之上得到实现的。天意就体现在大自然之中,而不是在超乎自然之外的什么地方。历史哲学就是要寻找出大自然的这种智慧。②

四

《纯粹理性批判》是由提出这一问题而开始的:科学知识如何成为可能?准此,则一部"历史理性批判"就应该由提这个问题而开始:历史知识是如何成为可能的?把康德的答案化为最简单的形式,或许可以这样回答:理性是自然界的立法者,同样它也是人类历史的立法者。"毫无疑义,我们一切的知识都从经验开始。"③我们虽然不能知道具体经验的每一个细节,却可以知道可能经验的普遍形式。对自然界如此,对历史亦然。康德表示自己无意于撰写一部具体的历史,但他希望历史学家能从一种普遍的哲学出发来写出人类的历史。康德所贡献的,只是一种"普遍的历史观念"。这里观念一词,原文 Idee 相当于英文中的 idea;但英文中的 idea 在德文中通常另有一个对应字,即 Vorstellung。康德使用此词更近于柏拉图"理念"的意义,即指历史的理想类型。例如他的《人类历史起源臆测》一文所撰写的是一部虚构的历史(臆测),但一切事实上的历史都不会背离这样一条标准的理想线索。观念在引导着、但不能代替具体的历史研究。

---

① 《新约·约翰福音》,第 18 章,第 36 节:"耶稣回答说:'我的天国不属于这个世界'。"
② "智慧就是能在无数的问题之中,选择出其解决对于人类乃是至关重要的问题来。"(普鲁士科学院编:《康德全集》,第 2 卷,第 385 页)
③ 《纯粹理性批判》,序言。

牛顿以为天意就体现在自然的计划和目的之中,我们只能根据"天意"这一观念来解释自然界的多样性:

> 我们之认知上帝,仅只是由于他对于事物的最智慧而又最优越的设计及其最终的目的。……盲目的形而上学的必然性在任何时间、任何地点都是同一个样,它不能产生事物的多样性。凡是我们发现可以适用于不同的时间和地点的那些自然事物的分歧性,仅只可能出自于对一个必然存在的上帝(Being)的观念和意志。①

康德把这一观念引申于历史,于是历史以其全部的复杂性就可以而且应该用一条天意(即大自然的计划)的观念贯穿起来而得到解释。但是这是一条先验的线索。正如他的纯粹理性批判并不对任何具体的知识做出(真、伪)判断,正如他的实践理性批判并不对任何具体的行为做出(善、恶)判断;他的历史理性批判亦然。历史乃是经验中的事实,康德要从其中抽出先验的——因而才可能是内在的、必然的和普遍有效的——原则;这就导致他按照牛顿的办法,把天意等同于最智慧、最合理的自然计划。

解决先天的认识能力与后天的经验事实两者之间的关系,就在于从先天的纯形式入手。正由于历史哲学所考察的是一条先天的观念线索,所以成其为研究对象的就不是历史上某个个体、民族、国家或时代的动机或结果,而是普遍理性的必然结构,而无论人们主观上意识到它们与否。这样,人类自由意志的现象(它的表现就是历史)就正如其他一切自然现象一样,也在服从普遍的自然律。在这一点上,康德和其他许多思想家不同,他既不追求逻辑的完整,也不探索任何历史事变的特殊原则,而只是要指示出与人们意志和愿望无关的先天形式。人类的理性能力是先天的,由它所推论出来的

---

① 牛顿:《自然哲学之数学原理》,第546页。

普遍的历史观念也是先天的。问题是：这样一幅先天的构图是不是符合人们经验中的历史事实？答案是：人类有史以来的全部记录还太短，还不足以表明历史整体的这一普遍观念；而这恰好也就是何以我们不能从以往的历史经验，而只能是从先天的逻辑来推论历史哲学的原因。此外，历史作为一种经验的科学也还没有提供相反的现象，足以使我们能否定这一假说而采取其他的假说。①

历史何以可能服从客观的自然律？这里康德就引用了他那独特的二重论证法，即世界（和人）既是本体又是现象，作为本体的人，人的行为是受道德律（自由）支配的；而作为现象的人，则人的行为（即自由所表现的现象，亦即历史）是受自然律支配的。普通的历史著作仅仅考察现象，因而它们把人类的行为当作是服从自然律的自然现象来加以描叙；但真正的历史著作必须是哲学的历史，它必须阐明历史的全貌，亦即自然界的必然产物（自然人）如何转化为自然界的主人（世界公民），由必然王国怎样过渡到自由王国。因此就需要有历史哲学来从人的内在矛盾去说明历史的本质，而不仅仅是从人的外在矛盾去说明历史的现象。在这种意义上，人类的历史就是自由的历史，并且只有这样才能解说何以历史的行程并不以人的意愿而转移。康德心目中的历史理性或理性的历史，实质上不外是一场"普遍意识"（或"意识一般"［Bewusstsein überhaupt］）的开展过程。

康德历史哲学中一个最精粹的论点是：在上述这一开展过程之中，使得历史的进步之成为必要而且可能的，端有赖于一个重要的契机，即人类"非社会的社会性"（ungesellige Geselligkeit）。② 世界是上帝的作品，所以它的历史是由善而开始；社会是人的作品，

---

① 牛顿：《自然哲学之数学原理》，第400页。
② 普鲁士科学院编：《康德全集》，第8卷，第20页。

所以它的历史是由恶而开始①:

> 大自然的历史是由善而开始,因为它是上帝的创作;自由的历史则由恶而开始,因为它是人的创作。对个人来说,由于他运用自己的自由仅仅是着眼于自己一身,这样的一场变化(指由自然状态进入公民状态——引者)就是一种损失;对大自然来说,由于它对人类的目的是针对着全物种,这样的一种变化就是一种收获。②

自由是康德实践理性的基础。一切事物都可以作为手段,唯有人只能是作为目的。作为手段的价值是外在的,作为目的的价值是内在的。道德的内涵就在于自由,这种内在价值的总和构成了一个目的王国。③ 因而,一个理想的——而且也是历史发展的最高目的的——公民社会,就不再是一种权力统治的机构而是一种自由的公民社会,其中每一个人都是目的而不是工具或手段。但历史哲学和实践理性批判有所不同。实践理性批判只考虑当然;历史哲学则既考虑当然,又考虑实然,既考察作为道德本体的人的自由,又考察作为自然现象的人的必然。人既是动物,又不仅是动物;他既服从自然法则,同时又是自由的。问题是:这两者如何能成为一个统一体,并行而不悖?康德的答案是:人不单是自由的主体,因为同时他还须服从自然的规律,但他也不只是经验的客体,因为同时他还是自由意志的主人。因此之故,"人类的历史,在整

---

① 这一思想无疑脱胎于卢梭,例如,卢梭《爱弥儿》:"上帝创造的一切事物都是美好的,人干预了它们,它们就变邪恶了。"(伦敦,人人丛书本,第5页)但他比卢梭升高了一个档次。卢梭的自然与人对立带有形而上学的意味,康德则以为人是自由的,所以他可以既为善又为恶,而且在第一次运用自由的时候就会为恶;如果人的意志只能是为善,那就不成其为自由的了。恩格斯肯定过卢梭的辩证思想,但在这一点上康德要比卢梭更进一步。
② 普鲁士科学院编:《康德全集》,第8卷,第116页。可参看《旧约·创世纪》第1—3章。
③ 可参看康德:《道德形而上学探本》,第2节。

体上就可以看作是大自然的一幕隐蔽的计划的实现"。① 人由于自由就可以作恶,而每个人的恶却恰好成就了全体的善,这就成其为大自然的隐蔽的计划。这个理论本质上几乎就是亚当·斯密《国富论》的理论,只不过是 Laissez-faire(自由放任)的精神出之于历史哲学的形式。这一由善而恶而更高的善,或由自然状态而文明而完美的公民宪法的三部曲,就其性质而言,颇有类于《纯粹理性批判》的启发性原则(heuristisch Grundsatz),即它对于研究经验是有用的,但其本身却是无法加以证明(或否证)的。② 从现实历史的背景来说,这不过是启蒙时代理性信念的外烁,这就使康德把 18 世纪公民(市民)的理性认为是当然的,认同于现在的实然或未来的必然。于是人类的美好,归根到底便都是理性的产物。如果仅凭体力与造化争一日之短长,那么人类就远远比不上其他物种。但正是由于有了理性和自由,人类就有了高贵和尊严,历史就有了进步。历来契约论者所难于解答的问题是:人性何以不能满足于自然状态而非进入公民状态不可?卢梭对这个问题的答案是含糊其辞的。③ 康德则提出了更为明确的答案:人性中的善与恶表现为一幕理性的辩证,恰好人性中的恶乃是把人类从自然状态推入公民状态的动力。这被称之为"非社会的社会性",其涵义乃是说:大自然利用了人性的自私来完成大自然本身的目的,亦即人的社会的充分发展。有人据此认为康德的历史观是悲观主义的,认为他更近于伏尔泰的观点而非莱布尼茨之相信一切都是尽善尽美的观点④,这种看法忽视了一个事实,即康德的历史哲学乃是他批判理性的一个系论。

---

① 普鲁士科学院编:《康德全集》,第 8 卷,第 27 页。
② 可参看《纯粹理性批判》,《先验辩证篇·附录》。
③ 可参看卢梭:《社会契约论》,第 1 卷,第 6 章。
④ 可参看伏尔泰:《赣第德》(Candide),New York:Boni & Liveright,1918 年,第 53 页。又,第 1—5 页。按莱布尼茨的这一观点即黑格尔《历史哲学》中神正论(Theodicy)的来源。

五

在康德看来,大自然赋给人以理性,其目的乃是为了自由的自我实现。一部世界历史就是人类自由的发展史——这就是大自然的规划。(这一点大大影响了黑格尔。)人之异于禽兽,乃是由于人类自身的自由的发展——包括理性第一次运用自由时,就要犯错误(即恶之起源)——之不可避免地所要产生的对抗性,而在逐步地实现大自然的计划的。人间的争执与不和,乃是历史发展的动力;恰好是人性的恶德,促成了人性的美好的发展,历史就是一幕人性的自我分裂和二律背反:一方面是人的社会性,一方面是人的非社会性。二者的斗争与统一就成其为历史,大自然的必然性就这样通过自由的历史而得以体现。

历史的意义既然在于发展人类全部的禀赋使之得以臻于尽善尽美,所以就要求人类必须要建立一个基于政治正义和法制之上的普遍公民社会,以及根据同样理由在国与国的层次上也相应地建立国际间的永久和平。这就是人类历史的中心任务;理解历史的这一目的,乃是对历史获得哲学理解的钥匙。在他晚年的压卷之作《重提一个老问题:人类是在不断进步吗?》中,康德再一次提出:

> 一部先天的历史何以可能?答案是:只要预测者(指历史学家对未来历史的预测——引者)本人事先就在创造并规划他所宣告的事件。①

自由与必然,道德与自然就这样构成为一对对立面的统一体。自然界的客观规律不仅不排斥,而且正是要包括主体的自由意志

---

① 普鲁士科学院编:《康德全集》,第 8 卷,第 79—80 页。

在内;历史舞台之前的观赏者,必须同时也是同一个舞台上的演出者。观赏者静观自然的演出过程,演出者则参与自由的创造事业。

霍布斯认为,每个人对所有人的战争乃是迫使人们建立国家的原因,康德亦然。霍布斯又认为,人与人之间的普遍战争必然要在国与国的层次上重演,康德亦然。但这种状态会造成如此巨大的痛苦(其中最大的是战争),它终将迫使人们进入公民状态(建立国家)。"同样地,由于国与国互相毁灭或压制对方的不断战争而引起的灾难也终于——甚至违反他们的意愿——必定要把他们带入一种普遍的或世界公民的宪法(体制)。"① 这个进程甚至于是违反他们的意愿的,因为自由从其第一次开始运用,就要犯错误;但是又正因为错误是违反自由的,所以它就终将被自由所制止。于是自由就有可能,而且必然会和理性一致。卢梭以为要为一个共和国立法是那么的困难,简直需要他们的成员都是一群天使而后可。② 康德针对着这一点提出了相反的见解,他宣称:建立一个共和国并不需要一群天使而后可,即使是一群魔鬼也照样可以,只要他们有此智慧。③ 人类历史有其普遍的、必然的、不为天使而存、不为魔鬼而亡的规律;之所以这样,并不是由于别的,而是由于理性自身固有的本性所使然。

每一场灾难都是人类为进步所付出的代价,这在当时是颇为新颖的见解。但和某些论者以此来辩护人间灾难之不可避免性不同,康德的立足点是要强调人类自觉走向文明与和平的努力。对于理性具有解放人类自身的能力的信仰,是始终贯穿着他的全部理论的。没有一部完美的公民宪法,自由就无从实现——这一点本身就保证了自利本身可以驱使人类不断前进,这一点也就是何

---

① 普鲁士科学院编:《康德全集》,第 8 卷,第 79—80 页。
② 卢梭:《社会契约论》,第 2 卷,第 2 章。
③ 参看普鲁士科学院编:《康德全集》,第 8 卷,第 336 页。

以"人心(我相信任何一种有理性的生物)都必然会对道德天然就感到兴趣的"①原因。个人自利与社会幸福终将必然地而又自然地归于一致。自由之能创造精神文明,正有如它之能创造物质财富。这样,它就成为18世纪启蒙运动对理性崇拜的一纸哲学宣言书,正有如卢梭在政治上之宣言主权在民或亚当·斯密在经济上之宣言自由放任。它是一篇时代的宣言,正不亚于它是哲学家本人的理论总结。尤其是,他强调一部真正的公民宪法必然是共和制的,因为任何专制主义都是和自由不相容的。任何以统治者的仁慈为基础的家长制政治,必将破坏一切自由。② 唯有真正的共和政体才能保证对内的(从而也就是对外的)和平。③ 国家是自由公民的共同体;一个基于自由与平等的共和国,就包含着永久和平的前景。归根到底,理性(包括实践理性,即自由)乃是人类历史进步的保障。康德是透过一层哲学概念的幕幔在论证着18世纪的时代课题,亦即在召唤着一个近代的自由平等的共和国的来临。(同时,它也就批判了当时流行的开明专制的理想。)这在法国是采取了政治批判的形式的,在德国却仅仅出之以理性自我批判的形式而停留在观念的领域——从这个角度来剖析康德的历史哲学,有助于使我们把他所抽空于历史条件的,再还诸历史条件。

六

康德这一"普遍的历史观念"也曾招致后世的一再诘难。布克

---

① 《纯粹理性批判》,《先验方法论》,第2部,第3节。
② 康德:《论通常的说法:这在理论上可能是正确的,但在实践上是行不通的》。普鲁士科学院编:《康德全集》,第8卷,第290—291页。
③ 按,这个论点由斯宾诺莎开其端,而康德则加以进一步的发挥。见斯宾诺莎:《神学政治论》,第2卷,第18章。

哈特指责他说:"我们并不与闻永恒智慧的秘密,也不知道它的目的。这些关于有一幕普遍计划的大胆预测引向了错误,因为它们是从错误的前提出发的。"① 克罗齐则指责"康德既没有感受到历史,也不懂得历史"。② 民族主义的历史学家攻击他,说他的历史观念是非历史的;标榜科学方法的逻辑实证论者则讥之为"神坛的哲学"。③ 新康德主义往往显得对康德的历史观无力做出历史的批判,所有批评康德历史哲学的人,都有其一定的道理,但大概是不会使康德心折的,假如我们能起康德于地下与之对质的话。康德本人宣称"我们的时代是批判的时代,一切都应该服从于批判"。④ 康德的历史哲学是批判的历史哲学,我们也必须对批判的历史哲学做到批判(康德意义上的"批判",并非今天的意义),才能是公正的。

康德中年以后一直在反对传统的形而上学,他的天意也和传统意义上的不同,天意乃是被他等同于理性和大自然的。大自然即理性,亦即天意。因此,历史就不是一种神圣指令的体现,而是一幕理性的自我发展过程。客观规律、自由意志和理性是一个三位一体。一部普遍的历史,其重心就存乎人的自由或自由的人,"人是创造世界的最终目的"。⑤ 这个目的就是天意。于是,这就在天意的形式之下表达了某种新时代的新内容,即要求崇人的尊严(即启蒙时代的理性的化身)于上位。康德出身于虔诚教派(Pietismus),继承了新教尊崇个人与个性的传统,又吸收了"人生而自由"的时代命题,他的历史哲学富有与封建的权威原理和等级制度相对抗的时代意义。因此,不仅每一部公民宪法都应该是共和制的,

---

① 布克哈特:《世界历史沉思录》,伯尔尼,1941年,第44页。
② 克罗齐:《历史学的理论和实践》,纽约,1923年,第84页。
③ 波普尔:《开放社会及其敌人》,伦敦,1963年,第2卷,第212页。
④ 《纯粹理性批判》,第二版序言。
⑤ 《判断力批判》,第84节。

而且"政府的体制要符合权利的观念,它就必须包括代议制。因为唯有在代议制的体制之下,一个真正共和制的政府体制才是可能的;否则无论其宪法如何,它总归是专制和暴政"。① 这是近代的批判精神,是隐藏在他先验的历史哲学背后的物质动机。它以抽象的概念表达了法国革命的原则,即:(一)自然权利的观念,(二)理性的(即非宗教的)千年福王国的观念,(三)自由平等的世界公民的观念。故黑格尔把启蒙哲学家"想建立理性和永恒正义的王国"②的理论特点归结为"思维着的悟性成了衡量一切的唯一尺度"。③

康德认为,大自然所要求于人类的,恰好是大自然本身所并不能现成地提供给人类的东西;大自然只赋给人以理性(包括自由),然后便由人的理性去完成大自然本身所不能自行成就的东西。(也就是说,它非得经过人类的自由意志的努力不可。)这一论点不失为一种严肃认真而又极富启发意义的努力,即是要解决历来历史哲学中最为棘手的一个核心问题:客观的必然规律怎样能够符合先验的逻辑推导,使之若合符契。自由和必然之间表面看来总有矛盾:人要求和谐,自然却注定了不和;人类希图安逸,自然却使他们艰辛困苦。然而又只有这样,人类才可以提高自己、超越自己,由低级进入高级阶段。启蒙思想家不同于传统的护教论者,他们不再相信人性的堕落,而是相信人性的进步,不再相信人类是由天国沦落的,而是相信人类能够并且正在建立地上的天城。康德反对原罪说,但又不能不承认、并且不能不解说人性中所不可能不具有的某种先天的恶。这个解决办法就是诉之于先验的逻辑:他要把18世纪的自然人、经济人和道德人捏合成一体,抽空历史发展的现实物质基础,把历史发展推源于一条先验的原则,那就是人

---

① 普鲁士科学院编:《康德全集》,第8卷,第349页。
② 《马克思恩格斯选集》,北京:人民出版社,1972年,第3卷,第58页。
③ 同上书,第56页。

之所以有历史,其目的就在于要充分实现人(有理性的生物)之所以为人。历史就表现为一部精神的自我实现①,但同时它也表现为一部物质进步的历史。自由和必然是携手并进的。

人性是一个矛盾统一体,既有联合起来共同生活的倾向,又有彼此相对抗的倾向。权力欲、财富欲等等都属于非社会性,但这些非社会性本身又恰好成其为社会性(人道的美好)的根源,这就叫作"非社会的社会性"。并非是一个政治社会(国家)就足以实现人道的理想(例如,在一个专制政权之下,就是不可能的)。这个理想的实现不仅有待于由自然状态步入文明社会,而且还有待于这个社会必须"结合最大可能的自由",其中"每一个人的自由都和别人的自由共存"。② 道德和理性的合目的性与自然界的合规律性二者相一致——这就是天意之所在,这本身就是天意;因此他的另一篇历史哲学名文的结论就是:我们应该满足于天意。③ 这种天意并不是通常人们所说的天命。

七

按康德批判哲学的说法,在我们认识之前,我们须首先批判自己的认识能力。这一点是不是也应该适用于历史哲学呢?在我们论证历史的规律之前,是不是也应该首先批判我们对历史的认识能力呢?(这个工作大抵上也正是今天的分析的历史哲学所做的工作。)康德本人做过这项按他的认识理论应该是必不可少的前提工作吗?如果普遍的历史观念并不是从史实之中归纳出来的,而是像康德那样从

---

① 可参看弥尔顿:《失乐园》,第 1 卷。又,黑格尔:《历史哲学》,J. Sibree 英译,New York:The Colonial Press,1900 年,第 457 页。
② 普鲁士科学院编:《康德全集》,第 8 卷,第 28 页。
③ 康德:《人类历史起源臆测》,《康德全集》,第 8 卷,第 123 页。

先验的观念之中推导出来的,那岂不是把每后一个阶段的历史都弄成了前一阶段的历史的目的了吗?① 康德本人对此做了如下的辩解,即在这里我们只能引用目的论,目的论是我们非引用不可的东西。但是这一说法大概是不会被任何非康德派的学者所首肯的。批判哲学为什么恰好遗漏了对自己历史哲学立论根据的批判呢?

历史学家的反对意见是最显而易见的。他们会说,历史学是经验科学,正如任何经验科学一样,历史的规律并不能先验地游离于历史事实之外。对此,我们也很容易设想康德的答辩:就历史学的客体是作为自然现象的历史事实而论,它就是一门经验科学;然而就历史的主体乃是自由意志的自由行动(因而是道德行动)时,它就得服从超验的准则了。问题完全在于我们同不同意历史的这一两重性。任何推论最后总是要从一个不可再究诘的前提出发的(像欧几里得几何学的公理那样)。它仿佛是在说,这就走到了探索的最后一步,你只能同意这一点。也许可以换一种比喻的说法:有人认为思想是决定一切的,也有人认为物质条件是决定一切的;这是我们可能争论的最后一步,再进一步的争论就没有可能进行了。在康德,则思想和物质、自由和必然、目的和规律的双重性这一点,就有如欧几里得几何学中的公理。假如你不承认,那么你想要提出的任何其他公理来取而代之,也会是同样无法证明的。"这种历史哲学理论的最大长处"——用马克思的话来说——"在于它是超历史的"。② 唯其是超历史的历史哲学,所以它就不受历史的检验。(何况历史还短暂得远远够不上去检验它。)哲学(包括历史哲学)所能告诉我们的只是先验的形式;既是先验的,所以经验就不能、也不会违反它。康德还对此写过一篇历史哲学的示范,即他

---

① 参看《马克思恩格斯全集》,第 3 卷,第 51 页。
② 《马克思恩格斯书信选集》,北京:人民出版社,1962 年,第 347 页。

的《人类历史起源臆测》,其中阐明了经验的史实怎样地不但不违反,而且还完全符合于先验的推论。

与此相关的还有另两个理论问题,康德虽曾力图加以辩护,却仍然并非是无懈可击。历史作为理性的觉醒或自由的扩大的过程,何以一定要采取历史上所充满了的,而且为康德本人所深深察觉到的那么多的罪恶的形式,并使人类要付出如此之沉重的巨大代价?假如说,历史上的一切非社会性都不是"徒劳无功"的,它们都不可或缺地成就了社会性,那么究竟历史上又有什么才算是"徒劳无功"的呢?假如历史上并没有任何东西是徒劳无功的,那么"徒劳无功"这个概念本身岂不就是徒劳无功的了吗?其次,假如历史哲学确乎是(像康德所断言的)先验的,那么即使是不曾存在过如此这般的全部经验中的历史事实,它也应该照样可以成立;换句话说,它也就是和我们所经验的如此这般的历史事实是全然没有任何关系和联系的了。这岂不成了维特根斯坦所说的:先天逻辑是重言式,因为逻辑就是先天的。① 康德所深信不疑的(即,先验的历史哲学必然不会不符合经验的历史事实),大概恰好正是经验的历史学家所深疑而不能相信的。康德之深信不疑的根据完全是,并且仅仅是他对于"观念"的信仰,他相信他已经充足地论证了何以经验的历史是必定要符合这个先验观念的。也许,任何理论都需以某种未经证明(也不需要或不可能证明)的假设为基础。普遍的历史观念就是康德历史哲学的基础。有没有不会不符合具体的经验事实的先天普遍的准则呢?逻辑学是有的,数学是有的;但历史哲学也有吗?道德意志是自由的,但它所发之为行动因而成其为自然界现象的,却仍然不会不符合自然律——这就是康德的答案。无论如何,我们应该承认,他对这个永恒的问题提出了一种

---

① 参看维特根斯坦:《逻辑哲学论》,伦敦,1922年,第124页和第154页以下。

逻辑上不失为可以自圆其说的理论。而且无论如何,他的这一先验的普遍历史观念的着眼点,就使他避免了我们在赫尔德和黑格尔那里所常常会遇到的那种史实与理论之间的抵牾或扞格难通。

　　作为普遍的历史观念,这种历史哲学当然不可能、也不需要充分解说人类历史的全部繁杂性和多样性。康德自己有过一个寓言说:飞鸟在空气之中飞翔,总觉得自己不如意,它总想能摆脱空气的阻力而飞翔;康德自己也仿佛总想要摆脱一切后天的史实,而专从先验的原则立论。于是,"整个历史过程被看成是'人'的自我异化过程"①;这种历史哲学属于马克思所说的"从天上降到地上"的那类理论,也就是"从只存在于口头上所说的、思考出来的、想象出来的、设想出来的人出发,去理解真正的人"。正因为如此,所以它就更多地而且更为成功地构成了他那思辨理论体系的一个部分,却更少地、更不成功地构成为历史研究的一个指南。有人试图以莱布尼茨论"事实的真理"和"推理的真理"(前者以事实来验证,后者则以逻辑来验证)②的区别来回护康德的历史哲学;但这似乎并不符合康德原意,因为康德明确指出了历史哲学就一举包括了这两重真理在内。目的论的原则在统御着自然界和人类的历史。普遍的历史观念既然是只有在一个如此这般的(即康德所设想的)理想社会里才有可能实现,所以一个如此这般的理想社会就必定是历史的目的。康德是反对形而上学的,目的论是不是也可以看作是一种形而上学的赘疣呢?至少,人们的历史知识事实上并不一定需要有任何目的论的前提,并且也未必能从其中得出任何目的论的结论。

　　另外就规律性而言,不同层次的自然规律也不应该混为一谈。物理学的规律不能现成地径直引用于解释生命现象(虽然生物现象

---

① 《马克思恩格斯全集》,第 3 卷,第 77 页。
② 参看莱布尼茨:《单子论》,牛津,1898 年,第 235—236 页。又,莱布尼茨:《人类理智新论》,Paris:Flammarion,1990 年,第 310 页。

也要服从物理规律),生物学的规律不能现成地径直引用于解释历史现象(虽然历史现象也要服从生物规律)。假如康德的历史哲学蕴含着——像他看来的那样——要把自然界的统一当作是可以通过先天逻辑的操作而最后抽出一套对各个层次的自然现象都普遍有效的同一的自然规律来(如"大自然绝不作徒劳无功的事"),那就违反了他自己有关自然界的繁复性(mannigfaltigkeit)的论点了;因为自然界的统一性就寓于它的繁复性之中,而不是在其外或者其上。

八

自文艺复兴以来就开始了一种新的、近代的思想传统,即人的自觉;这种自觉在启蒙运动时代的康德的身上达到了一个高峰。开普勒和牛顿发现了自然界的引力定律,马基雅维利发现了国家的引力定律。① 康德的历史哲学则把人类历史和自然界打成一片。它一方面既反对中世纪那种以精神和物质、人与自然、灵与肉相对立的观点,另一方面又以自然界和人类历史是在不断演化进步的观点,突破了宗教神学所宣扬的僵化不变的自然秩序和人世秩序。从1749年的自然演化哲学到1784年的人类历史哲学,都在把自然和人类看作是一个不断的发展过程,这堪称人类思想史的最杰出的贡献之一。当然,目的论在某种意义上也可以看作以隐蔽的形式保存下来的中世纪经院哲学的残余,但是康德所探索的世界存在的目的,显然已不再是中世纪的等级制而是近代的公民社会。② 而通往它的道路,则需要在理论上调和客体的自然规律和主体的思维理性,亦即目的王国与历史内在必然性的统一。

---

① 参看《马克思恩格斯全集》,第1卷,第128页。
② 关于马克思、恩格斯对康德历史哲学的批判,可参看《马克思恩格斯全集》,第3卷,第212页;《费尔巴哈与德国古典哲学的终结》,北京:人民出版社,1960年,第36页。

18世纪历史哲学的内涵,和后世的(特别是20世纪的)有着很大的不同。启蒙运动的代表们真诚地相信历史发展是有客观规律可寻的,而且那确实就通向地上的天城。费希特和谢林都是从康德的基本问题出发,即人的意志是自由的,但它所体现的人类历史又仍然是有规律的、有目的的;并且都得到相似的答案。赫尔德与康德不同,而且对康德写的评论他的历史哲学的文章曾大为恼火,但他也认为历史的发展既符合必然的规律又符合当然的目的,其基本倾向仍是和康德一脉相通的。康德在1784年曾专门指出,后人对前人的历史所感兴趣的,仅仅是与其自身有关的那部分,亦即世界公民观点之下的善和恶。五年之后,席勒在其历史哲学的论文《什么是普遍历史,为什么要研究普遍历史》中提出:"一切以前的世纪都曾不自觉并且无目的地在努力要实现我们这个人道的世纪。我们具有着人类全部悠久的生命中天才与勤奋、理性与经验所积累的财富。"①他就以这样的康德式的命题作为人类历史的中轴线。

　　19世纪的历史哲学则对18世纪的历史哲学做了一次大否定。②虽然其间也有某些历史学家,如美国的班克罗夫特(Hubert

---

① 《席勒全集》,第7卷,斯图加特,1813年,第30—31页。
② 黑格尔的《历史哲学》,在时间上属于19世纪初,但在思路上应属德国古典哲学传统,而非19世纪盛极一时的实证主义思潮。黑格尔认为自由(通过主客体斗争)的自我实现过程,也就是必然的过程,即"普遍历史就表示精神的自由意识的发展以及这种自由随之而实现的发展"(《历史哲学》,第63页),以后哲学的历史不应该以个人为对象而应该放眼整个人类;这些论点都显然上承康德。两人同样认为,没有国家,自由即无从实现。康德的理论以卢梭的自由原则为基础,黑格尔的理论则以康德的为基础。黑格尔国家理论的格式是:(一)"普遍历史表现了一个原则的发展历程"(《历史哲学》,第56页),(二)"国家所需要的是根据公意而行动并采纳公共目的的实践"(黑格尔:《历史的理性》,G. Larson 编,莱比锡,1920年,第92页),(三)"我们承认国家就是道德的全体与自由的实现,因而也就是这两个因素的客观统一"(《历史哲学》,第48页)。这一理论与康德的,本质上并无二致。最后,两人又都把历史的目的归结为天意。

Howe Bancroft, 1832—1918）和德国的蒙森（Theodor Mommsen, 1817—1903）等人,在祖述康德普遍历史的观念的精神,但大体上占统治地位的却是两种思潮,一种是反唯心主义（或理想主义）的实证主义思潮,一种是新康德学派。这个学派打着返回康德的旗帜,却强调历史的个体性和特殊性,从而否定了（康德所承认并强调的）历史的客观规律及其可知性。20世纪讲历史本体论的思辨历史哲学把历史看作是无目的的,而讲历史认识论的分析历史哲学则又把历史看作是无规律的;在根本上都和康德那种启蒙运动的历史哲学背道而驰。启蒙运动的思想家们还没有沾染上后世那种狭隘的沙文主义的偏见,他们乃是反对封建等级特权制的世界公民。

* * *

康德哲学在20世纪初经过梁启超、王国维、蔡元培几位大师的介绍,曾在中国有过一定影响,此后90年来中国对康德的研究时断时续,不绝如缕。其间研究康德历史哲学的,就我所知,有过陈披神、浦薛凤、李泽厚诸家。陈文《康德之历史哲学》载《学艺》第六卷第五期,浦文《康德之历史哲学》载《东方杂志》第三十三卷第一期,后经改写编入《西洋近代政治思潮》一书,李泽厚写有有关康德历史哲学的专章,编入他的《批判哲学的批判》第九章。浦、李两书均为有功力、有见识的著作,非一般拾人牙慧者可比,足觇我国当代学术研究的水平。关于当代西方对康德历史哲学的研究,拟于另文再做评价。

每个时代的理论思维确实都是历史的产物;然而同样有理由可以说,每一幕重大的历史事迹也都是那个时代的理论思维的产物。如果没有启蒙时代思想家们的那些理论,也许就不会有启蒙运动和法国大革命。启蒙时代的理论思维文献——康德的历史理性批判就是其中最有代表性的著作之一:既是新的历史时代的产物,同时也在创造着一个新的历史时代。这才使我们在两百年后重新读它时,仍然强烈地感到其中的精神和理想是那么的虎虎有生气。

(原载《史学理论丛书》编辑部编:《八十年代的西方史学》,北京:中国社会科学出版社,1990年)

"普遍的历史观念"是怎样成为可能的?
——重评康德的历史哲学

一

康德的历史哲学论文——卡西尔认为是构成其为康德的第四批判,即"历史理性批判"——可以看作是他第三批判(1790年《判断力批判》)的理论在历史学的引申和应用,同时也对他的第二批判(1788年《实践理性批判》)以及《道德形而上学探本》提供了重要的诠释和解说。

康德在他发表《世界公民观点之下的普遍历史观念》的同一年,即1784年,还写了一篇《什么是启蒙》,刊载在同一份杂志《柏林月刊》(启蒙运动时期的一份主要理论刊物)上。康德的历史哲学乃是当时启蒙运动这一强大的时代思潮的产物。启蒙运动的巨大的历史功绩和影响无待多说,但是同时它也带有一种严重的思想缺陷,即过分天真地相信理性(不如说智性)的万能。理性就是光明,启蒙运动一词,即 Aufklärung 或 les Lumières 或 enlightenment,均系照亮或光明之意(亦即19、20世纪之交中国知识分子的口头禅:"开民智")。故而启蒙运动的时代,就恰当地被称之为"理性的时代"。启蒙运动的代表人物们天真地相信,真理只有一个或一种,它是明摆在那里的,只要人们能发挥理性的光芒,就不难把握住唯一的真理。这种启蒙运动的真理观,最为典型地表现在它对待当时被认为是绝对唯一的真理——牛顿古典体系的态度上。英国诗人蒲柏赞颂牛顿说:"大自然和它的规律本来隐蔽在黑暗里,上帝说,让牛顿出世吧,于是一切便都呈现为光明。"①法国分析学派的大师拉格朗日则称扬牛顿的业绩说:"只有一个宇宙;作为这个宇宙的阐明者,全世界历史上只能有一个人(即牛顿)。"②康德的认识论系以牛顿的世界构图为其对象,当时没有人曾梦想过还可能有别的真理。理性只能有一种思维方式,真理只能有一个,而人类历史的发展也只能有一条途径,那就是通过理性的觉醒而获得光明。

  康德历史哲学的出发点,也就是牛顿自然哲学的出发点。牛顿总结出自然哲学推论的第一条准则就是:"大自然绝不做徒劳无功的事,当更少一些就够用的时候,更多一些就是徒劳无功的了;因为大自然喜欢简捷而并不炫耀各种多余的原因。"③康德总结出人类历史哲学的第一条准则正是:"一个被创造物(人)的全部自然禀赋,都是注定了要充分地并且合目的地发展出来的"④,因为"大自然绝不做徒劳无功的事,她使用的各种手段以达到自己的目的是绝不浪费的"。在这里,康德的思路,甚至所使用的字句都和牛顿相同。把这条宇宙的大经大法应用于人类历史时,康德便理所当然地得出了他如下的历史哲学的基本论点,即"我们可以把人类历史的整体看作是大自然的一幕隐蔽的计划的实现"(第8卷,第27页)。由此出发,康德便推导出来了他全部的历史哲学。然而,

---

① 蒲柏:《诗集》,伦敦,人人丛书,1932年,第122页。
② 参见 I. B. Cohen:《新物理学的诞生》(*The Birth of a New Physics*),纽约:Doubleday,1960年,第189页。
③ 牛顿:《自然哲学之数学原理》,伯克利:加州大学出版社,1934年,第398页。(按,郑太朴中文旧译本,此处有误。)
④ 普鲁士科学院编:《康德全集》,第8卷,第18、19页。以下凡引此书,只注卷数、页码。

这一幕"大自然的隐蔽的计划"又是什么呢？

有如牛顿教给了康德以自然世界的大经大法，卢梭就教给了康德以人类世界的大经大法，那就是：自由就在于自律，人性中的天然愿望和社会是相矛盾的，只要自由地运用理性就必然要犯错误，个人的意志是自由的，而整个社会进程则是有规律的，人类必须脱离自然状态组成公民社会才能使自己真正得到发展，并且这一点又只有通过人类自身的努力才能够做到。康德晚年（1795 年，71 岁）的《永久和平论》第一项正式条款的第一段即完全祖述卢梭的这一理论：

> 从一个民族全部合法的立法所必须依据的原始契约的观念而得出的唯一体制就是共和制。这首先是根据一个社会的成员（作为人）的自由原则，其次是根据所有的人（作为臣民）对于唯一共同的立法的依赖原则，第三是根据他们（作为公民）之间的平等法则而奠定的。因此它本身就权利而论，便是构成为各种公民宪法的原始基础的体制。（第 6 卷，第 350 页）

康德历史哲学在一定意义上可以说是卢梭的理论在历史学上的深化与发扬。人们生活在自然世界之中，却始终习焉而不察，要一直等到出现了开普勒和牛顿，才揭示出来自然界的大经大法；同样地，人类生活于历史世界之中，却唯有等待到历史学中的开普勒和牛顿出来，才能识破那幕大自然的隐蔽计划的目的和作用、意义和归宿。在大自然（或天意）所规划的历史行程之中，个人的非社会性与整体的社会性、自由意志和必然规律、善和恶、人和自然、合目的性与合规律性，归根到底是统一的、一致的（参见第 6 卷，第 327—329 页）。

二

康德历史哲学中的一个关键性的术语是"观念"(Idee)。此词在字源上即出自柏拉图的"观念"或"理念",但其含义经过康德的改铸,已非柏拉图的原意。此词的英译应作大写的 Idea 而有别于小写的 idea;idea 相当于德文中的 Vostellung。康德的界说是:

> 我们这里是在和理性本身所创造的"观念"打交道,它那对象(如果有的话)是完全在我们的视野之外的;尽管这些观念是超越我们的思辨的认识的,然而它们却并不因此就应该被认为在各个方面都是空洞的。(第 6 卷,第 332 页)

这就是说,它们在经验中是不存在的,它们也不是形而上学的存在;然而它们却不是任意假设的,而是非如此不可的。我们研究历史,只能是(而不能不是)在某些观念的引导之下进行;没有这些观念的引导,历史学就是盲目的,因此这些观念乃是历史学所不可或缺的,尽管它们在经验中无法加以证实或否证。它们并不是自然规律,而是目的论上的必要前提。没有这些目的论上的必要前提或观念——有如康德本文中所总结的九条论纲那样——我们便无从理解一部"普遍的历史"。① 洛克以前曾有"内在的观念"的说法,假如把这里的"观念"也称之为"内在的观念"的话,它们却绝非洛克以前那种意义上的先天的、为人心所固有的知识。

1787 年,即法国大革命之前两年,康德在为《纯粹理性批判》第二版所写的序言中就论及,观念是没有任何实际经验中的对象或

---

① "普遍的历史"原文为 allgemeine Geschichte,即英文之 universal history,法文之 histoire universelle,字面上亦可译作"通史",但含义有所不同,它指的是把人类的全部历史看作一个整体。

现象所能够完全与之相符的(他引了"共和国"这一观念为例),观念乃是理想,理想是永远也不可能十全十美地实现的,但理想却又是不可须臾离弃的。没有理想,就只会剩下来一堆僵死的自然残骸或废墟。康德历史哲学中的"自然"乃是"大自然",康德也用"天意"一词来表示;大自然和天意,两者是同义语。观念并非得自经验,所以科学实证对于观念就是无能为力的;然而它又是我们理性所颁布的规范性的或调节性的(regulative,与 constructive 相对而言)原则,没有它我们的经验就无从获得秩序性和统一性,而一切事物(包括历史)就会成为无法理解的了。就此而言,则观念——它在历史理解中乃是具有着头等重要地位的前提假设——就不是、也不可能是从历史事实之中所总结出来的原则或结论。

于是,这里很自然地就会出现一个问题:观念对于我们的历史经验又怎么可能有效呢?更具体地说,康德怎么能够论证他的历史哲学或他的"普遍的历史观念"是有效的呢?康德于此似乎有两条答案。在《论优美感和崇高感》一文中,康德曾谈到过不少的具体历史问题,曾谈到各民族的特征(可能是受了赫尔德的影响),谈到爱情和女性美(显然是受了卢梭的影响)等等,可见他并非是要抹杀历史的事实①;只不过观念之作为观念,则必须撇开一切具体的事例始能具有普遍的有效性。换一个说法,理论必须脱离实际(而不是结合实际),才能具有理论之成其为理论的普遍有效性。理论之所以成其为普遍有效,就正在于它并不结合于或拘束于任何一桩具体的实际。理论必须先脱离实际,然后才能适用于实际。不脱离实际的理论,就不是理论了。其次,康德还明确地提到,全部的人类历史还太短,短得不足以得出普遍的结论来。但是根据

---

① 卡西尔甚至谓在康德的《论优美感和崇高感》之中,"我们对审美教养和社会交往的全部魅力感到一种美妙的欣赏"(见卡西尔:《卢梭、康德与歌德》,普林斯顿大学出版社,1970 年,第 41 页)。

观念来考察和理解普遍的历史,仍然"对于人类是有用的,并且对于人类的教育和进步是有益的"(第8卷,第123页)。它使我们能看到人类历史的"过程并不是一场由好变坏的堕落,而是由坏变好的逐步发展过程;而大自然所赋给我们每一个人的天职,便是要竭尽自己的所能,来对这场进步做出最大可能的贡献"(同上)。这里所揭示的并非是科学的结论,而是启蒙时代的信念,即孔多塞在他的历史哲学(《人类精神进步史表纲要》)中以具体的史实事例所宣扬的同样的信念:人类历史是不断通过理性的启蒙而在进步的。启蒙运动的代表人物们都是真正的"世界公民"(Weltbürger),他们还没有沾染那种在下一个世纪流行的狭隘的民族沙文主义的偏见。这种世界主义的精神(Kosmopolitanismus),乃是针对旧制度时代(ancien régime)世袭等级特权制及其所派生的愚昧和偏见而发出的抗议。康德历史哲学的工作只不过是要以普遍的历史观念来"论证大自然(或者不如说天意)",从而使我们可以"对世界历史选择一个立足点"(第8卷,第30页)而已。至于写出具体的历史著作来,则有待于专业的历史学家。

孔多塞的历史哲学所提供的只是一个"大纲",而康德的历史哲学所提供的则只是"观念"。对于观念(以及对于产生观念的纯逻辑思维),史实或者经验数据是无法进行检验的。① 而且历史学也不能简单地归结为科学,因为作为历史的主体的人,同时还是一个道德实体而非仅仅是一个自然实体而已。所以历史哲学就有其伦理学的一面,这是任何科学所没有的。康德在论实践理性时,充分意识到伦理实践是随着时代、社会、民族、集团等等不同而不同的;因而就并不存在什么普遍有效的具体伦理教诫。故此真正普遍有效的伦理学,就必须抛开一切具体内容的考虑而专就其纯形

---

① 参看 Galston:《康德和历史问题》,载《历史与理论》,1977 年第 2 期,第 201 页。

式立论,亦即伦理学的准则就只能采取如下的形式:"你的行为应该是这样,从而你可以同时使之成为普遍的规律。"①如果把这一思路引入历史研究,那么普遍的历史观念就不仅仅是可能的,而且还是必要的了。我们观察历史,不仅仅要看到它作为自然现象(因而是在服从客观必然的自然律)的一面,还应该看到它作为意志本体(因而是在服从自由的道德律)的一面。就大自然的整体而论,一方面我们固然可以把它看作是纯粹自然因果的必然,而同时另一方面却又应该看作有其"有目的的在起作用的原因(absichtlich wirkenden Ursache)"。② 人类历史,作为大自然的一部分,也同样具有这一两重性,即本体和现象的统一。

三

人类自由意志所表现的行为,就成为历史。但是历史作为自然界的现象,则又"总是为普遍的自然律所决定的"(第 8 卷,第 17 页)。我们考察历史的整体,就会发现它是一个合规律的进程。每个个人的行为(例如婚姻)是自由的,但是历史整体却仍然是有规律的(例如我们仍然可以精确地得出人类婚姻的自然规律)。然而自由(以及它的产物——道德)则是既不能由历史经验、也不能由纯粹理性加以证明或否证的。也就是说,自由是超越于历史的自然秩序之外的。人,作为历史的主人,一方面既是本体的人,同时另一方面又是现象的人。历史哲学的任务就是要解释:人怎么能既在服从自然机制的作用(这时候人就是自然的奴仆),而同时又是文明的创造者(这时候他就是历史的主人)。换句话说,历史既

---

① 康德:《道德形而上学探本》,T. Fritzsch 编,Lepzig:P. Reclam,第 55 页。
② 康德:《判断力批判》,Karl Kehrbach 编,Leipzig:P. Reclam,第 327 页。

不以人的意志为转移,但同时却又是人的意志行为的结果。人,作为历史的主人,乃是自由的;因为"人要能够在自由之中明智地使用自己的权力,就必须是自由的"(第6卷,第188页)。自由在某种意义上就犹如牛顿的最初推动力,仿佛是上帝一旦给了人以自由,此后就是要人类自己去运用自己的自由而不再干上帝的事了。而又正是因此,所以人类走出自然状态而第一次运用自己的自由时,就要犯错误,就会是一场道德的堕落(康德引征了亚当吃禁果作为例子)。假如他注定了是绝不能或者绝不会犯错误的,那么他就无所谓自由了。于是我们就看到自然历史和人类历史之间的鲜明的对比:"大自然的历史是由善而开始的,因为它是上帝的创造;而人类的历史则是由恶而开始的,因为它是〔自由〕人的创造。"(第8卷,第115页)卢梭也曾提出:"一切出乎造物主之手的,都是好的;一经人手,就变坏了。"①不过此处康德虽然继承了卢梭,却又超越了卢梭而别有胜解,因为他指出了一部人类的历史并不完全是"一幕由善而恶的堕落过程",而且同时更是"由坏向好的逐步发展过程"(第8卷,第123页)。

用通俗的语言,也许可以这样解说:人对于历史也有其两重性,即他既是理解历史的人,也是创造历史的人。作为理解历史的人,他就是一个旁观者;作为创造历史的人,他就是一个参与者。而我们要理解历史,就要求我们参与创造历史。只把历史当作单纯的现象,是无法真正理解历史的;真正理解历史同时就有赖于我们自身(作为历史现象的本体)投身于历史活动,也就是当我们的自由意志采取行动而表现出来的时候。历史(作为自然现象)的合规律性与历史(作为自由意志的表现)的合目的性,两者是一致的,或者说历史理性的二重性乃是统一的,二者缺一不可。归根到底,天意(主观的道德天职)

---

① 卢梭:《爱弥儿》,Paris:Garnier,第1页。

和大自然(客观的必然规律)不但是并行不悖的,而且是相辅相成的(第6卷,第233页),它们是一而二、二而一的。

艺术品,作为艺术家的创造,是有目的的;艺术家在其创造之中,自始至终都贯穿着他的目的或意图。大自然(包括人类历史)作为神明(天意)的作品,也是有其目的的。如果我们仅仅从自然现象着眼,便完全无须考虑到天意的参预;但是如果从道德的实践着眼,则天意的参预这一观念(即目的论)就是完全必要的了(第6卷,第370页)。自由与因果之间在历史上的二律背反,就这样得到了解决;历史学就这样通过目的论而被纳入了他的批判体系。作为历史的主人的人,就相当于自然世界的物自身(Ding an sich),而人所创造的历史现象则相当于自然世界中的物的观念(Vorstellung von Ding)。① 前者是"绝对的对象",后者则是"观念中的对象"。② 因此,卡西尔评论康德的"这一伦理洞见是以存在与义务、自然与自由的二元论为其基础的";要了解历史的意义"康德就需要有一种对伦理公设(postulate)的抽象统一性"③;"这样,康德的历史哲学就显示了康德伦理学的原理,后者乃是前者的立足点及其充分的展开"④;在这里,唯一的出发点是自由人进行自由的抉择⑤,唯一的标准乃是道德律而不是幸福、快乐、功利或其他任何东西。德性不要求报酬,也不可能有报酬;德性是自足的,德性的完成其本身就是报酬而且是唯一的报酬。

崇德行于上位的观点(无论在实践理性中,还是在历史理性中),康德也得自卢梭。18世纪60年代初,康德阅读了卢梭的著

---

① 参看康德:《纯粹理性批判》,B. Erdmann编,Hamburg:Voss,第400页。
② 同上书,第456页。
③ 卡西尔:《康德的生平与思想》,耶鲁大学出版社,1981年,第229页。
④ 同上书,第217页。
⑤ 参看Reiss编:《康德政治著作选》,剑桥大学出版社,1971年,第25页。

作,遂有志于政治哲学和历史哲学。对于康德,卢梭"返于自然(nature)"的口号意味着不是别的,而只是返于真正的人性(nature);康德从卢梭那里所学到的,就是尊重这种人性。所谓研究历史,也就是研究真正的人性。在这一根本之点上,两人是共通的。诗人弥尔顿所要论证的是上帝之道,卢梭所要论证的是大自然之道,康德则更进一步论证了大自然之道就是上帝之道或天意。

卢梭宣称:"人是如此之高贵的一种生命,而不可能成为什么别的东西的工具","为了什么别的东西的利益而伤害一个人的灵魂,这永远都是不对的"。① 人自身有其内在固有的尊严,人自身就是目的,而不是达到其他某种目的的手段。这就正是康德的基本立场,他的全部的实践理性都可以归结到一点,即"人乃是目的王国的成员","由于其自身的本性,他本身就是目的"。② 道德自由就是目的,所以我们对它的规定就只能是纯形式的,否则的话它就不是自由的了。同时,假如我们为它规定任何具体的目的,那就有理由认为凡是能达到此目的的任何手段都是正当的,于是就会流入只问目的、不择手段的地步。问题倒不在于(像洛克所认为的)我们不可能用一种坏手段达到一个好目的(目的与手段的一致性);而在于只有手段本身(纯形式)才可以保证目的的正当性,亦即手段正当才能保证目的的正当。因此,凡是一切都是为了某个目的,或者把一切都献给某个目的之类的提法,其本性就都是不道德的,因为它们取消了道德之所以成其为道德的根本前提。这一理性的自由及其独立性和尊严的价值,构成为启蒙时代天赋人权论的依据。它是人天生所固有的、既不可被剥夺又不可被转让的权利。它是人之所以成其为人的权利,它不是一种方便的手段,不是

---

① 卢梭:《新哀洛绮思》,Paris:Flammarion,1967 年,V,2,IV,22。
② Abbott 编:《康德伦理学理论》,New York:Longmans Green,1923 年,第 54 页。

用来达到某种目的的,也不可能被奉献给什么目的。它本身才是目的。① 天赋人权是不能被奉献出来的。国家乃是自由人的契约的产物——毕竟是先有此天赋人权,然后才有契约。因此,就只有"一项原始的契约"才成为一切权利的基础;"没有原始的契约","任何权利就都是不可思议的"。假如我们把道德人也看成像是"一桩物品"那样地可以奉献或者转让,那"就和原始契约的观念相矛盾了"(第6卷,第344页)。契约只能是双方之间的相互产物,所以就不能建立在取消(或无条件奉献出)一方的基本权利的基础之上。这一观点被1791年的《人权宣言》法典化为如下的词句:"一切政治结合的目的,都是为了维护天赋的、不可剥夺的权利。"② 正因它是天赋的而不可剥夺的,所以它是一切政治结合的前提。

在《什么是启蒙》中,康德对于这一点又做了明确的阐述:启蒙就是要使人摆脱自己的依附状态(被保护的状态和受教育的状态)而能够运用自己的自由,亦即"要敢于运用自己的理性"(第8卷,第33页)。全部人类的历史就是一幕人类理性自我解放的过程,也就是理性逐步走向自律的过程。这种权利是先天的、是生而固有的,所以"经验并不能教导我们什么是权利",因为"它那原则乃是先天确定的,是任何经验所无法加以抹杀的"(第8卷,第302页)。思想自由、言论自由和学术良心是被康德所强调的一个公民最根本的、不可剥夺的权利。无论是自己侵犯别人的自由,还是别人侵犯自己的自由,都是最严重的侵权行为。1793年,康德也像伏尔泰一样地声称:"言论自由乃是对人民权利的唯一保障。"(第8卷,第304页)

---

① 可参看康德《永久和平论》有关部分。又,卢梭《社会契约论》:"说一个人可以无偿地献出自己,这种说法是荒谬的、不可思议的。"Paris:Aubier,1943年,第71页。
② 《现代西方文明史资料》,纽约:哥伦比亚大学出版社,1964年,第2卷,第33页。

四

人性中的恶的起源,是困扰了古往今来所有思想家的一个问题。为什么会有恶——就都是由于有了自由的缘故;没有自由,就无所谓恶(或善)。历史理性自身仿佛也有一个二律背反,即正题:人的意志是自由的;反题:人的行为是没有自由的(一切现象都属于自然界的必然)。如何解决这一理性与其自身的矛盾,就成为康德历史哲学所要解决的一个中心问题。一方面是作为自由的主体的"自为的我"(Für sich sein),另一方面是作为自由的载体的"所作所为"(das Tun)的各种现象。放眼历史我们就总是看到,一方面是人欲横流及其种种恶德和罪行,另一方面则是人类文化的不断进步(至少,这是18世纪启蒙学者的共同信念)。

针对这一历史理性的二律背反,康德就提出了他那"非社会的社会性"的有名论点。社会的和谐与统一,不仅像是沙夫斯伯里和卢梭所设想的那样,在于每个个人之间的和谐一致,而且也在于他们之间的不可避免的竞争和斗争。这种斗争"乃是从野蛮到文明的真正的第一步"①,从而恶就成就了善,或者有如蒲柏的诗句所说:"一切局部的恶,都成为普遍的善。"这里有着比卢梭更为深邃的思想。卢梭认为人是生而自由的,只要人能摆脱自己身上的枷锁,就可以恢复天赋的自由。然而卢梭却又感叹于制订一部完美的立法之难,那难得简直是需要有一群自由的天使而后可。康德于此则针锋相对地提出,那并不一定需要有一群天使,"即使是一群魔鬼也可以,只要他们有此智慧"(第6卷,第366页)。魔鬼的

---

① 康德:《致加尔夫书》(1770年)。转引自 Gillespie:《黑格尔、海德格尔和历史学的基础》(*Hegel, Heidegger, and Ground of History*),芝加哥:芝加哥大学出版社,1984年,第31页。

非社会性,同样也能成就天使的社会性;而且这对他们还是必需的。我们不必感叹世风日下,人心不古;问题不在于此,而在于懂得怎样规划自己的制度并把大自然的机制最佳地应用于人类(以及魔鬼)。这就是魔鬼也可以有此智慧足以保证一种完美的体制(宪法)的理由。这一见解俨然成为康德历史理性批判中最为精粹的部分,即制度比人更能左右历史的航程。中世纪的神秘主义者曾认为:人性中既有神性又有兽性,神性正由于兽性而益发显示其神性。这似乎可以借用来比拟康德的论点。人性之中充满了自私、虚荣、猜忌、占有欲、野心等等,卢梭认为文明是建立在这个基础之上的,所以他要求人们摒弃这一切而返于自然,要求人性进行一场归真返璞。康德则不然。康德也承认人性中的这一切,但是如果没有这一切来激发,人类的自然禀赋就会永远沉睡而得不到发展,因之人道(包括道德)也就不可能充分实现。这就是他的"非社会的社会性"学说的要义。

　　上述理论就蕴含着:人类历史并不能简单地划分为好和坏、精华与糟粕两个截然对立的方面;双方对于历史都是不可或缺的。有利就有弊,有弊就有利;好坏、利弊总是结合在一起的;并不存在永恒的、绝对的好和坏或利和弊。好坏、利弊之间并不存在一条"绝对分明的和固定不变的界限"①;在一种情况下是好的、有利的,在另一种情况下则可以转化为坏的、有害的。好坏、利弊都有助于大自然的计划的实现——而这就是要求对普遍历史作一番哲学的探索和解释的用意所在(第8卷,第29页)。康德就这样论证了大自然或天意所规划的人类历史。他那全部的历史理性批判都深深贯彻着整个时代的信念:理性有解放人类自身的能力,而且终究还是要解放人类自身的。人尽其才或各尽所能(即充分发挥我们自

---

① 《马克思恩格斯选集》,第3卷,第535页。

身中的天然禀赋)的时代终究是要到来的,这就是历史的目的。每一次曲折、每一次灾难,都可以看作是人类进步所必须付出的代价。这在当时还是颇为新颖的见解;不过,康德并不是以此来推卸人间苦难的责任,而是着眼于强调人类自觉地走向文明与和平的努力。历史所以要采取这一"非社会的社会性"的形式,乃是因为大自然所考虑的并不是个人而是整个物种。在这种意义上,也可以说是造化不仁,以百姓为刍狗。然而却还有另一条原则是与此相平行并与此相补充的,即理性一旦觉醒之后,就完全独立地而且自由地自行其是。

这里看来好像康德是以历史哲学的语言在阐述亚当·斯密的理论。自由并非就导致一片混乱,反而是走向秩序井然的必由之路;自利和利他是相反相成的,人们不能取消自利而侈言利他。没有非社会性(利己),社会性(利人)也就落了空。这种说法貌似诡辩,却是实际上的必然;因为人类(乃至于魔鬼)必须有此智慧才能生存和发展。而人与人之间的这一关系,在一个更高的层次上,即在国与国的层次上,也应该同样地重复演出。这一思想的发挥,就成为他晚年《永久和平论》的主旨。阿克沁(S. Axinn)曾评论康德的这一思想说:"他对个人是悲观的,而对人类则是乐观的。"①就个人而论,今人并不优越于古人,但就人类而论,则后代对于前代的优越性是毋庸置疑的。人类自然禀赋之不断发展是毋庸置疑的,人类理性的自觉也是毋庸置疑的。从这个角度而言,我们或许应该同意阿维(J. Havet)如下的论断:"康德全部伦理学的意义乃是:恶已经被人造就了,而善则尚有待人去造就。"②

如果单纯从某些字面上来看,非社会的社会性就很像是一幅

---

① 阿克沁:《康德、权威与法国革命》,《思想史杂志》,1971年,第30卷第3期,第423页。
② 阿维:《康德与时间问题》,Paris:Plon,1947年,第198页。

霍布斯的理论构图。但两人之间却有着一个根本的不同,即在政治上和在伦理上,康德是非功利而重道德的。幸福是后天的、经验的,道德则是先天的、先验的。公民社会的产生,并不是为了方便或有利,而是由于人类理性的本质所使然。就康德的理论而言,则人们"必须首先全盘抛弃一切形式的马基雅维利主义,这乃是任何进步的必要条件"(第8卷,第278页)。道德并不是为了幸福,也绝不计较幸福。假如道德就是为了幸福,那么道德就变成了一种方便的手段而其本身就没有任何内在的价值了。然则反之,假如道德并不会给人带来幸福的话,那么这种结果不会使德行感到沮丧吗?这里,康德的倾向似乎是在这样说:义务并不就是幸福,但是只有义务才配得上享有幸福;也就是说,配得上幸福的全都有赖于主体的善意。换一种通俗的说法,也许可以这样说:你应该有德,那么照例你就会是幸福的。① 德行本身总是会有幸福的结果的,虽则德行本身并不是、也绝不计较幸福。虽则其结果也许并非就是个人的幸福,但肯定会有助于整体的幸福。正如个人可以有智慧,但整体却可以是愚昧的,而个人就以其智慧贡献于整体的启蒙;同样,个人的道德虽不以幸福为目的,但个人却以其德行而给整体带来了普遍的幸福。康德的潜台词,似乎如此。

幸福并不是目的;假如是的,那么大自然就没有必要赋给人以理性,她只消赋给人以某些适宜于幸福的本能就够了。这一点同时就说明了人类文明的起源。太平洋塔希提(Tahiti)岛上的土著居民无知无识地在过着无忧无虑的生活,他们从来都不知道人世间有艰难困苦和忧患坎坷;难道这样的无怀氏之民、葛天氏之民就真是幸福的吗?衡量人类历史进步的尺度并不是安逸,而是文化

---

① 有一句英文谚语是:"Be honest and as a rule you will be happy"。康德的蕴意似乎是:Be virtuous and as a rule you will be happy,但他始终未曾明言。

(包括道德)发展的程度。文化既是人类理性的产物,又反过来成为理性发展的条件;而文化则恰好是大自然——正由于她赋给了人类以理性的缘故——所不可能赋给人类的东西,它必须是由人类自身去创造。关于幸福(Glücklichkeit)与文化(Kultur)之分,第三批判中曾有专节论述。文化的进步所带给人类的美好,就在于它是人类自我努力的产物,而不是安逸怠惰的产物。而保证自由人的自由努力的最好体制则是共和制而不是任何的专制;所以康德反复强调"每一个国家的宪法(体制)都应该是共和宪法(体制)"(第8卷,第24页)。人性有其非社会性,因而就需要有一个主人来统治;但是主人也是一个人,所以他并不比别人更加是天使(第8卷,第23页)。这就是何以一个自治政府(即共和制)之所以必然要取代任何专制政体的理由;因为只有共和国才能成为人民的自由与启蒙的保证,也就是对人类理性的充分发展的保证。这一人际关系提高一个数量级,也同样适用于国际关系。康德不赞成一个大一统的世界帝国,他所设想的永久和平将是在一个各民族的联邦(Völkerstaat)体制之下实现的;它不是多民族的国家,而是各个自由民族的自由联盟(第6卷,第430页)。永久和平乃是人类历史的必然结论,正有如自由公民的共和国是同样地必然。而且同时它也是一桩庄严的道德义务。作为道德义务,它便是一种断然的无上命令;并且正是因此,它就是可行的而且是必定要实现的。

《一个世界公民观点之下的普遍历史观念》写成后两年,即1786年,康德又以圣书中的摩西五经为范本,撰写了《人类历史起源臆测》一文。此文以六经注我的方式,用他自己历史哲学的观念来和经书相对比。在他稍前的赫尔德以及在他稍后的席勒和谢林都曾做过类似的工作。随后一系列的德国思想文献都把"堕落"视为人类进步的一个重大契机,亦即罪恶在个人虽然是缺点,但就物种而言,则是必不可少的。对这一作意的最为典型的论述,则应首推康德的"非社会的社会性"的理论。

五

康德的历史哲学既代表着启蒙运动哲学化的高峰,又开启了以后几个世代的(特别是德国的)思维的新方向。对法国革命的原则:自由、平等和博爱,是康德给出了哲学化的诠释;对启蒙运动的向往:理性、和平与幸福,是康德做出了纯概念的论证。这使得柯林武德认为"康德从启蒙运动所继承的遗产"是"把历史夸大地分解为一套完全非理性的过去和一套完全理性的未来"。① 或许是如此,但无论如何,康德提供了比其他启蒙哲学家更为深邃的内容。其中目的论的提出和运用,蔚然成为他最富特色的思想,目的论突破了他的先驱者卢梭并下启他的后继者、自谢林和黑格尔以降一长串的理论家。康德的历史哲学论文早于孔多塞的著作十年。孔多塞的历史哲学上承洛克感觉主义的认识论,下开19世纪的实证主义思潮。这条线索可以和康德奠定的那条思想线索相媲美,形成近代西方历史思维两大平行的主潮。麦茨利什(Bruce Mazlish,1923—2016)甚至认为这两者共同参与了马克思历史理论的形成。②

康德的历史哲学具有思想史的普遍意义。其后的德国理论家大都步康德后尘,把人类历史认同为理性自身的发展过程。它还是引导席勒钻研康德哲学的第一部著作。19世纪末,"回到康德"成为一时风尚(包括马堡学派的柯亨、纳托尔普,巴登或西南学派的文德尔班、李凯尔特以及狄尔泰和卡西尔等人在内);不过他们

---

① 柯林武德:《历史的观念》,Oxford:Clarendon,1946年,第102页。
② 参看麦茨利什:《历史之谜》(*The Riddle of History: The Great Speculators from Vico to Freud*),New York:Harper and Row,1966年,第102页。

大多倾向于把普遍与特殊、一般与个别对立起来,从而割裂了康德的合目的性与合规律性二者的统一。特别是,他们往往在反对自然主义或反对实证主义的名义之下,片面强调价值论或目的论而否定历史的合规律性,从而就在一个根本之点上背离了康德的主旨。然而后人总是不可避免地在以自己的思想理解前人。20世纪初史学家蒙森受了康德思想的影响,但他对人类自由与进步的信仰却被蒙上了一层浓厚的自由主义色彩;随后的特勒尔奇(Ernst Troeltsch,1865—1923)、韦伯以至历史主义和相对主义的思想则标榜道德中立和价值中立(Wertfreiheit),其间虽然也和康德的理论不无渊源,但终究应该看作是在前人的基础之上衍生出来的新观点,而非简单的继承和阐扬;虽说康德历史哲学的中心问题——历史学如何才能成为可能的这一问题——几乎为所有广义的康德学派所接受和分享。

康德早年浸沉于牛顿的体系和形而上学,中年时被休谟把他从"教条的睡梦"之中唤醒,晚年建立其批判体系时又深深有契于卢梭的学说;然而其间并非没有一条一以贯之的思想脉络可寻。启蒙运动的哲学在某种意义上可以看作是近代自然科学思维方式之移植于人文的领域,在这一点上,康德也不例外;同时,康德的理论又是在法国革命思潮的强大影响之下形成的,所以在某种意义上,它也是法国革命理论的哲学版。在一个更广阔的历史背景上,则文艺复兴以来的主潮就是人的自觉,这一自觉在康德的理论里可以说达到了最高程度的表现。评论康德的理论,不应该脱离其历史背景的大气候和小气候。起初,康德是风靡18世纪的"开明专制"制度的拥护者,及至1786年腓特烈大帝去世,其继承人腓特烈·威廉二世却并不那么开明;于是随着法国革命的来临,康德的思想遂日益倾向于民主共和,但始终并未放弃对自上而下的改革或改良的向往。如果我们可以把"19世纪早期的历史哲学看作是

'超越观念'在现实之中体现其自身"①的话;那么康德就理所当然地应该被看作是这一伟大的思辨历史哲学传统的奠基人。尽管他对后世的思想影响是至深且巨的,然而从此以后的历史哲学的路子却是越走越窄;实证主义者完全抛弃了批判哲学的批判精神,而理想主义者(唯心主义者)则完全抹杀了历史学的科学性一面。启蒙时代的精神在康德的理论中所表现得那么鲜明的世界公民的广阔的视野和博大的胸襟竟日益萎缩,乃至走向极其狭隘的普鲁士民族主义。

康德哲学的一个根本出发点是:我们在认识客观之前,首先必须认识我们自己的认识能力。据此而言,则我们在认识历史之前,就必须首先认识我们自己认识历史的能力。但是,何以康德又径直从认识历史本身入手,而并没有事先对我们的历史认识的能力进行一番批判的考察? 这岂不正好陷入他本人所反对的形而上学了吗? 对于这一诘难,我们或许可以在他本人的著作中找到一种解说。形而上学、数学、物理学如何成为可能,是分别属于三个层次的问题。在物理学上,我们对于自然世界的知识或判断不能闭门造车地检验它们正确与否,而必须看它们能否出门合辙。我们需要以经验的事实来作为检验它们真假的标准。符合事实的就是正确的,否则就不是的。但是数学的情况则与此不同。我们的数学知识正确与否,并不需要以经验的事实来加以检验。只要它那推导过程是正确的,我们就不必担心它会不符合经验的事实;我们完全可以先验地断定,它出门之后是绝不会不合辙的。在这里,推论的逻辑过程本身正确与否,乃是检验真理的唯一标准,此外,并不需要任何其他的保证。它可以说是某种"先天而天弗违"的知识;因此数学之得以成为可能的条件,就不同于物理学的或任何其

---

① 贝克尔:《十八世纪哲学家的天城》,纽黑文:耶鲁大学出版社,1955年,第18页。

他实证科学的。而康德的历史哲学在某种意义上,就有类于数学推导那种性质的一项先天的思维操作或观念推导。他承认他本人并不是一个历史学家,但是历史过程是不会违反他那先验推论的逻辑的。这就是他强调提出"观念"在历史理解中之所以是必不可少的原因。对于"出自人性中原始禀赋的自由的发展进行历史描述"是一回事,而"对于自由的前进行程进行描述"则又是另一回事;二者不可混为一谈。后者要靠经验的记录,而前者则只要靠先验的推导就够了。康德所从事的工作是前者而不是后者。它出了门是不会不合辙的,因为经验是不会违反理性的。理性的能力是先验的,故而先验的历史哲学就是可能的。这就是普遍的历史观念之得以成为可能的原因。

于是,"普遍的历史观念如何可能"的这一问题,也就被转化为"先验的历史学如何可能"的这一问题。而这却是唯有我们亲身去参与创造历史,才会成为可能的。并且只要我们有这个信念:它是可以实现的,并且又投身于其中,那么它就一定会实现。这是一桩神圣的使命感,是一项人的天职,它那唯一的条件就是理性的自律,亦即人的意志自由及其外化成为道德的行为。这是独立于自然律之外的另一种规律,即道德律。一方面,我们的一切知识都始自经验;另一方面,我们的知识除了经验的成分,又有先验的成分。卡西尔甚至认为,启蒙运动在德国就是以康德之结合这两个方面而达到它自己的目标的。①

人类文化史上,有不少努力是错误了的或失败了的,然而其价值和贡献往往并不亚于正确的和成功的努力。我们尽可以怀疑康德某些论点的正确性,甚至认为"他对历史过程的构造是一场失败";但是他那篇"既简短而又富于启发性的高贵的论文"在把历史

---

① 卡西尔:《启蒙运动的哲学》,Boston:Beacon Press,1951 年,第 133 页。

的合目的性和历史的合规律性统一于历史理性的努力,仍不失为人类历史思维史上最杰出而又最有深度的理论之一。今天的西方,似乎是多元论的历史哲学正在行时,而一元论的历史哲学则有衰落的倾向。但是康德这部一元论的历史理性批判,却仍然值得历史哲学家们反复思索和咀嚼。康德对历史学的最大贡献在于他"对知识本身的性质、条件和界限的研究与批判的那种科学精神"①——应该说至今不失其历史的光泽。

启蒙运动的哲学家们,往往是用天真的愿望来代替坚实的历史感,所以立论的根据显得颇为薄弱;正如贝克尔所批评的,他们"就像中世纪的经院学者一样坚持着一套天启的知识,他们不愿意、也不能够从历史里面学到任何与他们的信念不能调和的东西"。② 康德也不例外。他的先验论在一定意义上就是一套天启的知识,在那里面天真的信仰绝不少于坚实的论据。尽管如此,他的理论还是远远超出了同侪,而且也超出了大多数的后代。他既不像后来的实证派那样,简单地把历史学认同于自然科学;又不像后来的分析派那样偏执地否定一切历史哲学而只承认"有关历史科学的哲学"。③ 就此而论,康德统一这两者的工作不愧为一桩不朽的业绩。可以说,直到 18 世纪,学者们始终还不曾意识到这样一个根本性的问题,即历史知识并不简单地就是对某些给定的历史事实的知识,而更其是每一代历史学家的认识之不断创新的产物。康德的历史哲学尤其是第三、第四两个批判中所着意阐发的目的论的论证,乃是人类的历史思维史上第一个认识到了历史知识的这种复杂性的。④

* * *

---

① 参阅 Flint:《法国和德国的历史哲学》,London:Blackwood,1874 年,第 404—405 页。
② 贝克尔:《十八世纪哲学家的天城》,第 102 页。
③ 卡尔纳普(R. Carnap):《哲学与逻辑语法》,London:Kegan Paul,1934 年,第 88 页。
④ 参看梅尼克:《历史主义的兴起》,London:Routledge & K. Paul,1922 年,第 64 页。

自从 19 世纪末以来,由梁启超、王国维、蔡元培几位中国近代思想的先行者发其端,康德哲学的影响在我国已有将近一百年的历史;但是中国学者大都以其第一、第二批判为研究对象。论及其第三、第四批判的尚不多见,就我所知似仅有浦薛凤、李泽厚两家。研究康德而忽略他的目的论,总不免是一个重大的缺欠;而从他的目的论哲学入手,或许可以为我们研究康德的思想理论另辟一条途径。

(原载《学术月刊》1990 年第 5 期)

一条通向康德体系的新路
——《论优美感与崇高感》

一

《论优美感与崇高感》是1763年康德撰写的一篇长文,次年在哥尼斯堡作为单行本出版,题名为《对优美感与崇高感的考察》。

通常在人们的心目中,康德是以这样一副形象呈现的:他是一位鼎鼎大名的哲学家,但同时也是一位枯涩的、刻板的纯哲学家。他一生足迹从未出过他的故乡哥尼斯堡①,生活有点古怪,没有任何嗜好,终生未婚,甚至也从没有过恋爱,每天、每月、每年都过着一成不变的刻板生活,以至于邻居们都以他每天固定的散步时间来校对自己的钟表。他的哲学也是枯燥无味的,文风沉闷而冗长,《纯粹理性批判》一书大概除了少数专业人士以外,一般读者是很少有人通读完了的。赫胥黎(Aldous Huxley,1894—1963)曾有一篇谈旅行的散文,说到出门旅行的人行囊里每每总要带上两本书以供旅途消遣,有人在两本书之中就选有这部《纯粹理性批判》,但

---

① 哥尼斯堡原为东普鲁士首府,意为"王城",第二次世界大战后划归为苏联领土,更名为加里宁格勒,即加里宁城。

是直到旅行归来,实际上连第一页也没有看完①,似乎颇有点讥讽意味。这部书有两种中文译本,即新中国成立前胡仁源译本和新中国成立后蓝公武译本。这两部译文,中国读者读起来简直有如天书,比康德的原文还难懂。② 而恰好这本书是大学里读康德哲学的第一本必读书。30 年代初,何其芳在北大哲学系做学生时,就曾有"康德是个没趣味的人"之叹,这其实也是大多数中国读者一直因袭的看法。不但一般读者,就连哲学专业人士大抵也只读他的第一批判(《纯粹理性批判》)或者也还有第二批判(《实践理性批判》),所以得出以上的印象也就不足为奇。

我时常想,假如我们能从另一条途径去读康德,先读(或者哪怕是后读)他的第三批判,即代表他晚年力图打通天人之际的《判断力批判》以及所谓的第四批判,即《历史理性批判》,再加上某些前批判时期的作品——当然,首先是这部《论优美感与崇高感》,也许还有《自然通史和天体理论》以及《一个通灵者的梦》,那么我们大概就会看到另一个更有趣味的康德,而且也会更近于康德这个人和这位哲学家的真实面貌。批判哲学就像是一部哲学的《神曲》,它要带着你遍游天地人三界,第一批判带你游现象世界,第二批判带你游本体世界,最后的第三批判则是由哲学的碧德丽采(Beatrice)——美——把你带上了九重天。哲学虽然包括三界,但是只有"无上天"(Empyrean Paradise)才是统合三界的最后归宿。

赫尔德是康德的学生,两人后来虽然在历史哲学问题上意见相左,并有龃龉,但赫尔德对《论优美感和崇高感》一书却给予了高度的评价。他写道:

---

① 见 Aldous Huxley, *Along the Road*, Leipzig, The Albatross, 1939, p. 66。
② 就我所知,齐良骥先生晚年在重译此书。但前年良骥先生遽归道山,不知这项工作已完成否,下落如何。

> 康德整个是一个社会观察家,整个是一个完美的哲学家。……人和人性之中的伟大和美丽、两性的气质和动机、德行,以及还有民族性——这些就是他的世界,他非常之精密地注意到了细微的阴影,非常之精密地分析了最为隐蔽的动机,并且非常之精密地勾划出了许多细微的遐想——他整个就是人道之优美与崇高的哲学家。在这种人性哲学上,他是一位德国的沙夫茨伯里。①

这是赫尔德对此书的总结和评价,但同时也反映了他那个时代人们的普遍看法。书中所展现的这位哲人,并不是一个枯涩无味的逻辑学家,单纯在做着概念的推导,而是对人性的丰富多彩(及其不足)充满着敏锐的感觉,而又是那么地细腻入微。这一点对于了解康德的全部思想理论,是至关重要的。此书虽不是一部哲学著作,但其中并不乏深刻的哲学思想。康德的哲学——和那些仅只根据《纯粹理性批判》来构想康德的人们的印象相反——乃是从大量的科学知识和对人生的灵心善感之中所概括、所总结和提炼出来的一个理论体系。这位宣扬"最高指令"(Kategorische Imperativ)的人,并不是一个对生命的情操和感受茫然无知或无动于衷的人。把这些和他的三大批判联系起来看,我们庶几可以接触到他思想中一脉相承的线索,否则我们对他批判哲学的理解就难免是片面的。本书中已经流露出端倪的一些提法,如天人之际、道德的至高无上且又日新又新、事物的流变不居,但其中又有其普遍有效的成分,等等,都可供我们和后来的批判体系相参照,这样,我们对他的全部思想发展的历程庶几可以有一个更好的理解。

---

① 载赫尔德:《全集》(*Kritische Wälder*)第4卷,柏林,1878年,第175页。

二

1790年的第三批判,即《判断力批判》,奠定了近代美学理论体系的基石。当代研究中国哲学的学者们,有些人每好谈天人合一乃是中国思想的特征。其实这是一种无征不信、似是而非之说。因为古今中外一切哲学讲到最后,没有一家不是指向天人合一的,宇宙和人生最后终究是要打成一片的,天道、人道终究不可能不是一以贯之的。也可以说,凡不如此的,就不是哲学。问题只在于每个人各有其不同的讲法,这就成为了不同的哲学。康德毕生只写过两部美学著作,一部是他这部晚年集其理论之大成、力图打通天人之际(也就是天人合一)的大著;另一部则是在此前27年所写的这篇《论优美感和崇高感》。从这部前批判时期的《论优美感和崇高感》中,我们可以看到他是怎样考察和解释"人性"的,以及他是怎样考察和理解"美"的。并且我们还可以由两本书的比较看到他的思想的发展和演化的脉络。

《论优美感和崇高感》全书共四节,但第一节正面论述优美与崇高的性质的那部分仅有如蜻蜓点水,只不过浅尝辄止,并没有着意进行深入的分析和发挥,也没有多少哲学的推理可言。它只是一个楔子,重点则在后面的三节,但大抵都是作为经验的描述和归纳。第二节是谈这两种美感在人性中的一般表现及其特征的。第三节是论两性之美的不同,第四节是论不同的民族性。越是到后面的部分,越是没有谈什么纯哲学的地方,他倒反而好像是越发兴致勃勃地乐此不疲,各种事例随手拈来都妙趣横生,例如他谈到女性之美,谈到西班牙人那种堂吉诃德式的斗牛精神,等等。本来,一个哲学家并不必一定要站在学院的讲坛之上,道貌岸然地宣读自己的高头讲章。道是无所不在的,所以讲道的方式也应该是无所不可的;正所谓"天道恢恢,岂不大哉!谈言微中,亦可以解纷"。① 古希腊哲学的画廊学派或逍遥学派,大都是在漫步谈笑中间自然而然地、毫无修饰地表达和交流思想的。这使人能够更亲切地流露出自己的思想和风格。很多人之受到师友的思想启发,大多并非是通过他们讲什么大课,而更多地是从他们漫不经心、海阔天空的闲谈之中得来的,而且所谈的甚至大多是与其专业仿佛无关却又有关的问题。

美之所以成其为美,关键就在于它是"无所为而为"(disinterestedness,这是朱光潜先生的译语,亦即与利害无关,或不考虑其实际的价值)。朱先生在他的许多美学著作中曾大力介绍过的这一论点,早在 30 年代即已为中国的读者所熟知,此处无须赘叙。美之所以和人们的愿望、利害和知识无关,乃是由于它有其自己独立的立足点,或者说它是理性的一个独立王国。是故《判断力批判》开宗明义就有理性三分的提法(从此,美学也就在哲学中占有了合法的独立地位)。但是理性自身终究不能总是天下三分而是要复归一统的,天人是不能永隔而终究是要合一的。康德美学理论的重要性,不仅在于它是一种美学理论,而尤其在于它是打通天人之际的关键;由此,理性的三个方面就得到了最后的综合和统一。也可以说,宇宙的理性使人类的理性崇高,而人类理性的崇高则是宇宙理性(他使用的术语是"大自然"或"天意")的归宿。

该文的主要内容有以下两点:一是优美与崇高的对立与统一,一是强调美的主观性。优美的观念是早在古希腊就已经受人重视的,他们的造型艺术总是讲求和谐匀称(如所谓"黄金分割"),讲求明媚窈窕(如各种女神的造像)。但是要到晚期罗马的朗吉努斯

---

① 司马迁:《史记·滑稽列传》。

（Longinus）始特标"崇高"这一概念，尔后遂成为美学上的一个重要范畴或标准；近代以来，经过法国文艺批评权威布瓦洛（Nicolas Boileau，1636—1711）的提倡，自17世纪起即蔚然成风。然而17至18世纪所谓的崇高，大都指的是外在事物，如宇宙的无限等等。而康德则在此之上加入了人的自身。人性自身的美丽和尊严，就在引导着自己的道德生活，这本身就是崇高的体现；它就是崇高。（在该文中康德也常使用"高贵"或"高尚"一词来代替"崇高"。）由于这一点，康德早在他的《纯粹理性批判》之前就在美学上进行了一场哥白尼式的革命，亦即把美的基础从客观方面转移到主观方面来。在他以前，无论是理性派还是经验派都一致认同于美的客观属性，即认为所谓美乃是客观事物的属性使我们产生了美感；而那特别指的是，多样性的统一（多中有一，一中有多）所形成的和谐就成其为美。但是康德在该文中却提出：多样性本身就是美，而无关乎多样性的统一与否。与此相关的另一个论点则是：美是个人情趣和美妙感受的表现。换句话说，它是某种主观的表现，而不是某种客观的反映。这就和当时流行的（尤其是和古典主义所强调的）美的客观规律的论点正相背道而驰。

优美与崇高，是当时流行的论题，很多人都用这个题目做过文章，最有名的是英国思想家柏克（Edmund Burke，1729—1797）的《崇高的与优美的观念之起源的哲学研究》一书，其中论述了崇高的产生乃是由于我们对某种强大有力的对象感到惊愕，继而我们意识到它对我们并没有危险，于是这种惊怖之感就转化为一种愉悦之情。柏克认为优美的特性在于使人轻松愉快，而崇高的特征则在于它那巨大无匹的强力程度。康德是熟悉18世纪的美学的，也承袭了当时的术语：优美和崇高，但却赋之以新的意义而形成自己的体系。他的体系是批判的，他曾说过我们是生活在一个批判的时代里,一切都需要经过批判;就是理性本身,也应该受到批判。① 在这篇文章中他虽则没有采取《纯粹理性批判》的形式而提出"优美感和崇高感是如何成为可能的"这一问题,但全文中都在酝酿着对于这个问题的答案。

关于优美和崇高二者分野的界定,他只有简单的寥寥数语:

> 美有两种,即崇高感和优美感。每一种刺激都令人愉悦,但却是以不同的方式。
>
> 崇高感动人,而优美感则迷醉人。
>
> 崇高必定总是伟大的,而优美却也可以是渺小的。崇高必定是纯朴的,而优美则可以是经过装扮和修饰的。②

换句话说,优美可以是具有多样性的,而崇高则始终是单一的,这似乎是对传统美学观念——美是多样性之寓于单一性之中——的一种否定。美并不是一定非"多寓于一"不可。至于传统美学中"多寓于一"的观念,则大致相当于康德在本文中所铸造的另一个术语,叫作"壮丽"(Prächtig)。

关于优美与崇高的分别,中国学人最早介绍并运用这一观念的,就我所知应是王国维。王国维在他的早年著作中对此曾有要言不烦的论述。

> 优美与壮美之别:今有一物,令人忘利害之关系而玩之不厌者,谓之优美之感情;若其物不利于吾人之意志而意志为之破裂,唯由知识冥想其理念者,谓之壮美之感情。③
>
> 美之为物有两种:一曰优美,一曰壮美。苟一物焉,与吾人无利害之关系,而吾人之观之也,不观其关系而但观其物,

---

① 参看康德:《纯粹理性批判》,第 2 版,序言。
② 《论优美感与崇高感》,普鲁士科学院编:《康德全集》,第 2 卷,第 208—210 页。
③ 《静庵文集》29,见《王国维遗书》第 5 册,上海:上海古籍出版社影印本,1983 年。

> 或吾人之心中无丝毫生活之欲存，而其观物也，不视为与我有关系之物而但视为外物，则今之所观者非昔之所观者也。此时吾心宁静之状态，名之曰优美之情，而谓此物曰优美，若此物大不利于吾人，而吾人生活之意志为之破裂，因之意志遁去，而知力得为独立之作用以深观其物。吾人谓此物曰壮美，而谓其感情曰壮美之情。①

这里王国维的"壮美"一词即是"崇高"。王国维早年治哲学，中年治文学，晚岁才转入史学。青年时期曾受过康德、叔本华和尼采的巨大影响，中年的文学研究和创作成绩斐然，而且深深带有早年哲学思想的烙印。《人间词话》一书思想之深邃，境界之高远，识见之透彻与夫文词之晶莹，足以无愧于字字珠玑；但是多年以来，他似乎仅仅以古史学家而为人所称道。这对王国维本人是不公正的，对近代思想文化的历史面貌也是不公平的。

优美和崇高两者是不同的，那区别就在于优美使人欢愉，而崇高使人敬畏。但是两者的关系却不是互相排斥的，而是互为补充、相反相成的。崇高如果没有优美来补充，就不可能持久；它会使人感到可敬而不可亲，会使人敬而远之而不是亲而近之。另一方面，优美如果不能升华为崇高则无由提高，因而就有陷入低级趣味的危险，虽则可爱但又不可敬了。一切真正的美，必须是既崇高而又优美，二者兼而有之，二者相颉颃而光辉。世界上是不会有独美的，它必须是"兼美"（不知《红楼梦》的作者是不是也持此看法？），友情与爱情、悲剧与喜剧、感官之乐与思想之乐，总之一切优美的和一切崇高的，莫不皆然。在这一点上，康德透露出了一种重要的

---

① 《静庵文集》43、44。按，王国维这些有关的知识可能间接由叔本华得来，在他的"遗书"中找不到他曾读过康德本文或第三批判的记载。不过，这个观念脱胎于康德是毫无疑问的。

倾向,即这两者的结合不但有其审美的,而且尤其是有其道德的涵义。

由此,我们便涉及此书内容的另外几个重要的论点。第一,美感不是快感(或官能的享受),但也不是思辨原则所推导出来的结论。它虽不是这两者,然而它却是可以培养的,并且是和德行相联系的。美感可以培养,也就意味着人性是可以改善的,可以提高的。这种人性论就和已往大多数的人性论有着根本的不同了。已往的人性论大多是把人性看成某种给定的、一成不变的东西。到了康德这里,本性难移就被转换成了本性可移。本性不但可移,而且应移。我们应该不断地培养并追求更高的美。这些见解鲜明地表现出作为启蒙运动最卓越的代表之一的康德本人的精神面貌。庸俗的享乐(快感)并不需要培养或修养,只有更高级的美(那是一种精神活动或精神状态)才需要。例如,开普勒发现了行星运动定律,从而感受到宇宙之神秘的和谐那种欣喜,那是没有高度的科学修养和精神境界所永远不可能期望达到的。第二,人性之中也不尽都是美,这一点是康德所深刻了解的。这篇论文既是对生活中的种种人性事实在进行一番考察,当然就不是闭起眼睛而无视于人性中的丑恶面。他承认真正能做到德和美的高度统一的,毕竟只是极少数人。但是这并无伤大局。尽管大多数人都从自利出发,然而冥冥之中却仿佛是有一只看不见的手在推动着这一切趋向于一个目的,康德在本文中称为"无目的的合目的性"(Zweckmäβigkeit ohne Zweck)。20年后,他在他的《历史理性批判》中进一步地发挥这一论点,遂提出了"非社会的社会性"(ungesellige Geselligkeit);也就是说,人们虽然被自利所驱使,但是从总体上看却适足以成就大自然或天意的目的而成为天下之大公。①

---

① 《论优美感与崇高感》,《康德全集》,第2卷,第220页。

大自然或天意有其自身的目的,它是通过每个人不同的自利的目的而达到它自己的目的的。这个作意和王船山的"天假其私以行其大公,存乎神者之不测"①以及黑格尔的"理性的狡猾"(die List der Vernunft)②是非常相似的。"大自然"亦即"天意"这一观念,在本文中已有萌芽。第三,本文中的一些提法,有些是当时流行的见解,是作者受时代所制约的。如,他把崇高分为三种,优美分为两种,人的气质分为四种;又如他认为女性更多的是属于优美,所以就不适宜于作一个学者。凡此种种大概已经不能为今天的读者所同意了,但是今天的读者却不宜在这些细节上去和古人斤斤计较,或者脱离现实条件而苛责于他的时代。重要的是,他承认女性也是人,所以就应该享有人性的一切美好,包括崇高在内。故此他谈到恋爱时就结论说:美丽迷人只不过是一阵过眼烟云,只有真正的敬意才能维持爱情于持久;所以培养情趣和提高品德才是爱情与婚姻的最好的保障。美与德的统一是他终生的祈向,这种祈向在这篇批判前期的论文中时有流露。进一步说,全人类都需要不断培养和提高优美和崇高的情操。该文的全篇大旨,不外如是。全文最后便从这个观点对西方精神文明的发展历程做了一番简短的历史回顾而告结束。

三

人性的美丽(优美)激发了感情,人性的尊严(崇高)则激发了敬仰。下面便是本文中为人们所经常引用的那段名言:

真正的德行只能是植根于原则之上。这些原则不是思辨的

---

① 王夫之:《读通鉴论》卷一。
② 黑格尔:《小逻辑》,第209页。又,《历史哲学》及《精神现象学》中多处提到。

规律,而是一种感觉的意识,它就活在每个人的胸中。它就是对人性之美和价值的感觉,这样说就概括了它的全部。惟有当一个人使自己的品性服从于如此之博大的品性的时候,我们善良的动机才能成比例地加以运用,并且会完成成其为德行美的那种高贵的形态。①

最高的美乃是与善相结合、相统一的美;反之,最高的善亦然。道德高尚必须伴有美好的感情,美好的感情也不能缺少道德的高尚。美说到最后,更其是一种道德美而不是什么别的。美的地位,就这样极大地被提高到人类思想史上所空前未有的高度。中国思想史历来是把伦理道德崇置于至高无上的地位的。但是似乎还不曾有过哪一个思想家是把道德认同于美或把美认同于道德,或曾明确地论证过美就是打通天人之际的枢纽的。这或许是比较哲学中一个值得瞩目的问题。正有如西方哲人每每喜欢把知识认同于善,自从苏格拉底提出"知识就是德行"的名言以来,历代都有人强调知识本身的价值。浮士德博士为了想要知道宇宙的奥秘,不惜把灵魂卖给魔鬼。中国哲人是绝不会去做这种事情的,因为中国哲人从不把知识本身看作有什么独立的价值,值得人去献身;知识本身并不是目的,而只是有助于伦理目的(即所谓"上穷王道,下掞人伦"②或"王道之正,人伦之纪"③)的一种手段或工具。知识的价值只在于其为德行服务,知识(和美)本身都不是德行,而是从属于德行、为德行服务,并且统一于德行之下的(用当代的术语来说就是:科学为阶级政治服务)。但在康德这里,则智性、德行和审美三者各自既是独立的,但最后又复统一于更高一级的理性。

---

① 《论优美感与崇高感》,《康德全集》,第 2 卷,第 217 页。
② 刘知幾:《史通·自叙》。
③ 杜预:《春秋左传集解·序》。

优美表现为可爱迷人,崇高则表现为伟大的气概。而最能使我们产生崇高感的,还是我们对于内心道德力量的感受。而崇高和优美又是分不开的,于是美和德行就这样终于合为一体。不仅如此,大自然或天意还设计了种种巧妙的补助方法,使得每个人按照自己的愿望去行事时,都在不自觉地完成大自然或天意的目的:

> 因为每一个人在大舞台上都按自己占统治地位的品性而行动时,他同时也就被一种秘密的冲动所驱使,要在思想上采取一种自身以外的立场,以便判断自己的行为所具有的形象在旁观者的眼中看来显得如何。这样,各个不同的群体就结合成一幅表现得华彩夺目的画面,其中统一性就在更大的多样性之中展示出它的光辉,而道德的整体也就显示出其自身的美和价值。①

尽管美和德行各自有其自身的价值,但是美却因道德而可以成为更高的道德美,正如德行由于美而可以成为更高的美的德行,而这也就"必定会对全体人类造成一种简直是奇迹般的销魂之美"。②

此文何以没有采取《纯粹理性批判》的论证方式,先来探讨美感是如何得以成为可能的这一问题,就径直把美感当作是某种现成给定的、理所当然而无须追问的经验事实而加以评论?对此,或许可以设想有如下一种答案:对于我们的认识对象来说,外物和内心是不同的。外物对我们呈现为形形色色的形象,它们必须通过我们的感性整理才能为我们所认识,然后就成为我们的感性认识。这一大堆感性认识,又必须再经过我们智性能力的一番整理才能为我们所理解,于是就成为我们的智性(或悟性)认识。但是我们对人心的认识则不然,它是我们不假感性知觉,不假智

---

① 《论优美感与崇高感》,《康德全集》,第 2 卷,第 227 页。
② 同上。

性思索,当下就可以直接认识或领会的。正是这一点,就为后来的新康德学派的发展提供了一个重要的契机,即对外物的认识,我们需要对感性知识进行一番智性的加工,才有可能使之成为智性知识。但是对于内心的认识,我们凭的是心灵的体验,我们不必凭借感性、智性的加工,就可以直指本心,从而明心见性(人性)。这也就是知识和体验的不同,也是人文学科与自然科学分野之所在。① 现象和我们对现象的经验是不断变化的,但理性能力则是先验的,是不变的。哲学要研究的对象正是这个万古长青的理性能力,所以它在本质上就和一切的经验科学不同。康德的理性是比智性更高一级的,并把智性也统摄在内的理性。人类知识之分为感性认识、智性认识和理性认识三个层次,蔚为康德在人类思想认识史上最具特色的理论。所以他在谈了知识问题(第一批判)、道德问题(第二批判)之后,还必须继之以畅论天人之际的审美与目的论的第三批判,以成就一套完整的哲学体系三部曲。他所完成的哥白尼式的革命——不过所谓哥白尼式的革命也有人别有义解,这里暂不置论——不仅是在知识理论上,而且是在全部的理性能力上。他是一个彻头彻尾的理性哲学家,哲学就是研究理性或人的心灵能力(Gemüt Fähigkeit)的,尤其是,理性不但为世界立法,同时也在为理性自身立法;所谓批判云云,实际上也就是理性的自我批判,是理性在为自己确立一个有效性的范围。而且真假、善恶、美丑,归根到底并不是互不相干的,它们在更高一级的理性层次上是一致的、统一的。如果我们达到的是这样一个结论,那就和仅仅读《纯粹理性批判》所会呈现的康德面貌颇为不同了。

---

① 新康德学派有其绵密而合理的部分,是不应一笔抹杀的。但是自从第二国际社会民主党受其影响而打出"返于康德"的旗号之后,自然不免要殃及池鱼。这或许是新康德学派在我国很少有人研究的原因之一。

四

任何一种思想理论都不会是凭空产生的,而必定是渊源有自。自从中世纪经院神学的统治式微和近代的人文主义登场以来,近代思潮大体上就沿着两条路线在开展,一条是由笛卡儿所开创的以脑思维的路线(所谓理性派、经验派其实都是以脑思维),另一条是由帕斯卡所开创的以心思维的路线。两条路线每一条都代有才人;前一条路线的发展下迄当代的分析哲学,后一条路线的发展下迄当代的生命哲学。前一条路线认为不从分析入手就会不得其门而入,有似囫囵吞枣;后一条路线则认为不从本体把握,就会破碎支离,有如盲人摸象。这种情形有点类似中国道学中的理学与心学的对立,或者是类似历史学中的考据派与义理派的对立。考据派认为不从文字训诂的考证入手,你就永远也不会懂得史料,不懂史料,还谈得到什么理解历史。义理派是认为,你就是把古书中的每一个字都考订出来,皓首穷经,最多也不过是"死在句下",仍然没有能触及理解历史的本质。分析派认为,不从语言概念的明确分析入手,则一切玄谈无非都是毫无意义的形而上学的废话,无异乎痴人说梦;而生命派则认为一味分析语言概念而不触及根本要害,完全是言不及义。至于传统的说法,即所谓西方文化的内在矛盾乃是希腊主义与希伯来主义的冲突,则在双方许多人的身上都同时有所表现,例如帕斯卡就是一个明显的例子。

以心思维的这条路线,在我国思想界似乎不如以脑思维的那条路线那么受到研究者的重视。但是一种思想之是否为研究者所重视,并不就是反映它本身重要性的一个尺度。一方面人是一种以脑思维的动物,是一种智能的动物(homo sapiens)或一种智能的机器;但是另一方面,他又不仅仅是在以脑思维的动物,他还在以心思维。智性(工具理性)和非智性(非工具理性)两种成分就合成为人,人性就包括两种成分都在内。如果人就是纯智性,那么一切问题倒都简单了,例如,人类也许根本就不会有战争,也不会有一切感情、热望或理想之类的东西,一切都严格按照机械的规律运转,人生也会无趣得就像是一台计算机。于是,在17世纪就开始走出来一大批人性学家或人性论者(moraliste),他们大都要写上一部或几部题名为《幸福论》或《爱情论》或其他类似名目的著作(帕斯卡就写过一部《爱情论》,或者至少有人认为那部书就是他写的)。当然,像是幸福或爱情之类人生中最重要的东西,都不是纯智性或工具理性所能为力的。从蒙田(Michel de Montaigne, 1533—1592)、拉·罗煦福高(François de La Rouchefoucauld, 1613—1680)、帕斯卡开始的人性论传统,到了18世纪又呈现为一种新的时尚,就是人们往往都要谈美或者美是什么,从而就出现了近代美学。1747年贝利(John Baillie)出版了《论崇高》一书,但此书康德并未读到;继而1757年柏克出版了他的那部论崇高与优美的名著,一扫前人的成说。前人多以为优美或崇高都是使人欢愉的,柏克则认为两者是对立的、互相排斥的,并把崇高置于优美之上。康德读了他的书并受到他的影响(例如,康德倾向于认为优美终究是要以崇高为依归的),柏克的理论也通过康德而为欧洲大陆的读者所知。但是康德的思想还另有一个渊源,即他所受到的卢梭的影响。

　　康德思想所受到的巨大影响,在科学上是牛顿,在人文上则是卢梭,这一点是他自己曾经明确提到过的。一个有名的故事是:有一天他读卢梭入了迷,竟至于忘记了每天定时的散步,使得邻居们大为诧异。本文是在他阅读了卢梭的《爱弥儿》之后所写成的,故而文章结尾谆谆寄希望于培养青年一代的世界公民的教育。然而康德并非只是承袭了前人的成说而已,他永远都是在博采众家之长而又出之以自己的创造性的批判。当时的美学家大都是从客观立论,把美认作是事物的客观属性,而康德则反其道而行,把美认为是主观的感情。这种主观论在本文中还只流露出某些萌芽,有时候他仍然徘徊在主观论与客观论之间,直到 27 年以后的第三批判才完成了这场美学上(而且更其是哲学上)的哥白尼式的革命。这是康德理论的创造性的贡献。而本文则是上承人性学家的传统,可以说是康德的一篇人性论的著作。另外,他的崇高观是强调人自身的内在价值的——正因为有其内在价值,所以人本身就是目的,而绝不是其他别的什么东西的工具——这一点或许有一部分可以溯源于他的家庭的虔诚教派的信仰①,这个教派略近于清教徒(Puritanism),可以说是对宗教改革(Reformation)的改革,他们鄙弃一切的教条和说教,而专重内心的严肃与虔敬。

  本文是从美感着手而探讨人性的,到了批判哲学的成熟期,则转而从对先天能力的分析着手(第一批判),然后继之以探讨纯粹的实践理性(第二批判),终于由审美判断和目的论打通了天人之际,使理性的三方面复归于统一。看来他好像是绕了一个圆环,又回到了原来的人性起点。但这已非简单是原来的原点,而是在更高一个层次上的复归。理性非经过这样一场自我批判的历程,就不是真正意义上的理性。因此,仅只停留在《纯粹理性批判》的字面上或概念上理解康德思想的人,或许始终是未达一间。

  归根到底,人不是一台计算机。人总是要有计算的,是要计较得失的,完全非功利的人是没有的。但是人生又绝不仅仅是运用工具理性在计算、在计较功利与得失而已。哲学是研究人的学问,仅凭工具理性推导出来的哲学,当然也是人的一部分,所以也是必

---

① 参见 A. C. McGiffert, *Protestant Thought before Kant*, New York:Scribners,1912,第 9 章。

要的而且是有价值的,但是如果哲学仅只限于工具理性的推导,那就未免有如贺拉修(Horatio)所说哈姆雷特的话:"天地间的事物要比你那哲学所能梦想的,更多得多。"① 千变万化而又丰富多彩的思想和人生,不是任何一种概念体系或架构所能限定或规范得了的。哲学如其只是工具理性的一个逻辑框架或结构,那就必须还得有血有肉来充实它,赋给它以活泼泼的生命。这一点正是 17、18 世纪人性学家伟大传统的所在。我们理解康德,不能只从纯粹理性这一方面来考察他,他同时也还是人性学家的传统的继承者和发扬者。尤其是,过去双方似乎是互不相干、各行其是的,到康德的手里才得到了一种崭新的综合,从而达到了一个远远突破前人的新高度。前人把理性简单地理解为就是智性或悟性,康德则赋之以更高的新意义,把一切智性的以及非智性的(道德的和审美的、意志的和感情的)都综合在内,于是理性便突破了智性的狭隘范围,理性哲学才成为名副其实的理性哲学,才上升到全盘探讨人的心灵能力的高度。近代自从文艺复兴以来的主潮,乃是人自身的尊严与价值的觉醒,它可以说是到了康德的手里才达到了最高的程度。不从纯粹理性进行分析,固然谈不到对于人有任何正确的理解,但是仅凭纯粹理性的分析,却是不够的。要理解人生的精义或真谛,就必须靠目的论来达到一种天人合一的、真正意义上的理性哲学。目的论的高扬,见之于第三批判,而其中的某些雏形观念则在《论优美感与崇高感》一文中已经透露了某些端倪。②

五

最后,顺便谈一下一种颇为流行的观念,即人们每每以 1781

---

① 莎士比亚:《哈姆雷特》第 1 幕,第 5 场,第 166 行。
② E. Cassirer, *Kant's Life and Thought*, New Haven: Yale University Press, 1981, p. 327ff.

年《纯粹理性批判》一书的问世为一条界线,把康德的一生划分为前批判时期和批判哲学时期两个阶段,以为只有批判哲学才是康德成熟的定论,至于所谓批判前期则照例是不予重视的。其实,康德的思想(乃至任何人的思想)前后并不存在一条截然不可逾越的鸿沟。一切成熟的东西,都是从不成熟之中成长起来的。一个人的思想总是有变化的,但又总是有其连贯性的,历史是在不断变化的,但又是不能割断的。全盘维护旧传统是不可能的,彻底砸烂旧传统也是不可能的。何况所谓前批判时期长达 30 年之久。岂有一个思想家在漫长的 30 年的岁月里竟然会完全乏善可陈之理?

属于这一漫长的前批判期的思想的,共有哲学著作十二篇,自然科学著作十篇,人类学著作两篇,教育学著作一篇。所有这些著作几乎都多少闪烁有某些哲学思想,是与后来的哲学的论点相照应的。例如,我们上面所提到的本文中的"无目的的合目的性"可以和他第四批判的"非社会的社会性"相照应,而尤其是大自然即是天意的这一理念——(Idea,理念是不能证实的,但又是非有此假定不可的)——它假手人间的万事万物使之不自觉地在完成它自身的目的。该文无论对于理解他批判前期的思想,还是对于理解他的批判哲学体系,都是一份不可或缺的重要文献。又如,批判前期的另一部代表作,1753 年的《自然通史与天体理论》所提出的宇宙演化论,后经拉普拉斯于 1776 年发展成为一个较完整的宇宙演化的理论,对后世有着深远的影响。恩格斯在《自然辩证法》中对其中所饱含着的辩证思想曾经给予极高的评价。近代的辩证法是由康德奠基的,批判哲学体系中有着对辩证法的明确的表述(如《纯粹理性批判》中有名的四对二律背反)。而康德思想的来源之一是莱布尼茨,莱布尼茨在巴黎时曾精研过帕斯卡,而帕斯卡——据布仑士维格(Léon Brunschvicg,1869—1944)说——也曾提出另一种的四对二律背反。① 这似乎可从另一角度表明我们前面所说的,康德的思想来源之一是近代早期的人性学家。

康德批判哲学的代表作,一般认为是他的三大批判,它们构成一套完整的理性哲学的理论体系。但此外,他还有一系列其他的哲学著作与之有关,它们也都是阐释这个理性哲学的问题的。其中,通常人们认为《未来形而上学导言》可以看作是第一批判的一个提要或导言,或缩写本、改写本,《道德形而上学探本》可以看作是第二批判的一个提要或导言、缩写本、或改写本。那么,《论优美感或崇高感》可不可以认为是第三批判的一幕前奏或提要呢?从技术角度上,或许不能这样说,因为本书中并没有明确地论证目的论。但是从人性学的角度而言——因为哲学就是研究人的理性能力或心灵能力之学,也就是人学或人性学——则本文和 27 年后的第三批判,二者的基本作意是相同的,作者的思路是由这一人性学的出发点而逐步酿成晚年的压卷之作的。此文中当然不免有许多早年不成熟的痕迹,是他晚年放弃了的。如道德行为的基础,该文仍可以大抵认为带有经验的成分,而后来的第二批判则完全置之于先验的理性之上。该文中若干羌无故实的分类(如对崇高的分类),后来也被作者放弃了。我们最好是把该文和第三批判看作是两篇独立的作品,该文并不是第三批判的前言,但它确实又是第三批判的一阕变奏曲。这样就便于我们追溯作者思想演变的历程。另一方面,不承认美感是功利的,不承认美感是快感,认为美感不是官能的享受而是发自内心的情操,优美和崇高两者虽然不同却又是交织在一起的,而尤其是德行和美感的结合与统一和主观论的发扬——对这些基本观点的阐发,批判期的和前批判期的既有所不同,而同时又确是它的继承与发展。并不像有些人想象的,前

---

① Pascal, *Pensées et Opuscules*, L. Brunschvicg ed., Paris: Hachette, 1912, p. 178.

后两个时期截然不同,竟至于批判哲学乃是对前批判期的全盘扬弃与否定,并且完全是另起炉灶。第三批判的精义全在于对目的论的发挥,而它显然是早在该文中"没有目的的合目的性"就已蕴含了的。

当然,我们也不可要求得那么多,以至于这本小书就足以囊括或阐述他那全部体大思精的批判哲学体系。但是应该承认,该文确实最早提出了一些观念是成为尔后第三批判的重大契机的。作为康德在第三批判之外唯一的一篇美学著作,该文要比其他任何一篇前批判期的著作都更能显示出作者的风格、人格与若干重要的思路。当世学人(我首先想到的是友人李泽厚兄)倘能以本书和他晚年定论的第三批判进行一番比较研究,那将是一项极有意义的工作。如果再能探索一下近代辩证法由帕斯卡到莱布尼茨到康德的发展历程,那更将是功德无量的事了。可惜的是,这部小书迄今始终未能引起我国研究者的重视,爰不揣浅陋,拉杂写来,草成兹篇以期抛砖引玉。世之读康德者,倘亦有感于本书也欤?

六

最初有意迻译这部小书还是远在 50 年代中期的事了,其后人事倥偬,遂久经搁置。80 年代初,友人王浩兄曾建议我译出,当时也颇为动念,不意一拖竟又是十年。去岁乘访问曾经是新康德主义重镇的德国马堡大学之便,终于抽暇、但又确实是备尝艰苦地把它译完了。

就我所知,本书的英译本有两种,早一种为 1799 年伦敦出版的《康德的逻辑、政治及其他哲学论文集》所收入之英译,译者不详,迄今众说纷纭,莫衷一是;但今天看来,文字显然已经过时,不甚合用;晚一种则是 1965 年 J. T. Goldthwait 的译本(伯克利:加州大学出版社)。此外,收入在各种康德英译本中的尚有几种不同的英译本,包括狄·昆赛(Thomas de Quincey)的在内。狄·昆塞以文学名家见称,并曾大力介绍康德给英国,但是他的译文却最不忠实、最不可靠。其他文字的译本,以法文的最多,仅现代的就有四种。遗憾的是,第三批判的两种英译本都很糟糕,其中 Meredith 的译本较晚出,似稍胜,而唯一的中译本则错误百出,尤其是韦卓民所译的后半部,把英译本的错误还都弄错了,使人无法卒读。这对中国读者是桩不幸的事,希望将来会有可读的译本问世。

译这样一部书的困难,不仅在于其思想理论的内涵和专门的名词术语,就连作者使用的一些常见名词和形容词,如 Empfindung, Gefühl 以及 annehmlich, gefällig 之类,也都很难酌定。为了顾及前后行文的一致,当然同一个字以只用同一个相应的中文译名为宜;但事实上,在不同的场合又无法都只用一个相应的中文词语来表达(如果是那样的话,翻译就真可以成为一架机器的工作了)。这诚然是无可奈何的事。因而只好在译文之后附上一份简略的译名对照表,以供读者们参照。其他错误和不妥之处,倘蒙读者赐教,拜嘉无极。

现乘本书译竣之际,我要向友人王玖兴、武维琴、李秋零、肖咏梅几位的多方热情协助,并向马堡大学汉学系 M. Übelhör 教授和哲学系 R. Brandt 教授为我提供使用他们的办公室和图书馆的便利,深致感谢之忱。

(本文初以《读〈论优美感与崇高感〉》为题,发表于《清华大学思想文化研究所集刊》,清华大学出版社,1996 年。该书中译本在 2001 年由商务印书馆刊行)

重读康德

最近手头获得康德的新译本两种——《判断力批判》(邓晓芒译)和《三大批判精粹》(杨祖陶、邓晓芒编译),读后内心不禁油然萌生一缕欣喜之情,感到或许我国读者已重新开始在研读康德和再认识康德了。

近代科学与近代思想肇始于西方。中国的科学与思想的近代化则始自19世纪后半叶的李善兰,是他最早介绍了近代科学的古典体系;继而在世纪末严复介绍了世纪中叶的《天演论》。但是最早介绍康德的,则要待到20世纪初的梁启超和王国维。一部人类史的开阖大关键不外是人类怎样由传统社会转入近代化的历程,其间最为关键性的契机厥惟近代科学与近代思想的登场。至于近代工业则无非是近代科学的应用,近代社会也无非是近代思想的体制化。近代科学与近代思想之出现于历史舞台,不应该视为只是一个偶然的现象,它乃是一项整体系统工程的产物。中世纪的思维方式产生不了近代科学。这是一场思想文化上脱胎换骨的新生,培根、笛卡儿、帕斯卡、伽利略等一长串的名字都为此做出了不可磨灭的贡献。近代思想文化的主潮或许可以归结为这样的一点,即人的觉醒。而康德的哲学可以说当之无愧地代表着这一思潮的最为典范的高度总结。是故文德尔班的《近代哲学史》就把全部的近代哲学归纳为三部分,即前康德哲学、康德哲学和后康德哲学。一部近代哲学史就是以康德思想为轴心而开展的历史。昔人称美孔子曾有云:"孔子、孔子,大哉孔子,孔子以前,无有孔子,孔子之后,更无孔子,孔子、孔子,大哉孔子。"假如说哲学就是对知识的知识,或科学的科学,则康德无愧为近代哲学的集大成者。近代哲学,无论同意康德与否,总需要通过康德这一关。不然就难免陷于把智性(Verstand, understanding)和理性(Vernunft, reason)混为一谈之类的误区。就最根本的方面而言,文德尔班的这种划分不无道理。

19世纪自然科学取得了令人瞠目的空前成就,但由此也引发了一种强大的思想倾向,即它轻易地导致人们把科学实证崇之于至高无上、统御一切的地位,从而似乎理所当然地把实证科学作为一切知识和价值的唯一依归和准则,导向了一种唯科学主义的思路。恩格斯在马克思墓前的演说中提到:正像达尔文发现有机界的发展规律一样,马克思发现了人类历史的发展规律,似也应该列入这一思潮的大气候的行列之中。

与19世纪实证科学的主流思潮并肩而行的,在哲学上也还有新康德主义和新黑格尔主义两大流派。19世纪后期,英国的新唯心主义(即新黑格尔主义)几乎成为当时英国哲学的主潮;而同时在德国,新康德主义的各个流派则蔚然成为当时德国哲学的主流。平心而论,新康德主义的贡献有其绵密而深刻的一面,是不宜一笔抹杀的,尤其是它对于自然科学(至少是19世纪意义上的)与精神科学(Geisteswissenschaft)两者所做的区分。政治和学术双方的关系,本来是既有相互关联的一面,同时复有其相互独立的一面。任何学术理论都不可能脱离其政治社会的大气候而必然要相互制约、相互影响;但同时任何学术理论又都有其自身的独立价值,即所谓独立于政治性之外的科学性。故而评价一种学术理论允宜照顾到它的两重性。第二国际打出了"回到康德"的口号,这就不免影响到康德哲学在第三国际的遭遇。

康德哲学是以"批判哲学"一词而擅名的。一提到"批判哲学",一般地首先而且主要地都是指他的三大批判。三大批判都已有了中译本,而且不止一个。最近又读到了杨、邓两先生的《三大批判精粹》这一选译本,于原有各译本之外,重新选译了三大批判的若干篇章,以期中译文的一贯。我以为凡是经典著作都不妨有、而且应该有多种译本,这样不但可以百花争妍,各擅胜场,而且有助于读者得到多角度的领会。《老子》一书仅英译本迄今即已有不下数十种之多。歌德的《浮士德》我手头即有波·泰勒(Bayard Taylor)、拉瑟姆(Albert George Latham)和考夫曼(Walter Kaufmann)的三种英译本。泰勒的译文步用原韵,读来清新可喜;拉瑟姆的译本厚重有力,似更能传达原文的雄浑气势;而考夫曼的译文出自哲人手笔,更能传达哲理的深度。杨、邓两先生的工作不失为对我国的康德哲学研究和阅读做出了新的贡献,至足称道。我于拜读之后,也不禁有点小小的意见,仅供刍荛。

* * *

三大批判都是出之于体大思精的理论体系建构,而两百多年前的文风对于今天的读者又是那么佶屈聱牙、晦涩难读。不久前友人钱广华兄还向我提及,当年做学生时根本就读不懂,却又因为是哲学专业而不得不读。哲学专业尚且如此,则一般读者更可想而知。一座以严密的思辨建构起来的理论大厦,现在要只抽出其中的若干片断,难免使人有拆散七宝楼台之感,而且极有可能使读者在浅尝辄止之余难于对它的整个体系获得一个较为完整的概念。与其如此,似不如哪怕是只读一部书,但是要读一部完整的,以便至少仅就某一批判而言可以领略一个较为完整的观念。读一部完整的书,至少就理解某一家哲学而言,似乎比读上三部、但每部只读其三分之一,要更能体会其思想的精神和实质。完整地读一遍三大批判,要比读一遍选读多付出两倍的精力,可是比起读三遍选读所付出的同样精力来,其间收获的悬殊就不可以道里计了。两位作者既已付出了巨大的劳动,完成了一部《精粹》选本,曷不再接再厉,提供给读者三部完整的批判?不同的读者有不同的要求。如果读者只是想略窥门径,自不妨仅仅阅读选本乃至语录。但如果想进一步知道康德体大思精的理论是怎样建构的,则可以读某一部乃至三部批判的全书。然而即使是三大批判全书也仅只是他理论体系的建构。至于他那全部人学思想的丰富内涵,则似乎尚有必要介绍他的前批判时期以至后批判时期的若干重要著作。这里"后批判时期"是我杜撰的名词,系指他《纯粹理性批判》以后的晚年著作,亦即卡西尔称之为的第四批判或《历史理性批判》。康德晚年的思想重点已明显地转移到了社会历史方面上来,而正是这一方面最足以反映启蒙运动时代精神觉醒的高度。自文艺复兴以来的时代精神,其核心端在于人的觉醒,它在康德的思想里可以说达到了最高度的自觉。卡西尔是普鲁士科学院版《康德全集》的主编,是新康德学派中可以称"最为大师"的代表人物。本书于参考书目中却并未列入卡西尔和他的《康德的生平与思想》一书的名字(以及还有狄尔泰),似不免令人有遗珠之憾。

19世纪以来,西方哲学大抵即沿着康德和黑格尔两条路线在开展,形成新康德主义和新黑格尔主义两大思潮,甚至在中国也有它的反响。记得十多年前美国洛杉矶加州大学M. Furth教授来京,在北大讲希腊哲学,我请他吃饭。席上周礼全兄就说道:"哲学家不是康德派,就是黑格尔派,中国哲学家也有这两派。"说时,他指着在座的贺麟老师说,这位就是中国的黑格尔派;又指着在座的李泽厚兄说,这位就是中国的康德派。赖欣巴哈(Hans Reichenbach, 1891—1953)在他的《科学哲学的兴起》一书中比较过康德和黑格尔两人。他认为系统哲学到康德便告终结了,自此之后的系统哲学,都不外是伪科学。康德哲学不失为对哲学做出一番严肃的科学探讨,而黑格尔的哲学却只不过是一派武断的形而上学。他的这一论断究竟能成立否,读者自可以见仁见智。不过康德、黑格尔两家的历史命运却是有幸、有不幸。第二国际的"回到康德",意在以康德哲学深化马克思主义的理论思维,但他们政治上的机会主义却难免殃及池鱼,使康德随之也蒙受无妄之灾。前不久中国社科院世界史所研究苏联的专家陈启能兄曾语我,当今俄国学者有这样一种说法,即苏联的哲学思维一味沿着黑格尔的路线走下去,全然忽视了康德的批判哲学,以致在思想理论上走入歧途,越走越远。这一契机被认为是苏联陷入理论误区的哲学根源。或许应该说,学术与政治从来就具有一种微妙的两重性,两者总是互相制约和互相影响。然而同时在另一方面,一种思想理论一旦形成之后就脱离了它的作者而获得了它独立的生命。它是以其自身的价值而存在的,与它所由之而诞生的母体无关。拉瓦锡被公认为是近代化学之父,他在法国大革命中由于自己的贵族身份而被送上了断头台,但这并不影响他依然是"近代化学之父"。我们评价一个政治人物是根据他的政治身份,我们评价一种学术思想,则是根据它自身的理论价值和贡献。这里是两种性质不同的价值评估。

就康德的思想而论,情况就显得更为特殊一些。过去读康德的,大抵都是从他的《纯粹理性批判》入门,从纯哲学论证的角度去理解他的理论。这当然是必不可少的。但同时如果能把他放在一个更为广阔的历史背景下加以考察,我们似更宜把他看成是整个近代启蒙思潮最卓越的代表,这就不单是从逻辑分析的角度,而更是从整个思想史的大潮流来理解这位哲人了。或者说也不妨像文德尔班那样,就前康德、康德、后康德三个阶段来观察和评估整个一部近代思潮史。然而如果仅读他的三大批判,就容易陷入纯概念的分析,而不大容易得出一幅近代思潮血色鲜妍的史诗般的画卷来了。整个一部近代史就其思想内容的实质而言,无非是人的自觉史,也就是为梅茵(H. Maine)所艳称的"由身份到契约"的转化。人是理性的动物,其所以异于禽兽而为人的"几希",全在于理性的觉醒。所谓启蒙运动,无非就是一幕人的理性的自觉过程。这正是康德《什么是启蒙》那篇名文所界定的:"启蒙就是人类脱离自己所加之于其自身的不成熟状态。"什么是不成熟状态?"不成熟状态就是不被别人引导,就对运用自己的理智无能为力。"所以人就"要敢于认识","要有勇气运用自己的理智"——这就是启蒙。康德自谓他一生受到两个人思想上的强大影响:在科学上是牛顿,在人文上是卢梭。《纯粹理性批判》所依据的对象是牛顿的经典体系,而人文批判的依据则是卢梭的自然权利。这两方面的结合就成为启蒙运动最高的理论综合,即康德哲学。经过了两百年历史的曲折,我们似乎不能不怀着一种复杂的矛盾心情来看待当年的启蒙运动。一方面我们会觉得他们过于天真,竟至于无限信仰和无限崇拜所谓的人类理智,人类理智是一往无前、所向披靡的,只要忠于它,它就会把人类带入地上的天堂。但另一方面,我们也会艳羡他们对理想的执着,使得他们的生活充满了一种圣洁的光辉和幸福。卡尔·贝克尔说得好,假如当年罗兰夫人知道她的理想落实到现实层面上,便只是法兰西的第三共和,她就不会有勇气昂首阔步走上断头台了。

  康德晚年的思想,显然把重点转移到了人文方面来,他晚年的一系列重要论文均可为证。它们与第三批判一脉相通的目的论,尤其蔚为其间的一条中轴线。因此之故,卡西尔才径直命名为第四批判,尽管他没有来得及完成一部有如三大批判一样的第四批判。过去的习惯每每把康德的理论判然划分为前批判期与批判期,竟仿佛一个人的思想可以被断然割裂为迥不相侔的两截。竟仿佛前一截全是形而上学的大梦,而对三大批判以后的一系列重大的人文关怀,又全然不予理会。为了更准确而全面地理解康德,我以为允宜出版一套康德选集,其中除了三大批判而外,似尚应包括前批判时期以及批判和后批判时期的如下作品:《自然通史和天体理论》《一个通灵者的梦》《论感性界与智性界的形式与原则》《论优美感和崇高感》《未来形而上学导言》《道德形而上学探本》《法的形而上学原理》《单纯理性限度内的宗教》《一个世界公民观点之下的普遍历史观念》《人类历史起源臆测》《什么是启蒙》《永久和平论》《论系科之争》。这样,读者就不只限于读他的选录乃至某一部书,而是可以领略他思想全貌的大旨。

* * *

前面已提到,译文可以而且应该不限于一种。文集也可以而且应该不限于一种。即如唐诗宋词,就不知已有了多少种选本,它们尽可以有不同的思路。就我所知,中国社科院哲学研究所的王玖兴兄多年来就一直在进行一套六卷本的康德文集的编译工作。而《纯粹理性批判》一书采用的就是他自己的译文。王玖兴兄半个多世纪以来一直致力于德国古典哲学的研究,这部即将问世的《康德文集》是他毕生精力的荟萃。李泽厚兄《批判哲学的批判》一书问世已有二十余年,它标志着我国学术界也有了我们自己的康德研究和更广义上的哲学研究,不仅只是习于拾人牙慧而已。不站在前人的肩膀上就无由前进。要前进,要超越前人,首先就要学习前人、认识前人。

最后,附带说一件小事作为尾声。近年来三大批判均已有不止一个译本了,这当然是件可喜的事。一部经典著作应该容许有多种不同的表达方式。例如第二批判结论中的那段脍炙人口的名言:"我头上的星辰满布的天空和我胸臆中的道德的规律",这句名言被《精粹》一书精简掉了,而一般有关的书中却是常常要引用的。这句话的原文是:有两件事充满了我们的心灵,"mit immer neuer und zunehmender Bewunderung und Ehrfurcht",这句话 Abbott 的英译本作"with ever new and increasing admiration and awe"(London,

Longman Green Co., 1909, 6th ed., p. 260)。文中的 immer neuer,早年关文运先生的中译本作"天天在翻新"。"翻新"一词在中文中似往往带有贬义,如旧货翻新、花样翻新之类。北大哲学系韩水法先生1999年的中译本中此词作"新鲜不断增长的"。此书承韩先生赠我一部,我于拜读和钦佩之余,还曾向他提过一个小小的建议。我以为 immer neuer 的中译文不如径用中国古语的"日日新,又日新"译作"日新又新",似较妥帖。这不过是我个人的一孔之见,不知韩先生以为何如。我只是想借此说明,何以一部好书可以而且应该有不止一种译本,正如一部好书、一种重要的理论可以而且应该有不止一种的解读,不止一种选本。

(原载《读书》2003年第3期)

关于康德的第四批判

康德《历史理性批判文集》一书中译本即将再版,商务印书馆的编辑先生问我是否需要修订译文。由于此书初版距今已十有四年,当时总不免会有未能发现的错误或有欠妥当的地方,遂决定将全书从头至尾重新校订一遍,有所改动。各篇所据的原文仍是普鲁士科学院版《康德全集》。科学院版尽管也有错误,有些字句学者们也聚讼纷纭,但仍不失为迄今为止最为完备的一个版本。译文中的抵牾却仍然不敢自保。今年(2004)恰值康德逝世二百周年,谨以此书作为对于这位一代哲人的一个小小的纪念。

此次重校的过程之中,每不免随时有所感触,所以在校订过程中也随手记下了一篇再版序言,不敢说是对读者有所帮助,只不过是自己读书时的一点肤浅的体会而已,现附录如下,仅供读者参考。

* * *

2004年2月,我曾去参加一个康德三大批判新译本的首发式。一种学术思想的价值如何,固然并不有赖于是否有隆重的仪式为之作秀,然而仪式是在人民大会堂举行且有领导人出席,仍不失为反映它之为主流社会所认可的程度。归来途中,不禁联想到康德哲学百年来在中国的命运。因为自从20世纪之初梁启超、王国维这两位中国近代学术思想界影响最大的领军人物最早把康德引进中国以来,至今恰值整整一个世纪。

梁老先生在20世纪初叶大量介绍了西方近代思想给中国,可以称为是开启了中国近代思想的一大功臣。至于轻薄为文者流讥评他是转手贩卖,反倒是表明了自身的幼稚、浅薄和无知。因为那个时代正有如一个初学识字的幼儿,浅薄、无知和可笑都是正常现象。正有如杜诗所谓:"尔曹身与名俱灭,不废江河万古流。"梁、王一辈乃当时之体,是无愧于江河的万古奔流的。王老先生最初读《纯粹理性批判》,读不懂,再读,仍不懂;后来读了叔本华和尼采,再回过头来读康德,自己才感到有会于心。20世纪40年代之初,我们一辈青年学生初读康德时也局守当时流行的办法,都是从《纯粹理性批判》一书入手的。当然,最初也是读不懂。记得有一次,我向同学友人王浩谈道:连王国维大师都读不懂的,我们大概是没有希望能读懂了。他回答道:话不能这么说,王国维没有读过近代科学,所以他读不懂。我们有了近代科学知识,我们是会读懂的。这一说法,后来我体会是不错的。确实,《纯粹理性批判》的出发点归根到底不外是牛顿经典体系的世界构图。王国维的著作中没有他曾学过或掌握过牛顿体系的记载,而那却是我们青年时都已熟悉了的。从他的文章中,也看不到有任何牛顿体系式的思维方式,像是我们从《天体理论与自然通史》中可以鲜明地感受到的。当然要阅读康德的古典哲学那种冗长而沉闷的文风,确实是要费一点力气才能啃得动;不过,里面的思路却是清楚明白的,不像某些后现代的著作,往往似乎文字本身倒也简单明了,然而读罢以后却令人满头雾水,不知究竟说的是些什么。有些论者却不顾原文的思路与文风,动辄指责译文不流畅、不好懂,乃至难以卒读。然而,难道一定要把康德(或黑格尔、马克思)这类经典著作都译成通俗读物乃至儿童文学才算是好懂吗?译文必须忠实于原文、忠实于它的思路和它的风格。这是需要费点儿功夫去体会的。如果这点劲都不肯费的话,那就还是老老实实去读儿童文学吧。甚至于王老先生,当他从叔本华和尼采的生命哲学的思路再回过头来读康德时,他自以为这次是读懂了;可是,这条思路距康德那严谨的批判精神和思路却是更其遥远了。

与会归来不数日,意外地收到一封陌生者的信。信是用德文写的,中译文如下:

非常尊敬的何教授先生:

过去的一个学期中,在由鄙人主持的奥地利维也纳大学哲学系历史理性批判高级讨论课上,我们就您的同名文集中有关康德历史理性批判的文章进行了讨论。目前在奥地利,正在就两位知名学者(Wilhelm Dilthey 及 Alois Dempf)对这一领域的学说思想展开激烈的讨论。尤为引人注目的是两者均回溯到康德的历史哲学,正如我们在讨论课上所了解的您的著作中那几篇文章所研究的范围一样。一位来自中国的学生——段宏伟先生——参与了我们的讨论,翻译了您的文章中的部分内容并且做了一个相关报告。

我想在此对您在这个领域里的研究和贡献表示真诚的感谢!当然,还是有很多问题仍有进一步深入讨论的必要。比如在康德的学说中并没有阐释他那著名的三大哲学问题——我能知道什么?我应该做什么?我可以希望什么?——在哲学上的理由。但也许第四个问题——什么是人?——才是最重要的。因为拙意以为或许这个问题可以解答——您书中所提出的对康德的疑问(即为什么康德没有对我们认识历史的能力首先进行批判)——历史知识在人类学中的不可度测。更明确地说是可以解释康德为什么会有这种独断的、超验的历史哲学。

我热切地冀望您的著作能够尽快在欧洲翻译出版。因为很遗憾我们仍然非常缺乏与来自不同的地域和文化的学者之间的交流及合作。

顺颂祺祥！

维也纳大学教授

Dr. Comelius Zehetner

2004 年 2 月 19 日于维也纳

看罢信后，不禁又引发多年来萦绕在自己心头的一个问题，即我们究竟应该如何来看待和评价继三大批判之后而来的第四批判？

第三批判于 1790 年问世，从而完成了人们所谓的三大批判的伟业。这一年康德 66 岁。此后，自 1790 年至 1804 年，即他一生最后的阶段里，他的思想理论的工作重心显然地已转移到了"人"的问题上：人的历史和人的归宿。有关这方面的一系列著作足以表明康德的晚年是怎样力图通天人之际，权古今之变，从目的论的高度着眼于建立一套人类历史的哲学作为自己毕生这篇批判哲学大文章的结穴。此所以卡西尔才特标它是康德的第四批判，即《历史理性批判》。也许是由于年事已高，康德确实是并没有完成一部以《历史理性批判》题名的大作。但是 1794 年《万物的归宿》、1795 年《永久和平论》、1797 年《重提这个问题：人类是在不断进步吗？》，以及此前 18 世纪 80 年代的《一个世界公民观点之下的普遍历史观念》《什么是启蒙》《人类历史起源臆测》等一系列论文，都足以明确无误地指明这位启蒙运动的最卓越的哲人晚年定论之所在。

启蒙运动是人类的文明史（而不是人类的野蛮或愚昧史）上最为光彩夺目的一页，而康德则是启蒙哲学理所当然、当之无愧的最卓越的代言人。我们只需比较一下孔多塞的历史哲学和康德的历史哲学，就可以看出二者档次高下之不同。孔多塞的《人类精神进步史表纲要》确实是法国启蒙运动一纸光辉夺目的历史哲学宣言书,它揭橥了启蒙乃是人类历史前进的唯一动力,但他所谓的理性却仍然只限于智性范畴之内的知识,从而就把历史理性开展的过程等同于智性知识进步的历程。这正是他启蒙哲学的局限性之所在。在这里,康德较之于孔多塞直是高出了一个数量级。理性到了康德这里,已不再局限于狭义的智性或悟性,而是在更高一级并在更深的层次上统摄人类全部心灵能力的理性。理解康德而止步于他的三大批判,对于认真地理解他的目的论似乎是仍未达一间——如果我们同意哲学也就是人学的话。最初读康德的历史哲学时,我原来期待着(如 Zehetner 教授信中所云)他也会像(或者应该像)《纯粹理性批判》那样,在从事考察历史本身之前,应该首先是从对人们认识历史的能力进行一番批判入手,即我们怎么才可能以及我们是怎样地认识历史的,也就是我们对历史的认识是如何才成其为可能的。但是他没有这样做,他并没有首先着手探讨我们对历史的认识是如何才成其为可能的,就径直着手去揭示历史的本质,就有如圣多马要径直去摸触耶稣被钉在十字架上那双血手的真实性,而根本就没有考虑到这样做(以人智去窥探神智)是不是会亵渎神明。Zehetner 教授在信中也提到,在三大批判所提出的问题之后,也许第四个问题"什么是人"才是最重要的。我同意这个提法。起初,我对于康德并没有考察我们对历史的知识是如何成其为可能的,就径直拈出人类历史的起源和归宿(或鹄的)的这种思路,觉得似乎颇为武断,而有悖于批判哲学的批判精神。及至一再读过了他的第四批判之后,始恍然于提这个问题是多余的,是一个根本就不存在的问题。康德本人早已给出了解答。康德本人明确说过他自己的思想来源于两个人,一个是牛顿,一个是卢梭。人们越是读康德,就越是可以体会到:在对自然世界的认识上,他的思想是以牛顿体系为模型的;而在对人文世界(也就是历史)的认识上,他的思想基本上是脱胎于卢梭的理论。我们对于自然世界的认识有恃于我们先天的或先验的认识能力。我们对于人文世界的认识,则要靠我们的另一种先天的或先验的道德力量的驱使,它直接地使我们明心见性而不需要事先进行一番批判的检验。阅读康德时,如果紧密地联系到牛顿《自然哲学之数学原理》与卢梭《社会契约论》两书,许多问题似乎就都更易于理解了。

康德的意思不外是在这样说:上帝创造世界时,便为自然世界(也就为我们的认识能力)立了法,所以自然世界就必须遵循自然世界的必然法则。上帝又创造了人(或人文)的世界,他也就为人文世界(也就是为我们的自由行为的能力)立了法,但这个人文世界之法却是自由而不是必然,因此人就可以为善,也可以作恶。自然世界是必然的,所以是没有选择余地的;人文世界是自由的,所以是由人做出抉择的。仿佛是上帝一旦创造了人,就把自由赋给了人,所以人就不可能是必然的而不是自由的。这正是卢梭的基本论点:人是被迫自由的。也就是说人是非自由不可的,不自由是不可能的,所以说:"人是生而自由的"。人既然只可能是自由的,所以人文世界的历史就是自由人的自由事业,并没有先天注定了非如此不可的、不以人的意志为转移的必然。假如人生于世只可能为善、不可能作恶,那么人世间的一切政治法律的规范就都没有存在的意义了。故而自然世界的历史是从善开始的,因为它是上帝的创作,而人类的历史则从恶开始,因为它是人的创作。创作了恶就见证了人的自由。康德对此引述了《圣经》的故事:人类吃了禁果,懂得了善和恶,所以便从天堂堕落了下来。既然人是自由的,所以恶(自私,康德称为"非社会性"[Ungeselligkeit])便是人类历史中不可或缺的,甚至于是根本性的一环,由此才可能成其为"非社会的社会性"。正有如一片茂密的森林,正是由于有许多树都在竞相争取阳光和空气、努力向上的结果。如果只有一棵孤零零的树,它必然会生长得憔悴而扭曲,得不到茁壮的成长。和康德同时的亚当·斯密不也正是这样设想的吗?在一个自由竞争的社会里,每个人都能以最大限度的自由去追求自己最大的利润,那么这个社会一定会是尽可能地美好的社会。但是卢梭对此却是忧心忡忡。他所向往的是:返于自然。因为一切出自自然的事物都是美好的,但一经人手就变坏了。(也许可以设想,当代的圣雄甘地和哲学家罗素多少也有类似的想法。)所以卢梭一方面煞费苦心地要为人间制定完美的立法,但同时另一方面却又有鉴于人性的腐化和堕落而不免忧心忡忡地感叹:要为一个国家订立一套完美的立法,简直是非得先有一群天使般的人民而后可。但是,康德针对这一点却反驳道:为一族人民立法,并不需要有一群天使般的人民而后可,哪怕是一群魔鬼也可以,只要是他们有此智慧。多么深切而著明的论断!只要魔鬼有此智慧,他们也会和天使一样,更何况还不是一群魔鬼,而是一群自由的,即既可以为善也可以作恶的人民!康德脱胎于卢梭,而又高出了卢梭整整一个数量级。

  自由是人文世界历史的前提,历史乃是自由人民的自由事业,它绝不是自然世界中那种被给定了的必然。它既然是在自然世界之中进行的,当然也就要受到自然世界的必然性的制约。但同时它又是自由人的自由创造,所以它又是人文的(即自由的)历史,而不是自然的(即必然的)历史。这种意义上的自由的历史,乃是他思想上的最后归宿。理性一词在以前往往被混同于"智性"或"悟性",到了康德的手里才明确了理性的三个层次,从而分清了理性和悟性的界限。理性已不再仅仅是悟性,而是统摄全部人类心灵能力的更高一级意义上的理性。它的开展历程就体现在人类历史的进程之中。启蒙哲学家,尤其是18世纪法国的启蒙哲学家(philosophe,台湾学者译此词为"哲士",以有别于通常意义上的哲学家)往往把历史发展的历程等同于人类智性或悟性认识发展和提高的过程,这正是他们思想的局限性之所在。康德之所以比他们高明,就在于他以理性自身来论证人类法治社会(或公民社会[civil society])的发展,从而把先验的原则和自由人的自由事业打成一片,而且它还将以永久和平为其归宿。但那归宿并不是一个大一统的世界帝国,而是各个自由民族的一个联盟。可以说,自从文艺复兴以来,近代思想的总趋势即是"人"的觉醒;它到了启蒙时代康德的理论里达到了它的最高境界。庸俗的历史法学家咬文嚼字,硬是要追索那一纸原始的契约,但却只能是枉然死在句下。理性所裁可的目的论是不能、也无法实证的,而它又是非有此不可而又非如此不可的,没有它,你就不可能理解历史,也不可能赋予历史以意义。法国启蒙哲学家们的那类历史哲学只不过是一厢情愿的天真幻想(但如果不是天真的幻想,又怎么可能会有那么激昂的热情呢?卡尔·贝克尔说得好:如果罗兰夫人当时能预见到她的理想落实到现实的层面上,就只不过是、也只可能是法兰西第三共和,当年她就不会有勇气昂首阔步走上断头台了),要到了康德的第四批判才赋之以更深层的、沉甸甸的先验哲学的内涵。

天人合一曾被有些学者们认同为中国哲学的特征。但古今中外又有哪一家的哲学不是以指向天人合一为自己的归宿呢?甚至于不妨说,凡是不归本于天人合一的,就不是哲学。所谓哲学,归根到底必然是归本于天人合一的。所以天人合一并不属于某个民族或某个哲学家的特征。它是一切哲学家的本质和鹄的,问题只在于各有其不同的思想方式和论证,而不在于是不是归本于天人合一。康德的历史哲学开宗明义的大经大法就是:大自然绝不做徒劳无功的事(因此之故,人类的理性就必定是要充分地发展出来的)。大自然绝不做徒劳无功的事这一命题完全得自牛顿《自然哲学之数学原理》一书中的原文。这当然是纯属目的论的命题。于是它那必然的结论就只能是:大自然既然赋给了人类以理性,所理性就必然要在全人类(但不是个体的人)身上充分地发展并表现出来。由此便推论出来他那一系列有关历史理性的论断,直到最后要有一个安斐克提昂联盟式的永久和平。(按,此处牛顿《自然哲学之数学原理》一书,英译文原文为:Nature does nothing in vain. The more is in vain when the less will do。郑太朴旧译把 the more 译作多数人,the less 译作少数人,完全误解了原意。)但牛顿本人并没有能从他的经典体系中推导出一套理性哲学的体系来。这一工作就留待给康德来完成。若是没有这一条无懈可击而又无法证实的目的论,康德也许就不可能建立起他那如此之完美无瑕的先验哲学的体系。牛顿的体系讲的是自然界的必然法则,卢梭的体系讲的是人文世界的自由法则。自然界的必然和自由领域的目的这两者如何才能够使之两虑而一致,并行而不悖,亦即怎样把合规律性与合目的性二者相结合,便成为康德第四批判的中心问题。而康德的答案或许是在当时思想理论所许可的条件之下所可能给出的最佳答案。康德的三大批判和成为他晚年定论的第四批判,距我们今天已经两个多世纪了。在这一漫长的期间,自然科学和人文科学也都经历了极大的发展和变化。但对第四批判主题的发扬却似乎迄今尚没有达到它今天所应有的高度。当代历史哲学的进展主要地似乎局限于技术的层次上(如语言分析)或艺术的发抒上(如生命哲学)。今天的人们好像已经失去了两百多年以前的先辈们所抱有的那种热情洋溢的美好憧憬和好学深思的严谨风格。他们那种高尚的境界和情操还能激起我们一代人心灵中的渴望和追求吗?但愿能如此。

　　哲学终究是绕不过康德这一关的,无论是你同意他,还是不同意。如果硬是要不理睬他,那就只能不可避免地要自甘愚昧而受到惩罚了。在过去一个漫长的世纪里,这曾使得我们的所谓的科学始终被滞留在实证主义乃至实用主义的牢笼里。而所谓的知识,也就始终被局限在感性和悟性的两个层次上。这些都是明证。

学术思想是不可能脱离政治的,然而它也不可简单地就直接等同于政治的驯服工具。19世纪的社会民主党曾提出过"回到康德"的口号,而新康德学派(包括如卡西尔、狄尔泰等人)也确乎做出了值得瞩目的成绩,都不宜简单地扣上一顶帽子便轻易加以砸烂或抹杀。由康德所奠定的那种高瞻远瞩的批判精神,是永远值得人们珍惜的。而他之以第四批判作为其三大批判的归宿,也是永远值得我们深思的。

2004年5月于清华园

(本文为康德《历史理性批判文集》中译本再版序言,北京:商务印书馆,2004年)

批判的哲学与哲学的批判

台湾朱高正先生在国内主要是以社会活动家知名,似乎作为学者的朱先生反而多少被他社会活动家的盛名所掩。这里的《康德四讲》一书是他去岁(2000)在北京大学一系列的讲演,最近汇为一集,即将由上海华东师大出版社出版。读者于此不但能更全面地看到作者本人的学术与思想,同时也会更深一步地了解到哲学家康德的哲学全貌。这是值得庆幸的事。

就我所知,中国学术界接触到康德哲学迄今为止恰好整整一个世纪。最早是20世纪之初,梁启超在日本写了大量介绍西方学说的文章,其中有一篇就是论述"近世第一大哲康德"的学说的。与此同时,王国维也正在日夕浸沉于康德的著作之中,他有关这方面的工作收入在他早期的《静安文集》中。他是中国最早正式攻研并绍述康德哲学的人。但后来王先生转治文学、史学而放弃了哲学研究。随后西方思想学说大举被介绍给中国,大学的哲学系已开始讲授康德哲学。可惜的是,康德的大著《纯粹理性批判》一书迄无一部真正可读的中译本。这部书在上个世纪30年代已先后有胡仁源和蓝公武两种译本,但读起来有如天书,简直不知所云,中译文比原文还要晦涩难读,大概没有人是从头到尾读完了的。一般讲哲学史或思想史(尤其是政治思想史,如浦薛凤的《西洋近代政治思潮》)自然免不了有论康德的专章,但中国人用中文写的讲康德哲学的专著,在20世纪上半叶仅有郑昕(秉璧)先生的《康德学述》一部,内容大致即是他在课堂上的讲稿。任何读哲学的人大概都会同意这样一种看法:讲哲学是绕不过康德这一关的,无论你同意他与否,你必须要过这一关。否则的话,就不免闹出例如把智性认同于理性,把智性认识认同于理性认识之类的错误的笑柄。

及至 40 年代早期我这一辈人作学生时,读康德的入门书照例是《纯粹理性批判》,读的还是 J. M. D. Meiklejohn 或 Max Müller 的英译本,另外也参看 N. K. Smith 的《纯粹理性批判释义》一书作为导读。有时候读得有点晕头转向,就连什么是 constructive 和什么是 regulative 也搞不清楚,而且《纯粹理性批判》一书中似乎还有那么多的经院哲学的论证风格,使人感到闷气。我曾有一次向老友王浩感叹过:康德的书连王国维都读不懂,我怕是没有希望读懂的了。他说,不能么么说,我们的凭藉比王国维的要好。王国维不懂近代科学,所以他无法理解康德。确实,康德本人就明确地说过,他的思想主要有两个来源,有关自然世界的是牛顿,有关人文世界的是卢梭。读了牛顿和卢梭的书之后,确实觉得康德也不像原来想象的那么难以理解。

开始读康德时,也曾听人谈过康德思想的重点乃在于其实践理性批判,而不在于其纯粹理性批判。无论如何,看来似乎他的《实践理性批判》一书要比他的《纯粹理性批判》一书更好懂一些,而且还似乎更进一步地启迪了读者的认识:哲学的论断只能是纯形式的,因为唯有纯形式的才有可能是普遍有效的。当时已知牟宗三先生努力在把康德引入儒学。但由于长期的闭关锁国,无论是牟先生还是海外其他新儒家,读者都没有可能接触到。记得仅有一次与贺麟(自昭)先生闲谈往日哲学界的故事,贺先生提到,30 年代初牟先生在北大,曾是贺先生班上的学生。作为 40 年代初的学生,我们大多都没有接触过康德的第三批判和所谓的第四批判。

新中国成立后至"文革"的大约二十年间,哲学界是奉斯大林的《辩证唯物主义与历史唯物主义》一书(其实是《联共[布]党史》中的一节)为圭臬的,任何哲学都要放到这个尺度上面来加以审核:是唯心论还是唯物论？是形而上学还是辩证法？只有按照这个标准对前人做出一个鉴定,才算是研究,而成绩也就仅限于此而已。记得我译帕斯卡(B. Pascal)的《思想录》(Pensées)一书时写了一篇序言,出版社拿给一位专家去审定,这位专家看后大为不满地说:这么一篇文章,连个唯心论、唯物论都没有说出来！似乎哲学研究者的工作并不是要研究哲学问题,而只在于为哲学家鉴定成分,做出三榜定案。五六十年代哲学界的主要工作似乎就在于为前人整理出一份排队的名单。每一家思想的归属,就这样都有了定案。然而对哲学问题本身的探讨却难以深入进行。要感谢马克思、恩格斯经典著作中已对康德做了定论,所以康德幸免于被一棍子打死,虽则也没有得到应有的重视。相当长的一段时期内,学术界似乎只有对哲学的历史研究而没有对哲学问题本身的研究。所谓哲学研究大抵是以考据笺注代替了义理探讨。差不多二十年之间,有关康德的工作只有关文运(琪桐)先生译的《实践理性批判》和唐钺先生重译的《道德形上学探本》以及宗白华、韦卓民合译的《判断力批判》。此书足以代表康德晚年成熟的体系,实在大有重译的必要,何况改革开放业已二十年,迄无一个可读的译本,未免令人遗憾。

1966年起,"文革"风暴席卷神州大地,似乎也谈不到读书,更谈不到研究,然而事实上却又不尽然。我所知道的就不止一个例子。友人李泽厚兄的《批判哲学的批判》一书就是典型的一例。"文革"之初,泽厚兄幸免于介入矛盾,实在是难得的幸运,随后在干校偷暇完成了此书。它不但是一部我国论述康德哲学的专著,而尤为难能可贵的是,它表达了一个真正有思想高度的思想家的思想。很长时期以来,国内学术界似乎已经没有思想家,要直到这时学人中间才有一位真正有自己思想的思想家脱颖而出,实在足以令人欣慰。毕竟中国思想界还在孕育着一派活泼泼的生机,并非是只有一片万马齐喑或万马齐鸣而已。此后,他一系列的著作一一相继问世,几乎是独领风骚,风靡了神州大陆。一个人的思想总是与自己时代的背景相制约的,无论是同意或不同意他的思想或论点,任何人大概都无法否认他的著作在中国学术思想史上的重大价值、影响和意义。

改革以后的二十年来,有关康德的著作又有了韩水法先生《实践理性批判》的新译本。沈叔平兄译康德《法的形而上学原理》一书也在同时问世。而此书竟为沈叔平兄一生绝笔。老学长齐良骥先生毕生专攻康德,数年前齐先生遽归道山,而他所译的《纯粹理性批判》一书至今未见出版,诚为憾事。另外,颇为意外的则是在"文革"的百学俱废的年代里,却竟然出版了康德的《自然通史与天体理论》一书的中译本(中译名《宇宙发展史概论》,上海,1972年),或许是因为恩格斯《自然辩证法》对它有过很高评价的缘故。以上译文都谈不到如某些人所要求的什么明白流畅或通俗易懂。这里面有内容问题,也有文体问题。翻译的首要条件在于忠实于原文,不仅在文字上,而且也在文风上。18世纪思想家们的文风往往冗长沉闷、拗口,而其力度恰好就存于这种拗执厚重的文风之中。学术思想著作毕竟不是儿童文学或通俗读物,而是往往要负载一长串的推论演绎。如果要求译文简单明白,那就最好不必读学术思想的著作,还是去读通俗读物或儿童文学吧。试想如果把康德、黑格尔乃至马克思都译得通俗流利,那还是康德、黑格尔或马克思吗?我们也不应该这样要求译文。另外,老一辈的学者冯文潜(柳漪)先生和沈有鼎(公武)先生均对康德有深湛的研究。惜乎冯先生一生从不从事著述;沈先生著述极少且未曾提及康德,若干年来几乎不曾写过什么文章。老一辈的学人自重如此,远不是当今动辄以炒作千万言为其能事的弄潮儿所能望其项背的。

"文革"初期,自己并未投身于运动,甘当一个"逍遥派",整整有两年的时间蜗处家中陋室,偷偷又阅读了康德的三大批判和三小批判(即《导论》《探本》和《考察》),自我感觉较青年时别有一番会心之乐,遂径直往下阅读了他晚年的所谓"第四批判",感触甚深。康德晚年的思想,其兴趣的重点显然有转入人文(政治与历史)方面的趋向。当时他已年逾古稀,倘能假以时日,仍不是没有可能写出一部完整的第四批判来。不过,目前已经传世的这几篇文字,已经足以构成一幅第四批判的雏形了,是故卡西尔径直名之为"历史理性批判"。而自己却竟然是在"文革"的动乱之初,方始有缘读到他这几篇重要文字的。当时的感觉仿佛是柳暗花明、豁然开朗:过去所读过的一些历史哲学的著作都不如他的这几篇那么的深切著明。例如,卢梭曾慨叹过,要为一个国家立法是那么艰难,必须是一个天使的民族而后可。而康德则反其道而引申其义说,那并不需要有一个天使的民族,哪怕是一群魔鬼也可以,只要他们有此智慧。这一论点表现出了何等之更加高明的智慧!卢梭为天使说法,有的哲人在为某一部分人说法,而康德则是为包括魔鬼在内的一切众生而说法。卢梭是要强迫使人自由(他们"无往不在枷锁之中"),而康德却更跃进一层,直要使魔鬼成为天使。这一思想的跳跃真可谓青出于蓝、冰寒于水。这里我们看到的是一个18世纪的哲人们所喜欢称引的那种"世界公民"的面貌。真理是放之四海而皆准的,康德哲学的先验性更仿佛格外无比地保证了它是俟诸百世圣人而不惑的。在这里一个读者在一种仿佛是在受到了启蒙(enlightened)的心情之下一定会深刻地体会到歌德的名言:"每个人都可以有自己的真理,然而真理却仍然只是一个。"①于

---

① 卡西尔:《卢梭、康德、歌德》,普林斯顿:普林斯顿大学出版社,1963年,第97页。

是我就开始偷偷地进行翻译,当时只不过是逃之于空虚、聊以自娱而已,从未梦想过有一天居然能出版。其后"宣传队"进驻,我被关入"牛棚",苦中作乐遂不得不告中止。三年后,尼克松访华,《参考消息》登了一条外电,说是新华书店又摆出了康德《纯粹理性批判》和卢梭《社会契约论》,表明中国是不会废弃人类文明的经典的。卢书原系拙译。受到这则消息的启发,干校归来后,我遂把康德的八篇论文全部重校过,加以整理,送交出版社,并径以《历史理性批判》为书名。出版社方面却认为这不是康德的原名,遂正名为《历史理性批判文集》。然而不意一拖又是十有五年,直至1990年才发行问世,诚可谓命途多舛。此后,我又译了康德早年的《对优美感和崇高感的考察》(译名作《论优美感与崇高感》),迄今又已六年,或者不久可以问世。日前清华大学九十周年校庆会上得晤老学长王玖兴兄,因询及由他主编的六卷《康德文集》。据他告我,前三卷进行顺利,而《纯粹理性批判》一书,即是他的译文。这是一位毕生精力尽瘁于德国古典哲学研究的学者。他的工作不但对他个人是一项深厚的回报,而且也是对我国学术界的重大贡献。以上所谈,仅限于大陆情况。关于台湾,我所知甚少,只知道研究康德者,代有其人,本书作者朱高正先生即是其一。

　　纯粹理性如果不经过一番自我批判,则其所得到的知识就只能是武断的形而上学;同理,实践理性、判断理性、历史理性也莫不皆然。然而在思想史上还不曾有人对历史理性进行过一番自我批判的洗练。有之,应该说是自康德始。自然,他也留下了一大堆问题,有些是带根本性的(如历史认识能力的有效性),并没有解决。有些论断,也难以为后世的读者所同意。不过这项自我批判的工作却是历史理性认识之不可或缺的一项前导(Prolegomena)。康德奠定了一个体大思精的哲学体系,人类的思想和文化只能是在前人已奠定的基础之上前进。如果真的是彻底砸烂了一切旧文化、旧思想,人类就只好是倒退到原始的蒙昧状态。马克思的无产阶级专政学说是指政治上的专政,不是思想上的专政。思想上的专政事实上是不可能的,理论上是说不通的。难道你有可能专得一切人都按你的想法去思想?

一切思想都只能是站在前人的肩膀上继续前进。不过,康德的《纯粹理性批判》确实是不大好读。我时常想,假如我们读康德能换一个顺序,不是第一、第二、第三、第四,而是反其道而行之,由第四而第三、第二以至于第一,或许就更容易领会康德哲学的实质。今高正先生此书重点在于评论康德的第四批判,颇有与鄙见不谋而合者,因而深感虽然隔海两岸,但心理攸同并无二致,颇有"逃空虚者,闻人足音,跫然而喜"的欣慰。高正先生全书文思精密、深入浅出,相信读者当能由此领会到一个更真实、更完整,也更容易理解的康德。这应该说是功德无量的事。高正先生书成之后索序于我,我遂不揣简陋,率尔操觚,仅赘数语如上。是为序。

2001 年春于北京清华园

(本文是为朱高正著《康德四讲》所作的序言,原载《读书》2001 年第 8 期)

辑 二
历史理性的重建

历史理性的重建
——奥特迦·伽赛特历史体系观散论

一 前 言

20世纪初,当乌纳穆诺(Miguel de Unanumo,1864—1936)完成了他的名著《人生的悲剧意义》,马达里亚迦(S. de Madariaga,1886—1978)为之作序时,曾深深感叹说,英国和西班牙都处于西欧文化的外缘,然而相形之下,西班牙的思想文化在本国境外却是那么地鲜为人所知。

西班牙建立过近代世界最早最大的殖民帝国,一个与古代中世纪迥然不同的近代民族国家以及一套相应的世界政治(Weltpolitik)的机器。但是1588年之后,她落后了,闭塞了,随后几个世纪的西班牙历史竟成了一部长期衰落的历史。西班牙这个贫困偏僻的国家,早已失去了她往昔以海上霸权称雄世界的威风,仿佛是她已经自绝于西欧文化,并且也被西欧文化所遗忘。因此,近代西班牙思想界很自然地要把目光投向寻找西班牙文化复兴的出路,作为自己心灵追求的鹄的。他们精神上那种沉重的负担,是其他西欧民族,如英国、法国或德国,所感受不到的。

就在马达里亚迦写了那段话之后不久,一系列的西班牙思想家和作家就相继把西班牙的思想推向了世界,使她重新焕发出近代早期她那世界性的光辉。乌纳穆诺和奥特迦堪称其中的双子星座,而以后者的思想影响更大。马达里亚迦和乌纳穆诺所叹息的那种为外人所不理解的西班牙灵魂或堂吉诃德精神,又重新展现在全世界的面前。然而要掌握另一个民族的精神和思想,又谈何容易!读外国人的著作往往遇到无法逾越的困难;我们认识它那文字结构,但我们领会不到它那思想实质。正如我们读托尔斯泰和陀思妥耶夫斯基,但我们却触及不到俄罗斯的灵魂;又像是西方的汉学家们,不管是多么精研中国的文献,却永远也不可能像例如鲁迅那样鞭挞到中国民族性的核心深处。奥特迦自称:"我的书是为西班牙写的,不是为'全人类'写的。"①所以也许我们永远都体会不到那种西班牙精神,永远只能停留在隔靴搔痒的地步,因为我们缺乏为任何真正的历史理解所最为需要的那种体验(Erlebnis,而非 Erkenntnis)。这个楔子是要表明,本文并不自命了解了奥特迦的思想,也无从肯定了解他到什么程度。本文只不过是一个中国读者对他的散记以及对他的某些印象和看法。

二 时代与生平

1876 年西班牙"自由教育研究所"(Institución Libre de Enseñanza)的成立,标志着自由主义思潮开始传播,知识界强烈要求学术思想自由,与西方文化接触,要求摆脱腐朽的政权和教会的干预,并反对当时爱国主义派那种孤立于西方思想主流之外的做法和倾向。这一思潮也深深影响了青年的奥特迦。世纪之交的西班牙思想界,有分裂为两大营垒的趋势:一派强调本国文化的特色,主张通过本国的特色进行现代化,另一派则主张通过西欧化,

---

① 奥特迦:《现象学与艺术》,New York:Norton,1975 年,第 23 页。

接受西欧文化及其价值观念,使西班牙融入西欧文化共同体之中来实现现代化。两派的现代化目标名义上相同,而在具体途径上则各行其是。这是西班牙的国粹派与西化派之争。当时的奥特迦属西化派,他认为只有对西欧文化全面开放,西班牙才有可能复兴并现代化。他曾发表一系列文章参与这场论战,因而被老一辈的对手斥之为不爱国和崇洋媚外。他对此反驳说:"一个爱国者是不是就应该把本国视为高于一切?""西班牙之所以重要,就在于她在精神上与全欧洲相结合。"他声明:"我是一个爱国者,我身上的西班牙感情遗产,是使我通往欧洲的唯一凭借。我相信西班牙必须要完成全欧洲文化的使命。"① 有趣的是,在很多较落后的国家,我们都发现有类似的国粹派与西化派的论战,它似乎带有某种程度的普遍性,例如在19世纪的俄国和20世纪的中国。

何塞·奥特迦·伽赛特(José Ortega y Gasset)②1883年生于马德里,父亲是小说家和记者。他少年时学习古典文献,后入萨拉曼卡大学和马德里中央大学求学,1904年获博士学位;次年去德国,先后在马堡大学、莱比锡大学和柏林大学攻读哲学;因为在他看来,没有哲学基础,真正的历史学是无法建立的。他在马堡从学于当时新康德学派的大师柯亨(Hermann Cohen,1842—1918)和纳托尔普(Paul Natorp,1854—1924),受了马堡学派的知识论和方法论的训练和影响。但他并不完全同意新康德学派的观点,感到他们的家法太严,缺乏对知识的好奇心;他认为人们不应该从无限繁复的历史之中挑出一个自己喜爱的模式,并简单地把全部人生强行纳入其中。③ 同时他也潜研刚刚登上舞台的布伦塔诺(Franz Bren-

---

① 霍姆斯(Oliver Holmes):《人的现实与社会》,Amherst: University of Massachusetts Press,1975年,第105页。
② Ortega y Gasset 为复姓,José 为其名。
③ 参见《现象学与艺术》,第34页。

tano,1838—1917)和胡塞尔(Edmund Husserl,1859—1938)的现象学。青年时奥特迦的思想大体上有两个渊源,一是新康德主义,一是生命哲学和现象学。

宗教改革以来,西班牙就在思想上和文化上故步自封,断绝了与西欧(特别是德国)的联系,虽则1700年以后法国思想文化的影响有所增长。1910年奥特迦回到西班牙,在马德里中央大学任教,直到1936年内战爆发,他流亡国外为止。他是第一个把近代德国思想介绍给西班牙和拉丁美洲西语国家的人。由于他在德国学习时即已认同于西欧文化,所以在当时国粹派与西化派的论战高潮中他很自然地参加了西化派阵营。这场论战也促使他开始对历史哲学进行深入而持久的研究。此后,他逐渐成为西班牙共和时期思想界的领袖人物。

在1914年《对吉诃德的沉思》一书中,他借用康德人类学的概念来说明,西班牙还没有能力摆脱和超越旧传统,西班牙仍是一个"前人"的国家而不是今人的国家,三个多世纪都仿佛是在迷途之中原地踏步、徘徊不前,这已成为西班牙民族的痼疾。他呼吁西班牙人起来反抗传统,超越传统,从对过去的迷信之中解放出来,把自己投入欧洲文明的主流。1920年西班牙国粹派(Hispanophils)举行聚会,悼念小说家拉瑞(M. J. de Larra,1809—1837),因为拉瑞猛烈抨击西班牙所受的国外影响。1923年,青年的西化派(Hispanophones),包括奥特迦在内,也举行聚会悼念法国象征派诗人马拉梅(Stéphane Mallarmé,1842—1898)。两次聚会旗帜鲜明地表明两派和两代人之间的分歧和对立。这一时期奥特迦曾主持《大公报》(*El Imparcial*)、《太阳报》(*El Sol*)和《西方评论》(*Revista de Occidente*),其主旨都是探讨带有根本性的重大历史文化问题,即"现代人的灵魂"问题;它们成为当时学术思想界有名的报刊,并使西班牙和西方思想文化有了更密切的交流。1923年他还邀请爱因斯坦访问西班牙,讲演相对论。

奥特迦一直在领导西班牙共和派知识分子反对西班牙的独裁统治。1929年西班牙独裁者里维拉(M. P. de Rivera,1870—1930)查封了马德里中央大学,奥特迦为了表示抗议对学术自由的横暴摧残,愤而辞职。旋去各地演讲,后结集为《什么是哲学》。另一部《群众的反叛》也于此时写成。所谓群众是指独裁制之下的群氓,独裁者里维拉本人也是其中之一,是根本不配当领导的。他在《太阳报》上发表文章,大声疾呼:专制政体必须毁灭。[1] 次岁,里维拉倒台,西班牙第二共和国成立,他恢复教职并入选国会,任参议员,但他不能适应复杂的权术斗争,于1932年脱离政坛,却迄未中断站在反对派的立场上撰写政治论文。他的基本立场始终是拥护共和,并不断受到来自左右两方面的攻击。1936年西班牙内战爆发,他被迫出走法国,再去荷兰讲学。内战于1939年以佛朗哥独裁政权的确立而告结束,他无法回国,遂去阿根廷,在布宜诺斯艾利斯大学讲学,在这里度过了第二次世界大战的岁月。战后,他重返故国;但他一贯的自由主义却一方面受到佛朗哥独裁政权的敌视,另一方面又受到反佛朗哥势力的猜疑。1948年他在西班牙成立了人文研究所(Instituto de Humanidades),不仅研究历史文化,还研究当前问题,要以更多的新方式研究人的问题,研究所受到佛朗哥当局的多方干扰,终于在1950年关闭。此后为了避免国内压力,他多次出国讲学,并协助建立了有名的阿斯本(Aspen)研究所;还去过德国接受他母校马堡大学的荣誉博士学位。1955年他在马德里寓所逝世,享年72岁。

几个世纪以来,西班牙是一个灾难深重的国家,一直生活在横暴、愚昧而又腐朽的专制政权和教权统治之下,直到1975年大独裁者佛朗哥去世为止。知识分子的感受来得特别深刻,所受迫害

---

[1] 古罗马的老加图每次演说都以高呼"迦太基必须毁灭"作为结束。

也最残酷。才华那么横溢、覃思那么卓绝的一代哲人乌纳穆诺(西班牙最古老的萨拉曼卡大学校长),就惨死在法西斯集中营里。和乌纳穆诺相较,奥特迦更少宗教的色彩,而有更多人文主义的批判成分。这一点或许是使他那"群众社会"的理论博得更多读者的原因。1921年《没有脊梁骨的西班牙》和1923年《我们时代的主题》,一定会使一个饱尝落后之苦的中国知识分子读起来倍感亲切。他呼吁所有欧洲的知识分子同心协力共建西方文化价值,他呼吁他们应该自觉而不应该像群氓那样浑浑噩噩地生活下去。这一思想加以发挥,便成为《群众的反叛》一书的主题。《大西洋月刊》称誉此书说,它对于20世纪,正有如卢梭的《社会契约论》之于18世纪和马克思的《资本论》之于19世纪。无论如何,20世纪初西方正在跨越近代与现代(或现代化与后现代化)之间的那条边界,正在经历一场历史性的大转折,奥特迦本人是亲身见证了这场大转折的思想代表之一,并且他本人是深刻意识到了这一点的。这使得他的思想饱含着鲜明的时代精神。

奥特迦的著作已编有西班牙文《全集》。英译文成书的,就我所见有15种,另有单篇英译文若干,散见各杂志。30年代初,他有一篇《为德国人而写的序言》,但由于随后1934年法西斯发动的慕尼黑事件,此文始终未在德国发表。这是他的一篇思想自传,已收入英译本《现象学与艺术》一书作为第一篇,读者对他的思想有兴趣的,可以参阅。不知人不可以论世,不论世亦不可以知人。知人而又论世——我们下面可以看到——正是奥特迦本人基本的历史学论点之一,亦即人与环境总是结合一体。而这一论点用之于了解他本人的思想应该是最恰当不过的。

加缪(Albert Camus,1913—1960)评价奥特迦是尼采以后西方最伟大的作家,这一评价是否允当,可以见仁见智。不过如下一点却是不争的历史事实:自从17世纪,近代思想就沿着两条平行路线在发展。一条是沿着笛卡儿所奠定的以头脑思维的路线,另一条是沿着帕斯卡所奠定的以心灵思维的路线,两者浸淫而演化为当代分析学派与生命哲学双方的对峙;奥特迦则被人们公认是当代生命哲学最重要的代表人物之一。

三 逻辑理性和历史理性

中世纪信仰神和神的启示,认为如果不信仰神和神的启示,人在世上就活不下去。这一被视为理所当然的信仰,从15世纪开始消逝,于是出现了一个危机的时代。此后,人们又从另一种信念里找到了得救。16世纪到19世纪是历史的另一大周期,这时人们是靠对理性的信仰而生活的——这一信念也就是笛卡儿《方法论》中所宣告的人们应该、而且能够以几何学的理性精神解决一切疑难问题。人们坚信"整个世界具有合理的结构,严密地吻合人的智力组织"。① 这就是"近代"。② 可是今天,"我们却正在看到它那垂死的阵痛,正在听到它那曲死前的天鹅之歌"。③

这种理性主义和近代早期的自然科学是互为表里的,即对世界和人生采取一种纯客观的态度去进行观察和分析。浪漫主义意识到了这种态度的缺陷,于是转而寻求内心的情操和感受。这一思想方式同样有权被认为是一种时代精神(索罗金对这一点曾有详尽的发挥④)。生命哲学就继承了这一传统而与理性分析相抗衡。直迄19世纪风行一世的那种廉价的(有时是太廉价的)乐观主义和对进步的信仰,就受到帕斯卡—克尔恺郭尔生命哲学那种

---

① 奥特迦:《历史是一个体系》,New York:Norton,1961年,第171页。
② 参见《现象学与艺术》,第53页。
③ 《历史是一个体系》,第170页。
④ 可参见索罗金:《我们时代的危机》,New York:Dutton,1941年,第一章。

内心焦灼的挑战。西方当代的心灵现实是,它原来的两大基石都已从根本发生了动摇:在认识上是 17 世纪牛顿那种秩序井然的铁的因果律,在信仰上是 17 世纪对理性的无限崇拜以及由此而来的社会进步观。信仰(或者说迷信)科学的时代已经过去了。科学在许多具体方面的成功,并不意味着它对于我们生命的整体也必然会同样的成功。反之,科学在部分上成功,也可能在整体上失败。对科学的信仰,只不过是一种"空想主义"。我们应该从这里面去寻找现代世界精神不安的原因。① 正值英语国家决定性地走向语言和逻辑的分析之际,大陆上却涌现一股强烈的生命哲学浪潮与之相颉颃,他们要求完整地把握全部的人生,而不是把整体生命解剖为各个片段加以分析。在广义上,从胡塞尔以降的大陆各家(甚至包括晚年的怀特海,他隶籍英、美)都可以归入这一行列。蒂利希(Paul Tillich,1886—1965)总结这一历史行程说,它始于 17 世纪的帕斯卡,18 世纪经历了一段地下活动,19 世纪成为革命的,而在 20 世纪获得了惊人的胜利。②

生命哲学强调人的积极参与作用,反对人只是消极地作为一个单纯的旁观者。实在(reality)并不单是观察和研究的对象,它是我们当下要直接加以把握的某种东西。要认识实在,就不能停留在单纯分析的水平上。以严密的符号和概念去澄清一大堆以日常生活用语所表示的、含混不清的、逻辑混乱的思想和推论,这个工作是必要的;但这并不等于理解了或把握了实在。在近代思维史上曾经有过各式各样的方法:数学方法(笛卡儿)、心理学方法(英国经验论)、逻辑方法(德国古典哲学的先验推论)、生物学方法(有关自然发展和社会发展的各种阶段论)、历史学方法(狄尔泰、克罗

---

① 可参看《历史是一个体系》,第 179—180 页。
② 参见蒂利希:《存在主义与心理治疗》,载 H. M. Ruijtenbeck 编:《心理分析与存在哲学》,New York:Norton,1967 年,第 5 页。

齐)。他们的路数各不相同,但这表明了任何一种特定的方法都并非是唯一的方法。要理解实在,就需要有一种它自己的方法,而不能照搬其他方法。在奥特迦看来,已往的各种方式在一定意义上都不是把握现实、而是躲避现实的一种方式。在这种意义上,一切哲学和科学都只不过是一种 convention commode[方便的假设],它们是诗,是幻想,是一场有规则的游戏。19 世纪实证主义者的乐观主义不仅浅薄,而且毫无根据;它武断地设定人类历史有一个目标。20 世纪的人却越来越不关心什么是这一所谓的历史目标,转而面向当下的现实,面向个人心灵及其环境的现实。这是对 19 世纪的反弹。如果说,自然科学所探讨的是"在变化着的外衣之下的永恒性质或结构"①,或者说是亚里士多德式的变中之不变;那么人的科学所要探讨的又是什么呢?物有物性,然则人也有人性吗?

奥特迦的基本论点之一是:人们的思想至今依然是两千五百年以前伊利亚学派本体论的俘虏。经验告诉我们,事物是永远在变化的,但是人们却企图在其中寻找"变中之不变",称之为物性或本质(substance),它既有其表面的繁复与多变,又有其潜在的恒定与统一。或者说,它颇有似于某种数学概念。古代的这一概念降及近代,就演化为波义耳的规律,即变化不已的现象有其永恒不变的规律,再到孔德和穆勒就成为客观规律的绝对不变性。某些哲学的出发点是,首先把知觉当作是感觉数据,换句话说,首先是把它作为观照和思考的对象,而不是作为生活的现实。伊利亚派的错误就在于忽略了"实在"的这种直接性,因而他们就不能真正从永恒的观点(sub specie aeternitatis)把握住实在。为了弥补这一点,我们在逻辑理性之外就需要有一种历史理性。如果我们要从经验(有限性)中寻找伊利亚式的成分(无限性),那么我们就必须明确:

---

① 《历史是一个体系》,第 184 页。

历史并不是哲学观念,哲学并不能(像人们想象的那样)概括历史。要了解人的历史,我们就必须有一种非伊利亚的观点,犹如数学在欧氏几何而外需要有一种非欧几何一样。事实上,"并不存在我们通常所谓的'观念''思想',它们只是一种抽象,一种近似",只有当其涉及抽象作用(如数学)时,才可以脱离具体的人;但当其涉及"实在"时,则只有"就人的具体生存的全盘背景"①才能加以理解。这就是历史理性。

什么是实在?它的最根本之点就是人的生存。"人生是一个基本的实在"。所以"我们必须把一切都归本于生存或生命"。②或者说,关于人生,我们所可说的首先就是,它是一个基本现实,一切都须以这一点为坐标。我们被给定了自然界,我们也被给定了人生。"对此我们别无选择,而只能是设法使自己生存下去——这就是人生中最乏味而又最重要的基调。"③但自然界被给定于我们乃是现成的、非如此不可的,而人生却不是现成地、非如此不可地给定于我们的。反之,人生被给定了就是自由的,所以我们每个人就只能是自由地去选择它、决定它、创造它。而自由的选择则是根据我们自己的信念做出的;没有对己、对人、对环境、对世界的某些信念,就无法做出选择。一个人的生命结构就取决于他的信念。从而,人道之中最重大的变化,也就莫过于信念的变化。

生命是被给定的,也就是说它是被强加于我们的,而不是我们自己加之于自己的,但同时我们又是根据自己的信念来决定它的,而不是像行星那样被强行纳入一定的轨道上在运行的。我们要对一个个人、民族、时代或历史做出判断,首先就要确定他或它的信念库里面都贮存着些什么。构成一个人的状态的乃是他的信念;

---

① 《现象学与艺术》,第20页。
② 《历史是一个体系》,第165页。
③ 同上。

信念不单是思想,而且是我们所相信的思想。它不是纯思想,而是行动的指南。生活之被强加于人,就蕴含着人随时随地都必须为自己自由地做出选择,他是被给定了要自己做出选择的。① 但这绝非意味着人可以不必服从必然性。相反地,人比自然界要更深一层地服从必然性。人注定了是自由的,是注定了必然要自行做出选择的。自由就是人的必然性,不服从这个必然性,人就不成其为人。人生必须要创作出它自己所要采取的形式。它是一往无前的、义无反顾的,所以就永远也不发生"返于什么"(例如"返于自然""返于康德"之类)的问题。我们像是诗人,我们在谱写自己生命的诗篇。这就是生命的必然性。它使得奥特迦不禁深深感叹道:"我们残酷的命运是何等之礼貌周全啊!"②生命哲学的这种酒神(Dionysus)态度,与理性主义的日神(Apollonius)精神形成了鲜明的对比;一方是满腔热情地入乎其内,一方是冷眼旁观地出乎其外。

生命是最基本的现实,而"一切社会生活和文化现象则呈现为个人生命这一物种的组成部分"③,因而它们乃是派生的、次级的。生命的精义并不在于其意识(Bewusstsein),而在于其"我和我的境遇"的两重性。世界首先呈现为我们的境遇,我们通过它而与外界交通。已往的哲学大多以事物的本质(essence)为其研究对象。但人的本质恰好就在于,他没有本质。他就只有他为自己所创造的历史。人和他的历史乃是一个体系,它不是科学,也不能希望成为科学。它所寻求的乃是"实在"本身,而不是(像科学那样)要解释实在的某个部分或某个方面的现象。"实在"本身就包括人和人的历史。

---

① 《现象学与艺术》,第35页。
② 同上。
③ 同上。

四　历史、历史理性

奥特迦的哲学属于通常被人称为的生命哲学(Lebensphilosophie)或精神哲学(Geistesphilosophie),并曾深受现象学的影响。他本人就是当代现象学的重要代表之一;也有人称他为存在主义(广义的)的现象学家。在他,构成为生命的乃是自我、环境与自由的选择。最根本的实在就是生存,知识则是它内在的功能或作用。他以人生这一新的本体论范畴来消解怀疑主义与独断主义、现实主义与理想主义、唯心主义与唯物主义之间的争论。历史理性(或称为生命理性,vital reason)导致他走向了反对智识主义(intellectualism)以及由智识主义所派生的一切理想主义,因为它们研究人乃是把人置于境遇和世界之外,而不是置于其中,它们既没有看到生命是最根本的实在,也不认识生命是与环境相结合、相制约、相争斗的过程。① 而知识和文化的真正作用,正在于此。生命是不明确的、不确定的,而它又追求着明确和确定;知识和文化也就是对生命的澄清和解释。生命是经,知识和文化是经注或经说,是不断地在解释经的。他并不认为生之冲动(élan vital)是盲目的,他强调其中合理性(rationality)的那一面。合理性是人生中最重要的部分。真正的思想绝不迷信某种外在的绝对权威,也不迷信自己的内在感觉,真正的思想只能是自由心灵的创造。很多近代哲学之所以失足,就在于它们不是从生存出发,而是从思想出发,所以就使自己陷入一套想当然耳(虽则或许是融通无碍)的命题推导之中。真正的知识必须是对终极实在(ultimate reality)的探求,而终极的实在归根到底无非就是生命(大写的 Life)而已。就个人在一个被给

---

① 《现象学与艺术》,第57页。

定的历史境遇中的命运而言,自我和外境两者是相互依存、相辅相成的,并不发生何者是第一位的问题。我就是我和我的环境,环境构成为我的一部分;无此环境即无所谓我。这两者共同构成一个经验—网络(experience-matrix)。两者的关系并非是简单的共存共处,而是自我唯有通过与外境的作用才能实现自我。这一自我实现,就是所谓生命。

奥特迦自称为生命主义(vitalism),但他并不简单地反对理性主义。所谓生命或生机,无非是人类不断追求知识、理解和精神满足,它和理性是同一回事;这与第一次世界大战后西方流行的反理性主义和崇拜盲目冲动的思潮大有不同。因为他重视理性,所以虽也被有人目为存在主义,但与存在主义颇有分歧。他鄙视法国存在主义中间流行的那种感伤主义的情调。他重视人类生机的社会文化条件,这一点又有异于一般的生机主义。因此,他后来越来越喜欢使用历史理性一词,以代替原来的生命理性一词。生命也者,并非是指生物学意义上的生命,也不是指任何意义上的机器人、生物人、经济人或政治人,等等。它指的是全面的人,是人的整体。自我有一种使命,那就是人生的自我实现的使命,这个实现过程就是历史。于是,他就概括出他那个有名的命题:人没有本性,而只有历史。在这里,人和历史是通体打成一片的,人就是历史,历史就是人。

这种观点也被称为理性—生机主义(ratio-vitalism),它指的是个人生命在给定条件之下的使命。成其为第一性的东西的,既不是物质,也不是精神,而是这两者相互依存的统一体。所谓我,就是我和我的境遇,这就意味着我并不只是一个思维的主体(thinking ego),我的境遇也是我的一部分。没有我的境遇,就不可能有我的历史。这一物我同在的网络,并非指两者的和平共处,而是说唯有作用于物,自我才得以实现。物我交互作用的共同体,就是生命。我们对于世界的认识总要采取一个具体的观点,或者说视景(perspective),它既非物、也非我;这可以称之为视景主义(perspectivism)。视景是不可或缺的,但无所谓正确与否,一切视景都是同等有效的或等值的。唯一错误的视景,就是那种自命为唯一正确的视景。

我不只是思维,而且是行动;这就是生存,这就是历史。每个生命都有其具体的直接性(immediacy),相对于这一最基本之点,其他一切都是第二位的。新康德学派的错误就在于,它把人的实质看作只是文化,而撇开其境遇不谈。生命和环境、文化与人乃是统一体,不能分为两橛。"人是这样的一种动物,他注定了要把必然转化为自由。"①只有这样,自我才能真正成为自我。生命乃是暂时的品种(specie temporis)而非永恒的品种(specie aeternitatis);就此而言,如果历史和逻辑是统一的,它就必然是反智识主义的,因为任何智识主义都是要超越时间而在永恒的观点之下(sub specie aeternitatis)观照自我之外的纯对象。历史理性把理性看作在根本上是有生机的,同时又始终是合理性的。这就既有别于一般的生机主义(反理性),又复有别于一般的理性主义(反生机)。历史理性一方面反对纯粹思辨的(contemplative)理性而强调生命的功能,另一方面又强调生命的活动依赖于理性。所谓生命或生机,就包括对知识的追求;故尔生机和理性是一而二,二而一的。

胡塞尔的我,作为纯观照的主体,其本身并没有任何要求和感受,它只是在思考和理解这些要求和感受。这样的我,奥特迦认为只是一种景观或景象(spectacle),并不是实在或实体(reality);因为"我所观照的并非是实在,而是一种景观。而真正的实在则是这一观照本身"。②经验一词在其正确的意义上,本来不是消极的东

---

① 《现象学与艺术》,第56页。
② 同上书,第62页。

西,而是生命与环境两者间相互作用的产物。这好像是要把人们带回到了前苏格拉底的希腊,在那里,哲学就是爱智慧、爱生活的智慧。于是,真理和追求真理,对于人生,就不是某种额外的、附加的、可有可无的奢侈品,某种方便或权宜,仿佛没有它,人也可以生存似的。渴求真理对于人生乃是不可须臾离弃的,没有它,人就不可能生活下去。事实上,"没有人,就没有真理",同样地"没有真理,也就不成其为人"。① 渴求真理乃是人之所以为人的绝对需要。人之异于禽兽就在于:人不是一种食肉兽,他是一种食真理兽,他要靠吃真理而生存。而"真理的真实性则只不过在于其渴望追求真理而已"。② 我们不能脱离人的追求而侈谈真理的客观存在,真理就只存在于对真理的追求之中。追求真理也像追求道德一样,都是人的天职。一切外物——包括精神(作为外物)之为物(res)——必须和我们的概念一致,所以我们的智力便是一种原事物(Urding, proto thing),它认同于并且物化着(verdinglicht)其他一切事物。思维与存在统一于生命之中,物我之间的界限就消泯了。说起来很奇怪:人们总是要把各种事物联系起来把握其整体,而那又是永远把握不住的。假如一旦把握住了,人就不需要再去追求真理了。真理并不在任何地方,它只在对它的追求之中。科学如果要追求真理,那么"科学就必须按生机的需要组织起来;这样才能拯救科学,并且(尤其是)成为科学灵感的积极动力"。③

洛克以为人心是一张白纸,那上面可以画任何图画。胡塞尔则以为人心并不是一张白纸,那上面并不能画任何图画。它乃是用以把握对象的能动作用,是有意识的、有目的的行动。这一思想为奥特

---

① 《现象学与艺术》,第58页。
② 同上书,第51页。
③ 同上书,第28页。

迦所继承并加以发展。简单地说,人的生存就是要应付世界,把自己投向世界,生活于其中并仅仅生活于其中。① 创造人自己的乃是他自己,而不是上帝;然而他又不能像上帝创世纪那样无中生有,他必须受到境遇的制约。假如上帝存在,那么他也只是一个"御而不治"("The king reigns but does not rule")的英国国王,他把一切都下放给了每一个具体的个人。所谓自由就是并不存在任何组织上的规定性,或者说,生命的唯一属性就是它在组织上的不确定性,亦即自由。②

形而上学是分析派和生命派都反对的;但在后者看来,前者仅只以分析为能事,除了澄清思维形式而外,并不给人以真正的知识;后者则把真正的知识看作是生命本身的活动,它并不给人以具体知识,却显示了人生,显示了人生乃是实践的活动。前者只接触到概念而没有接触到实在,因而人生及其境遇就都成了虚构的镜花水月,没有任何真实性,而人们真正需要的则是能够指明实在的新启示。

由自我与环境二者共同形成的生存,是不断在创造并实现自己的价值的。这不仅以个体生命为然。集体生命,亦即人类历史,在更大的规模上也是如此。到了20世纪,传统悠久的思辨的历史哲学受到来自两个方面的严重挑战,一方面来自分析派(尤其在英语国家),另一方面来自生命派(尤其在大陆各国)。从此,曾经长期占统治地位的思辨历史哲学就式微了。奥特迦晚年日益重视人生的背景方面,即历史理性的社会文化条件。下面就是他在《历史是一个体系》这篇名文中对历史理性所总结出的基本命题:

人没有本性,而只有历史。

人不是物,而是一场戏剧。

---

① 参看《奥特迦全集》,马德里,1932年,第2卷,第607页。
② 参见《历史是一个体系》,第203页。

每个人都是在写他自己的小说家,他无法回避这一选择。人注定了非自由不可。

宇宙间的一切事物都有预先规定的存在。唯独人并没有无可逃避的预先规定的存在。他只能是自己设法谋生——不仅在经济上,而且在哲学上。①

集体的生命也要永远地追求和创造,才不至于沉沦;这就是文化,这就是历史。人生并不是先天就被规定了的,历史的进程也不是先天就被规定了的。

五 历史是一个体系

所谓"人没有本性,而只有历史"是什么意思呢?它可以解释为:人的本性是由他的历史存在所决定的,除此之外人并没有先天的、不变的抽象本性。人性就是历史性,此外不存在历史性之外的人性。这种解释,接近于通俗的看法。但它也可以解释为:过去的历史被人遗忘,但又不断被重新发现,仿佛是过去死了而又复活。这个过程就是我们的历史认识(历史学),而这也就是历史。历史(和历史学)总是以现在、以今人为轴线在转动的。这种看法特别表现出了人作为历史(和历史学)的主人的主导地位。布克哈特、狄尔泰和惠辛迦(J. Huizinga,又译赫伊津哈,1872—1945)的史学和历史观都属于这一思路。奥特迦大体上继承的是这一派,我们下面将略加引申。

我们要了解剧中角色,是不能脱离剧本的,即我们不能把角色孤立于剧本之外来理解。同样,我们理解人是不能脱离历史的。

---

① 《历史是一个体系》,第217页以下。

但历史是人的创造,既然是人的创造,它就不是、也绝不可能是注定了非如此不可;但人却被注定了非去创造它不可。他的生命只是在他自己的创造中实现的。此外,他就没有生命。他注定了是自由的,自由并不是(像人们通常想象的)某个脱离自由之外而独立的主体(entity)的活动。反之,自由就存在于活动之中,也就是存在于历史之中。这种活动是自由的,它是由人所选择、所决定的,而不是事先被注定了非如此不可的。人必须活动,但是他究竟怎样活动则取决于他自身。这便是"人注定了非自由不可"这一命题的含义。自然界一切事物的活动都被注定了非如此不可,唯独人的活动则否。于是便有上述的人"只能自己设法谋生,不仅在经济上,而且也在哲学上"的说法。这种说法加以简化,我们似可推论说,人是以其自身的思想在创造其自身的,也就是在创造历史的,亦即人乃是以他自己的思想在创造历史。人是自由地在做出自己的选择——这就成为他的使命感;使命感构成为人的本质条件。人既是自然界的一部分;但同时他又绝非仅仅是自然界的一部分而已。因此之故,"人既是自然的,而又是超自然的"。①

人生是不断变化的,但变化的并不是某种"人性",而是人所创造的历史现实。"变"恰好就是人生的实质,但它不能看作是一种伊里亚式的实质。换言之,实质并非是变中之不变,而恰恰就是"变"本身。思想和行为(历史)是同一回事;并没有与存在相脱离的思想,反之亦然。凡是把思维与存在相对立、相分离的,其实都是犯了伊里亚派的错误。哲学与历史并不是两个不同的阶段,也不是两种不同的对象;因为人并不是旁观的思考者(res cogitans),而是演出的参与者(res dramatia)。这就又回到终古的老问题:什么是存在?什么是我?身外之物(例如我的钱),当然并不是我。

---

① 《奥特迦全集》,第 5 卷,第 343 页。

然则我的身体是我吗？我的头发大概不是我,我的手和脚是吗？我的心脏、神经和头脑是吗？我的知觉是吗？如果这些都不是(我们不好说其中哪个是,哪个不是),那么剩下来的就只有一个思维的主体、一个王阳明式的"灵明"。这个结论却成为极端唯心主义和极端唯物主义的遇合点。反之,如果自我和境遇是一个不可分的整体,不能撇开境遇去认同自我,也不能撇开自我去认同境遇,那么这个悖论就不存在了。

人生及其所创造的历史,并不是一个逻辑理性的展开过程(即不是通常意义上的逻辑与历史的统一),而是一个历史理性的开展过程,亦即狄尔泰的 Real-dialektik(现实的辩证法,即非逻辑的辩证法)。历史学的任务,就是要使自己认同于这一理性的历程。人生总是把自己的存在延伸到自己过去的全部历史之中的,他的身上背负着全部历史的历程。当其选择自己的命运、决定自己的历史时,他只受到一个唯一条件的限制,即以往的历史。历史的过去永远在制约着历史的未来。我们不知道历史未来会成为什么样子,但我们知道它不会成为什么样子;它不会超出过去历史所容许的范围之外的。自然事物有本性,而人则只有历史——这就是说历史之于人,正有如本性之于自然事物。历史即是人自己的所思所想和所作所为(res gestae),这就是人的本性。此外,人别无本性可言。人的本性是不断变化着的,因之历史便有进步。把人性看成某种固定不变的东西或品质,乃是最大的荒谬。X 的本性是不变的——这个命题只适用于物,而不适用于人。自然界没有目的,但它可以有终结(例如热寂)。即使是有一天全宇宙热寂了,那也只是它的终结而不是它的目的。而人的历史则相反,它有目的(ends)但是没有终结(end)。①

---

① 参见奥特迦:《和谐与自由》,New York:Norton,1946 年,第 126—128 页。按,历史没有终结的提法,令人联想到福山(Francis Fukuyama)1989 年那篇颇为轰动的文章《历史的终结》。

以往的自然科学研究采取的是自然主义的路数,它不能揭示人的实质,即人的生活和历史。这个路数在物的方面的研究的成功及其所表现的威力,与它在对人的研究方面的失败与无能,形成了鲜明的对照。近代早期的思想大师们曾天真地设想,运用理性主义的推论形式就足以解决人的问题,就像它解决物的问题是一样的成功,今天已经很少有人再作此想了。这条路线一走到人生和历史的面前,就碰了壁。原因就在于人不是物,他没有本性。所以我们必须改弦更张,用另外一种完全不同于我们用之于自然科学的思路、范畴和观念去研究人生和历史,并彻底抛弃三个多世纪以来无数失败的结果。这就导向与自然科学迥然不同的另一种科学,即人们称之为的精神科学(Geisteswissenschaft)或文化科学(Kulturwissenschaft)。这种科学迄今已有一个世纪了,但仍未取得可以和自然科学相媲美的成功。原因之一就在于研究者仍然是局限于以自然主义理性主义的思路在进行精神科学的研究。20世纪德国的唯心主义和法国的实证主义都是从人与自然(思维与存在)相对立这一前提出发的。一切精神主义(spiritualism)的错误都在于,它们只是自然主义的更精致的形式,主旨在于要研究人性;但是它们当然找不到人性这种东西,因为人并没有本性。人之为人,既不是物体也不是思想,而是生命的演出。生存本身并非是以某种现成给定的形态呈现在他面前,而是他必须要去选择,去活动,去生活。每个人都必须如此。① 每个人都注定了非自由(按:注定了自由,卢梭和康德均有类似的提法)做出自己的选择不可。历史不外是一幕个人生活的悲壮剧在群体规模上的重演。就历史并没有外部所强加的任何目的而言,历史就是盲目的或没有目的的;但就其必须自行规定自己的目的而言,则历史就是有目的的。他必

---

① 参看《历史是一个体系》,第199—200页。

须自行规定自己的目的——这一点可以说是外部所强加给他的,而外部所强加给他的,就仅此一点而已。"我是被迫自由的"①,故而我就非自我创造不可。于是在一个根本之点上,分析派和生命派就似乎非常有趣的异曲而同工,殊途而同归。他们都在问:历史有意义吗?他们的答案都是:历史有意义,但这个意义乃是人(作为历史的创造者和主人)所赋予它的。此外,历史自身($per\ se$)是没有意义的。"一切历史都仿佛是一个巨大的实验室,在进行各种实验,以便得出一种最有利于'人'这个物种的一种共同生活的方式。"②我们有一种逻辑理性,用之于了解自然。但我们也有一种历史理性;要了解人和历史,就非得靠历史理性不为功。③

我们的知识并不是一面镜子,只是单纯地在反映外界。思维是双向的,有来有往的,并非一味在消极地接受和反映而已。知识如果只是如实地反映外界,思维的主体或主体思维就没有任何地位和作用了。伊里亚派的错误就在于彻底地智性化了外界;自然主义的错误则在于把概念中的存在方式强加之于客体。我们的思维是合逻辑的,但客体存在并不发生合逻辑与否的问题,它只是发生了如此这般的一回事而已。伊里亚主义认为一切变化都是虚幻,唯有不变的才是真实的。真实是永恒不变、无声无臭、无光无色、无影无形(或者说是)冲漠无朕的实体,它与变化、运动、时间无缘,乃是可思而不可想的。一切变化都可以归结为一种守恒不变的、更真实的统一体,那就叫作本质。但这种概念应用于具体的历史时,只能是纯形式的操作,而不能解释历史的真实和力量。历史是一个体系,我们必须对历史进行有体系的思考,其中包括创造各种新概念,正如博物学家创造了种种新概念用以解释生物物种一样。但"物质科学是不可能对人的

---

① 《历史是一个体系》,第 203 页。
② 奥特迦:《群众的反叛》,南湾:圣母大学出版社,1985 年,第 41 页。
③ 参看《历史是一个体系》,第 215 页。

因素投射出清晰的光明的"。我们要探讨人的因素,就必须摆脱物的障碍,"只有物的理性崩溃了,才能为生命理性、历史理性扫清道路"。①

这是不是说,历史理性必须建立在逻辑理性的废墟之上呢?倘若如此,则诚不免有绝对化之嫌,即把二者绝对地对立起来了。性质不同的两种理性,并不必然就是势不两立的。奥特迦本人并未能令人满意地论证这个问题,他对此似乎没有明确的答案。不能投射光明只不过表明互不相关,但未必就是互不相容。实际上,这一点倒毋宁说是当代西方生命派所感染的一种世纪病、一种苦闷的象征,以及他们对理性主义的偏见和反感。理性主义有其不足之处(它未能看到所谓理性和理性能力范围以外的问题),但其优点和贡献是绝不能一笔抹杀的。而且生命派的这种倾向,无论在人类的历史上(在时间上)或在人类的地理上(在空间上)都不带有普遍性。它并未呈现于其他的时代或民族。个人主义与集体主义的、自由与权威的两难局面,往往令人困惑。集体强调得过分,就导致抹杀个人的尊严、价值和独立的创造性;个人强调得过分,则茫茫大地只落得一个孤苦伶仃、哀哀无告的个体在绝望之中挣扎。这后一种情形就是使得大多数生命派在极底里总是带有一种浓厚的悲观与虚无色彩的原因。但西班牙的情形,又有所不同。他们从堂吉诃德精神中得到启示和鼓舞。我们从乌纳穆诺《人生的悲剧意义》那里几乎可以听到同样声音在呼唤:"愿上帝拒绝赐给你以安宁,而赐给你以光荣。"②人生所追求的是光荣,而不是安宁,是奋身投入而不是心安理得(peace of mind)的境界。我们必须效法堂吉诃德的精神,勇敢地生活下去,追求下去。这就是人生的

---

① 《历史是一个体系》,第 183 页。
② 乌纳穆诺:《人生的悲剧意义》,Bueons Aires:Losada,1964 年,第 286 页。

和历史的意义。

近代自然科学是非历史的,它们从一切变化之中抽出一种一致性(uniformity),把过去未来都包括在内。它们研究的对象是反复出现的。一切具体的历史事件都是在时间的坐标之内进行,而科学所总结出的规律却不是。故此所谓科学的进步,只不过是我们把这种超时间的规律表现得越来越精确罢了。某些史学理论家(奥特迦是其中的突出代表之一)则一反其道而行,努力要把非历史性的科学也统一于历史学之中。这个工作究竟做得何如,能有多大效果,恐怕要有待于未来加以检验了。无论如何,这个论点的内涵似乎并非不值得一顾。人是历史的动物,而其他生物和无生物则是非历史的。历史的积累使人一代胜似一代,其他生物则只是无意识地一代重复一代。作为一种历史动物,人就必须应付其历史环境。时间之成为时间乃在于有活动;没有活动,就无所谓时间。人的一切活动都须在其中定位,并只能是出现在某一个时间连续体之内。人的活动就这样构成为一个历史时代。然而历史却并非就是朝着一个固定目标前进的合理过程的开展;它往往更多地乃是人与其当前存在之间一系列的邂逅和碰撞,其中并没有任何道理(reason)或合理性(rationality)可言。历史理性必须承认并且包括理性和非理性都在内,理性和非理性都道道地地是人的因素。在这种意义上,奥特迦的历史理性可以看作是对19世纪唯科学主义之否定人的因素(depersonalizing elements)的一种抗议。逻辑理性是从人对物质存在的客观状态出发,历史理性则是从人对自己周围境遇(Grenzsituationen)的经验和人的心灵状态出发。

六 历史的思维

奥特迦对于集体总是怀有一种深刻的疑惧。他认为个人与集体不同,越是个人的活动(如爱情、友谊)就越有理性,越是社会的

(如习俗、政治)就越缺乏理性。前者是个人作为有理性的、负责任的个人之间的自由关系,后者则是非理性的、非个人的强制关系。毋宁说,集体是个人的堕落。个人与集体(el hombre y la gente)之间总是有分歧和对立的,这里透露出了他对于现代民主主义的不信任。信念有个人的,也有集体的;信念一旦成为集体的,它就成为一种客观存在,不管个人同意与否——他称之为"社会教条"。①我们"要诊断一个个人、一个民族或时代的生命,我们就必须从整理他们信念的体系入手",并"确定哪些信念是根本的、决定性的"。②

他不信任集体;他感到一切社会政治体制到了20世纪都由于群众的日益登上舞台而土崩瓦解。这自然就意味着西欧传统文明的破灭。但是我们回忆一下第一次世界大战后那些残破与幻灭的年代的景象以及二三十年代法西斯在欧洲的猖獗和旧代议体制的衰落,那么他出于这种疑虑而发之为理论的心情是不难理解的。1930年他的《群众的反叛》一书问世,其中他论断说当代最重大的事实就是群众登上历史舞台。他以阴郁的眼光在书中把集体说成是没有灵魂的、被机械化了的人道,是一种次于人(sub-human)的人,是介乎人与自然之间的半人,是半自然状态的人。但社会也有它的用处,它规范我们的行为,从而使社会生存得以可能。它并不是自然存在的和自动延续的,所以就需要人不断努力去创造和再创造,需要个人和群体的合作。即使如此,奥特迦也还是不免(像尼采一样)对于所谓群众怀着满腹狐疑。他认为今天的西方已转移到了庸众的手中,他们追逐物欲,自诩在道德上和知识上是完美的,并肆无忌惮地把自己的庸俗注入一切事物。也许应该提到:他

---

① 《历史是一个体系》,第176页。
② 同上书,第167页。

本人所生活于其中的是西方资产者的社会,所以他对群众的这种看法在一定限度上是来得很自然的,有时候还是中肯的。当然,他并没有看到大多数平庸的人也有其崇高伟大的一面,在适当的机缘(如革命),正是从平庸的人(而不是从高贵者)中间会焕发出来不朽的光芒。

奥特迦认为,从16世纪至19世纪是一个历史周期,当时的西方人是依靠信仰理性而生活的(笛卡儿的《方法论》就是它的一纸宣言书);人们认为虽然有尚未解决的问题,但并没有任何问题是不能解决的,他们终究是可以认识一切真理的。这当然就意味着主和客根本上是恰相吻合的;客观世界是一个合理性的结构,正犹如人的思想一样地是一个合理性的结构,它们同属于数学的理性结构。中世纪信仰上帝;当这一信仰衰微时,对理性的信仰就继之而登场。及至20世纪,这一信仰也发生了根本变化;过去曾信仰科学是人类最高价值的,如今是已经幻灭了。19世纪的人觉得自己是站在历史的前锋乃至顶峰,而20世纪人们却"突然之间发现自己在大地之上乃是孤独的"[1],这时"一切传统精神的残余就都灰飞烟灭了。样板、准绳、典范,对我们已毫无用处。我们必须解决我们自己的问题,绝不能依靠过去"。[2] 这场看来是对过去所进行的最彻底的决裂,却并非是出自对于未来的希望,而是出于一种沉沦感,即人正在无可奈何地在这个世界之中沉沦。不过,对以往信仰的消失也并不一定是坏事。丧失了对上帝的信仰,人就有可能直面自然和人生(包括他自己的智力)并形成了对理性的信仰。随着对理性信仰的消失,当人们面对着一种幻灭感之际,今天的人的使命就是要追求和发现人生与历史的真面目。这正是我们时代的使命。

---

[1] 《群众的反叛》,第84页。
[2] 同上书,第27—28页。

历史观乃是人生观的一个系论(corollary)，是对人生的领悟和体验之反映于对历史的认识。历史观当然也出自对于历史事实的知识，不过那毕竟是第二位的。首先是对人生的觉解或领悟，决定了一个人对人生、同时也就是对历史的理解和看法。决定了人们的历史意识或历史观的，首先是人的存在这一事实。分析学派乃是语言分析学家而不是历史分析学家，他们只能分析历史学的语言，因而对历史的理解就难免买椟还珠。语言表达的形式只是历史的椟，而不是历史的珠。或者可以说，有两种推理(或解释)方式。一种是科学型，另一种是历史学型。作为一个对自然界的旁观者，我们可以采用科学型的思路；但作为人生舞台上的演出者，我们却只能采取历史学型的思路。在逻辑理性的观点之下，我们可以说："我思故我在"；但在历史理性的观点之下，我们却必须说："我在故我思"。思想乃是生存的功能和属性，而人类命运的得救——借用一个宗教术语——则有待于真正感受到了"历史脉搏"①的人。"我们需要全部的历史"②；这样，我们就能进步，就不至于开倒车，而且也才能摆脱历史的羁绊。要超越过去，最好的方法就是吸收过去、理解历史；"我们必须对付过去，重视过去，从而超越过去。"③

七　什么是历史学

自古希腊以来，历史与理性这两个名词就是一对反义词。怎样才能使这两者合为一体？黑格尔的办法是把逻辑理性注入历史之中，巴克尔(H. T. Buckle, 1821—1862)则是把物理理性注入历史

---

① 《群众的反叛》，第83页。
② 同上。
③ 同上。

之中。奥特迦一反前人之所为,他是要从历史本身之中找出它固有的理性来。历史理性并不是某种超乎历史之外或之上的理性,只有待历史来完成它或者实现它。它乃是对超乎理论之外的实在(reality)的启示。我们此前所谓的理性都不是历史理性,故而此前的历史学都不是理性的或合理的。假如把理性主义界定为智性的某种操作方式,那就不仅把理性狭隘化了,而且把它僵化了。在奥特迦,理性乃是使我们与实在相接触的行为或功能。它给予人的不仅是知识,而且是启示。笛卡儿有过真理和存在(生命)同一的说法①;历史学所要求的正是这一启示。人外化于自身,就成为了历史。人之所以必须面对历史,并不是由于求知欲或好奇心,也不是因为它可以有用或者作鉴,而是因为历史就是他所有的一切。现在是历史学应该重建其自身的理性的时候了。这个历史理性乃是 ratio(或可相当中国的"理")或者 Logos(或可相当中国的"道"),是与逻辑(数理)理性相对而言的一种生机原理。它不仅不是非理性的,而且较之逻辑(数理)理性是更加理性的,更加合理的。逻辑(数理)理性使我们可以把复杂的事实纳入一个更简明的基本事实的贮存库中。至于这些更简明、基本的事实究竟是什么,则莫可究诘。② 反之,历史理性则不接受任何简明的基本事实,它要求把握的乃是事实(包括简明的基本事实)究竟是什么以及从何而来,它们是怎样发生和演变的。其中所包括的逻辑(数理)理性的成分,也是更高一级的逻辑(数理)理性。总之,"迄今为止,我们的理性都不是历史的,而我们的历史也不是理性的",因此"人类就需要一种新的启示录,而这只能是来自历史理性"。③

当前是由个人的和集体的全部过去所组成的,其中既有今人

---

① 《历史是一个体系》,第 226 页。
② 同上书,第 232 页。
③ 同上书,第 223 页。

的过去,也有前人的过去。历史就是人类思想、感情、知识、技术、政治、组织等等的一个大贮存库。过去的存在,并非是因为它曾经对前人发生过,而是因为它就构成为我们当前的一部分。① 我们现在的选择和决定都有赖过去。除非某种事件是目前存在的,否则我们就不能说它是存在的;所以过去如其存在的话,那么它就是某种现存的、并且目前就在对我们起着作用的东西。奥特迦的这一论点,代表历史学由历史主义朝向生命主义的过渡。按,历史主义一词往往被人用得很滥,各有其不同的含义。这里用的历史主义一词系指由新康德学派至梅尼克的历史主义,而非分析学派(如波普尔)的历史主义。以梅尼克为代表的历史主义,大体上是19世纪浪漫主义的产物,它认为我们要真正理解历史,就必须超出单纯的科学因果律,而对前言往事达到一种"同情的掌握","对于材料有一种活生生的乐趣"。② 梅氏此处所用的原文为 Einführung。因忆昔年陈寅恪先生有言:"所谓真了解者,必神游冥想,与立说之古人,处于同一境界,而对于其持论所以不得不如是之苦心孤诣,表一种之同情,始能批评其学说之是非得失,而无隔阂肤廓之论。"③ 其见解与德国历史主义如出一辙。陈先生为当代神州史学泰斗,且曾居留德国多年,而先生与德国历史主义思想之关系似从未有人研究过。此处顺便拈出,一得之愚以供当世治中西史学史者参考。

奥特迦强调人与境遇的统一以及人的创造作用,其中饱含着强烈的人文主义色调,这显然是继承了从维科到狄尔泰那个悠久的传统。近代的理性,其重点大多放在抽象的纯粹理性上,而奥特迦所发扬的那个传统则是把重点转移到生命理性上,而且宣称这

---

① 《历史是一个体系》,第212页。
② 梅尼克:《历史主义的兴起》,London:Routledge & K. Paul,1972年,第248页。
③ 陈寅恪:《金明馆丛稿二编》,上海:上海古籍出版社,1982年,第247页。

正是我们时代的特征。他说:"构成我们生命大厦最基层的是信仰。"①这些信仰不必有逻辑的联系,却有一种生机的联系,从而构成为一个体系或整体。只有去探讨其中的隐蔽的秩序,才使我们有可能理解人生和历史。而探讨它的唯一方法则是比较,即比较此时此刻与其他时刻的异同。这就意味着必须把过去的历史联系到当前,才能使过去的历史成为可以理解的。毫无疑义,在这一点上他是深受克罗齐的影响。历史——对于克罗齐,也像对黑格尔一样——乃是一桩精神的事业,精神自身的活动就是历史。单纯记录事实,并不就是历史,也不是科学。历史和历史学都需要人的理性(Reason)或精神注入其中。在克罗齐看来,回答发生了什么,只不过是编年;回答何以发生,才是历史学。历史学家的任务是把历史事实转化为历史学。而凡是不能与当前的现实相联系起来的,就不能被我们理解,也就不是真正的历史和历史学。所以一切历史都是当代史。这种思维方式(哪怕是其中合理的内核——假如有的话)乃是大多数的专业历史学家都无法接受的,尽管也有少数人(如比尔德[C. Beard, 1874—1948]和贝克尔[C. Becker, 1873—1945])与之有相通之处。由此降及柯林武德的"历史就是思想史"和奥特迦的"人没有本性而只有历史",前后一脉相承。我们试把这一论据简单加以说明如下。

历史事实浩如烟海,而人的理解却只有一种;因而历史学就需要把无限的繁复性(多,Mannigfaltigkeit)纳入于一种统一性(一,Einheit)之中;这就非靠历史理性不为功。历史学作为对人的系统科学,乃是关系到目前的一种科学;假如不是从这个原点出发,那么我们又从哪里出发去寻找作为它的主题的那个过去呢?② 流俗

---

① 《历史是一个体系》,第174页。
② 同上书,第223页。

的历史学把过去简单地看作是已经死去的东西,这是完全错误的。过去仍然活着,它就活在我们今天,就存在于我们自己身上,它就是我们今天的一个组成部分。我们要了解今天,就需引征昨天,而昨天又需引征前天,如此上溯以至全部过去的历史。因此,"历史乃是一个体系,是全部人类经验之联成为一个单一的、无可抗拒的链锁体系"。① 例如,我们不了解中世纪的基督徒,我们就不能了解什么是近代的理性主义者;而我们不了解古代的斯多噶派,就不能了解什么是中世纪的基督徒。对这一历史体系的了解,其本身就在起着历史作用。所以我们的每一个历史学概念和术语,也就都成为全部历史中的一种功能。我们今天不同于(比如说)100年前,但今天却包含有100年前的历史在内。今天的西方知识分子已经不信仰科学万能了,但这正因为他们100年前曾全心全意相信过科学万能,相信过科学能够解决一切问题。而100年前之所以如此信仰,又可以再追溯到200年前信仰理性的那种集体心态;在公元1700年以前抱有这种信仰的人,为数还微乎其微。所以西方目前对理性的怀疑,正是由于它包含了此前的历史在内的缘故;今天这种怀疑正是由过去那种信仰孕育出来的。历史是一个体系,是一个不断的连锁。我们是从过去走过来的,没有过去就没有今天,虽则今天已不是过去。进步就意味着突破和超出旧传统;但是历史的创新虽然高出于旧传统,却又为此目的而必须保留旧传统并利用它,只有这样才能上升到更高的境界。进步要靠有积累,积累是人类历史的特点。今天的一头老虎和100年前的老虎并无不同;可是今天的人和100年前的人却大不相同了:他们的凭借不同,他们起步的出发点不同;今天的境况就包括古人的历史在内,这就成其为今昔最大的不同。公元1700年前的人被给定的境况

---

① 《历史是一个体系》,第221页。

之所以和今天的不同,正在于今人又多了自从那时以来的三个世纪的历史。一头老虎的一切都要从零开始,而一个人(作为历史的主人)则不必、也必然不会一切都要像亚当一样地从头开始。

今天的历史学家,其地位与条件已不同于过去,他们是从今天的思想高度来看过去的;他们所理解的历史实际上乃是他们今天为自己所创造的故事。所以不但历史学本身是日新又新的,过去的历史也是日新又新的。我们理解过去,不能超出今天的条件。近代科学是那样突飞猛进,但我们今天却(或者永远都)不能说已经掌握了自然的奥秘。历史学就更加如此。历史当然也是大自然的一部分,但它是其中一个特殊的部分。一般认为,自然研究以客体为经验对象,历史研究以主体为经验对象。不过,主客总是互为条件的,两者不是互相独立、各不相干的。两者既对立,而又统一。自然观也不能脱离主体,否则它就不是历史的,而是反历史(ahistorical)的了。朴素的唯物主义者把对象看作是给定的、永恒不变的;但这种看法无论在自然科学上、还是在历史学上,都是站不住的。流俗自然科学家的偏见,总是想要寻求那变中之不变,即物性。而流俗历史学家的偏见,则是要在流变不居的人世现象中,找出某种不变的本性(或者规律)。但是人并没有本性(他只有历史)。人是在变化着的,历史是在变化着的;所以并没有铁案如山、永恒不变的历史学定论。换言之,我们不能说历史证明了某个论点或命题,历史什么也不能证明。归根到底,历史是人的创造,历史学亦然。

通常的看法是:历史在变,而历史规律则不变。历史这场戏就好像是按照一个预先写好的剧本,一幕接一幕地演出,而这个剧本则是演员(即创造历史的人)所不能改动的。然则,这个剧本又是出自谁的手笔呢?假如它不是出自创造历史的人之手的话。难道他是出自非人之手吗?这个非人是没有生命的物质吗?或者,是全能的上帝吗？或者,是什么别的不可见的东西之手？有人设想过一种妥协的答案,即演员不能够改变剧本,但在一定程度上可以加快或减慢演出的节奏。这种说法涉及一个颇难解答的价值观问题。人生是不可逆转的,历史也是不可逆转的;这倒并非全都由于给定的时间已不可能重现,而更其是因为人不可能再回到自己的过去。① 但是人向前进,是不是走得越快就越有价值呢？一场戏的演出,是不是演得越快就越好呢？看来,这种看法也只是一种毫无根据的武断。

　　许多历史学家心目中往往充斥着各种毫无根据的武断。18、19世纪流行的历史进步观就是其中之一。历史是否进步、应该如何进步,是要后天由历史理性来决定的,不是先天地由逻辑理性来决定的。它不能由逻辑推论来论证,只能由历史理性去创造。奥特迦甚至于评论说,进步观"只是麻醉人民的鸦片烟"。② 所有类似的武断(或者说迷信),都可以作如是观。奥特迦所关怀的是人,是人的现实和现实的人,而不是纯粹的历史;因为没有纯粹的历史客体,历史总是和人不可分地合为一体的！"人化了(humanize)世界的并把自己理想的实质注入了世界和孕育了世界的,乃是人。"③ 人是历史文化的负荷者,个人的经历虽则充满了偶然,但在总体上毕竟是限定在社会的网络之内的。关于这个更大的网络(全部人类的历史),奥特迦总结出两个基本点:一是必须要有各种不同的、独立自主的文化,二是它们必须互相补充、互相促进。④ 而人类文明要达到这一步,则须经历三个契机(或可说,三种境界):第一个契机是人感到自己的失落(alteración),第二个是人努力追求自己的

---

① 《历史是一个体系》,第209页。
② 同上书,第182页。
③ 奥特迦:《艺术的非人化》,普林斯顿:普林斯顿大学出版社,1972年,第84页。
④ 参看《现象学与艺术》,第26页。

思想来控制自己(vita contemplativa),第三个是人重新投身于世界,按所设想的计划而行动(praxis)。① 人作为思维的自我,以其全部的内在性(Immanenz)都是空虚的;纯粹理性必须通过置身于生机理性之中才能获得生命。② 所以既没有纯粹的历史本身,也没有纯粹的历史学本身。历史和历史学都是人生的实践,是和人(包括历史学家)的创造浑然一体的。

八 "群众的反叛"

世界上最根本的实在就是:我与环境共存,我就在环境之中;两者相互依存、相互作用。二者之间的这一创造性的关系,奥特迦界定为:我就是我和我的境遇。主体与客体都生存于其中的那个世界,乃是一个不可分的统一体。作为主体的人没有本性,所以人的一切、人的社会和文化也都没有不变的本性。本性不变这一概念,适用于其他物种和事物,却不适用于人。人这个物种具有为其他物种所没有的不稳定性和可变性。人的一切性质都是历史的产物;历史既不断在变,此时此地的人性就不同于彼时彼地的人性。这种看法与当代存在主义(如雅斯贝尔斯和萨特)渊源之密切,是显而易见的。分析派所做的,只是澄清思想,而生命派所要求的则是体验人生。这一以心思维而非以脑思维的传统,奥特迦本人是极其自觉的;他声称:"如果读者把手指放在我所写的每一页上,他都会感到我的心在跳动。"③因此,他不无道理地被人评为"对某些康德的观念进行存在主义的发挥"。④ 不过看来,以心思维从另一

---

① 参看《艺术的非人化》,第 187 页。
② 参看奥特迦:《我们时代的任务》,Stuttgart:Deutsche,第 117 页。
③ 《现象学与艺术》,第 20 页。
④ 同上书,第 11 页。

方面也犯了以脑思维的同样错误。他们同样把人的思想的作用绝对化了,把历史的动力首先看作是思想。早在布克哈特和狄尔泰即有此倾向,而奥特迦则表现得格外突出。奥特迦十分清楚,通常为人们所理解的那种意义上的所谓历史与逻辑的统一乃是不可能的事。历史毕竟只是经验的事实,不可能有理由与逻辑的先天推导符合一致。但在一个更高层次上,即在历史理性的层次上,它就不但是可能的,而且是必然的了。这一点,奥特迦非常之有似于克罗齐,即把历史和哲学二者等同为一。历史就是生命自我表现的逻辑,也就是哲学。

历史有意义吗？如果有,那意义是什么？答案是："意义"本身是没有意义的,也就是说,它并不叙述任何可能的历史事实。意义本身并不是历史事实,也不可能对历史事实做任何(真的或假的)陈述。但如果我们认为人生有其自身内在的价值,而不仅是实现某种外在目的的工具;那么我们可以说,历史的意义就是人生内在价值的实现。就此而论,历史就是自由的事业,这就是历史的意义所在。我们对历史所感兴趣的,总是和我们目前最为有关的东西。对历史的兴趣,更多地乃是对现在和未来的兴趣。历史已经被融入于现在,我们的经验就包括过去的历史在内。因此,历史体系观或史学体系论就从根本上反对那种为历史而历史的学院派史学观。把历史学和哲学打成一片,也就是把历史学和人生打成一片。

笛卡儿以来的思维模式,大抵上都是非历史的,虽则在三个多世纪之中对世界、历史和人生也曾有过种种伟大的总结。他们的功绩不可全盘抹杀,然而这种占主流的非历史的真理观却有着如下两个难点:(一)假如它要具有立法权威,它就必须不能把任何事件委之于偶然;(二)假如它不是随意的,它就必须由推导所得出,而不能从经验中得出(但历史和历史知识却绝对是经验的),这一两难局面如何统一,就成为有待解决的根本问题:一方面自然界是一致的,到处皆然的;另一方面历史则是完全个性化的、各不相同的。据说,真理予人自由。但予人自由的,可以是我们掌握真理的形式(科学推论),也可以是我们掌握真理的内容(历史认识与历史感)。对此,唯一的解决办法就是:通过历史理性使非历史的真理转化为历史的真理。

历史认识要靠直觉、体会,所以有其艺术性的一面。自然科学只需要纯粹理性,而历史学则需要柯勒律治所谓不同于幻想的那种想象力。① 刘知几要求史家三长,即才、学、识。章学诚在此之上再标史德。而奥特迦则仿佛是在此之上再标历史感,即历史的警觉性。自然科学家不需要这种历史感,他只需冷静客观地进行工作;而历史学家则需充满着历史感,他仿佛是满怀偏见(历史感有似于偏见)地在工作。逻辑理性与历史理性二者之不同就蕴含着,对自然界的成功并不等于对人类生存的全面胜利。近代自然科学的成功及其所带来的人类驾驭自然界的能力,是灼然无疑的;但它只是人生中的一个量纲。部分的胜利并不排除全面失败的可能性。迷信科学就会导向"科学的空想主义"。困扰了奥特迦的是:随着科学的进步,人们越来越关心的都是物质享受,而不再是文明本身。工业化所造成的这种"群众社会"可以说是人道的堕落,因为人道(人的文化)的真正前提必须是把自己置身于自己之中,而不是单纯地追逐外在的物质享乐。

并不是有了人,就有社会;而是有了人际(inter-individual),才有社会。② 但问题是:现代群众是在国家这部机器里运转着的,而国家又毁灭了人的独立、价值和尊严。一部现代史及其主人(群众)在他的心目之前,于是就呈现为一幅阴暗的画面。奥特迦惋惜

---

① 参看柯勒律治(S. T. Coleridge):《文学回忆录》,伦敦,人人丛书,1921年,第154—156页。
② 参看奥特迦:《人与人民》,London:Norton,1952年,第179页。

国家已成为人类文明"最大的危险"。① 他不信任现代群众,把群众看作有似于庸众或群氓。他本人生活于一个正值西方文化与科学技术双方"度蜜月"②的时期。而他所目睹的这一可怕的群众化趋势,却由于近代人口增长的压力而增强了。他引桑巴特(W. Sombart,1863—1941)的研究,自1500年至1800年,欧洲人口从未超过1.8亿,而从1800年至1914年猛增至4.6亿。③ 把群众释放到历史里来的,都是受近代科学之赐;而恰好也是它,是最能汩没人的性灵的。他往往带着一种贵族的偏见,以惊畏的心情看待群众或群体人(mass man)。近代人都是群体人,他们受到群众思想意识的专政。近代一切形式的暴政,都是采取群众专政形式,而到头来却是群众自己被专了政。今天的世界在某些方面是文明的,但它的大部分居民仍然是野蛮的。于是奥特迦就把希望寄托在少数觉醒了的文化精英或文化巨人的身上。按,恩格斯在论文艺复兴时也曾说过,那是"一个需要巨人而且产生了巨人"的时代,这些文化巨人都不是"小心翼翼的庸人"④。可见恩格斯也认为既有巨人,也有在巨人之外并与巨人相对而言的庸人。问题在于应该如何看待双方的关系。

奥特迦的以上看法,或许和他那重视个人而轻视集体的根深蒂固的倾向有关。他总是把集体看成是某种没有灵魂的生命,但是他并不全盘否定社会性。人总有其非社会性的一面,那是要靠社会性来制约的。(这使人想到康德的"非社会的社会性"⑤的论点。)社会虽是由少数人创制,却须得到多数人的同意。然而他又

---

① 《群众的反叛》,第101页。
② S. Belmo 语,参看同上。
③ S. Belmo 语,《群众的反叛》,第39页。
④ 《马克思恩格斯选集》,北京:人民出版社,1972年,第3卷,第445—446页。
⑤ 康德:《世界公民观点之下的普遍历史观念》,普鲁士科学院编:《康德全集》,1935年,第8卷,第23页。

始终免不了怀着一种浓厚的悲观心态在观察当代的政治体制,这或许是出于一个自由主义者对任何绝对权威在本能上的不信任。他的思想的出发点是原子式的个人;所以他的这种反应是可以理解的,即使是从未受过原子式个人主义洗礼的中国读者并不同意他的态度。同时,他的态度也并不是没有矛盾的:一方面他认为群众只是盲从权威的庸众;另一方面他又深深警惕到,一旦多数人起来反叛,就会势不可挡而导致整个社会政治的解体。他的群众形象,实际上是旧时代的、被扭曲了的人群的形象。他没有感受到群众在革命中所迸发出来的高贵品质;倒很可以说,他本人在这方面是缺乏历史感的,缺乏了理解历史上最根本的要素之一的能力。他所看到的现实,更多的是生活中暗淡的那一面,他没有很好地看到人(群众)同样有能力恢复自己的尊严。当代历史有许多令人沮丧的事例,但同时也有许多是令人鼓舞的。他本人已来不及很好地观察第二次世界大战后一系列世界历史性的重大变化。固然有不少人可以怀疑人类是不是在进步,是不是在走向幸福;但我们同样可以找出大量与这种怀疑相反的例证。可以说,奥特迦"群众的反叛"这一根本论点,始终并没有博得人们普遍的同意。

九 结束语

奥特迦的理论,在技术上也并非无懈可击。首先,数理理性几个世纪以来已经铸就出一套行之极其有效的操作和符号,作为它自己几乎是无往而不利的工具。它已经取代了只适宜于表达日常生活的日常语言。倘若历史理性想要和数理理性分庭抗礼(且不用说取而代之),它就需要建立自己的一套符号作为工具,而不能再局促于日常生活用语的低级作业状态。这一点即使能成功,也会是很遥远的事。而且即使历史学有朝一日研制出了一套新符号、新操作,从而使自己超越日常生活用语的模糊性而达到、容纳或超越数理科学的精确性,我们也很难能看出它怎么能够解决如下两重严重的局限:(一)它怎么能很好地解决人生、历史的意义之类的永恒问题;(二)它怎么能同时取消它自己立论的基础,即历史是人的创造,是自由的事业,因而就终究是不可预言的。作为历史学家的布罗代尔曾要求历史研究应该是长时段的(longue durée)①,而奥特迦所要求的却简直是永恒的。历史学越是精确和定量化,它就会距离它原来所由以出发的前提假设越远。历史理性的重建,看来还是困难重重。现在所能声称的只是:历史既是生命的体现,它就只能是由历史理性去研究并解答。这或许就是当代生命派思潮对历史学的贡献所在。

其次,他的理论的缺点在于许多基本概念过于含混,整个推论架构也就不可能严谨。例如,"实在"一词,他就用得很滥。是不是因为作为一曲概念诗(Begriffsdichtung),许多思想和概念其本身就不可能是明确加以界定的呢?在大多数场合,他的意思是说,实在并非就是自然世界,自然世界只不过是人手边可供利用的工具,它那实在性仅仅在于它那有用性(utility)。人和自然世界的统一体才是实在,而且是唯一的实在。思维的我及存在的我与外在的世界乃是同一个东西。但他并没说明二者究竟是如何对立的,因为这个统一仍需以二者的对立为其前提,否则即无所谓统一。或许,在气质上他是一个诗人(而乌纳穆诺就更加是个诗人),所以也像尼采和乌纳穆诺一样,喜欢用诗意的热情代替绵密的论证;但这就往往使读者难于索解其真意所在。文采的丰赡加强了论点的感染力,但也削弱了论证的说服力。西班牙精神在传统上本来就是民族狂想和宗教狂想的混血儿。所以西班牙思

---

① 参见布罗代尔:《论历史》,英译本,芝加哥:芝加哥大学出版社,1980年,第208—209页。

想家信仰某种"生命的活力"或"生之巨流"之类的东西,乃是十分自然的事。这类东西总带有一种不可言喻的成分,可以意会而不可言传,我们只能从语言文字的背后去体会它们那弦外之音和言外之意。这真是最难以捉摸的事了。人生是个永恒之谜,历史是个永恒之谜,我们却又注定了不能不全心全意投入其中去创造自己的生命,去创造历史。这就正是西班牙思想家们所强调的"人生的悲剧意义"了。人生犹如走钢丝,永远要在天性与社会、自由与必然、个人与集体之间保持一种微妙的平衡。当然,它也随时总不免偏到这一边或那一边,偏向理性主义或生命哲学,偏向分析派或思辨派。而人类文化似乎就是在永恒的二律背反之中前进的。

奥特迦的主要著作写于分析的历史哲学行世之前,他仿佛事先预感到了并反驳了分析派的观点。分析派力图以纯粹的逻辑理性来操作或拨弄历史,这个路数他认为终究是走不通的。历史是活生生的现实,所以只能诉之于活生生的历史理性。这是一场史诗式的搏斗,而绝非一番纯概念的分析。否则,我们就无法了解历史;正犹如缺少了美感,我们就无由理解一件艺术品。而这一理论中的那种动人的魅力,大概是分析派也不能否认的。所以分析派就需要更高一层地了解生命派的历史理论,正不亚于生命派之需要更深一层地了解分析派的历史理论。双方都有自己的缺点和局限,也都对历史学理论做出了各自的贡献。或许可以认为二者是同等有理由的,那就只取决于你在什么场合去运用哪一种以及如何运用。正如欧氏几何和非欧几何在数学上是等值的,至于它们立论的不同前提,则不在数学操作或运算的范围之内。不过通俗意义上的所谓历史与逻辑的统一,则是奥特迦所断然不能同意的;因为它忽视了二者是两种根本不同的理性。历史学研究的是历史。假如它研究的不是历史,而仅仅是历史学家的认识、思考和描叙历史的方式，那它就不是有关历史的哲学而是有关历史学的哲学了，也就是与历史无关的"描述的形而上学"①了。这正是历史理性所不能接受的。一个中国读者可以有充分理由不同意他的理论，但其中所涉及的当代西方思想文化的某些深层问题，则值得我们进一步思考和批判。

尺有所短，寸有所长。分析派的工作往往被人目为是言不及义。40、50年代苏联学术界批评它是唯心主义的概念游戏。及至60年代，由于电子计算机的落后严重阻碍了苏联尖端科技的发展，苏联学者才又回过头来重新研究分析学派的逻辑成果。生命派的工作往往被人目为只是浪漫文学。不过它之得以风靡一世历久不衰者，也必然有其诉之于人心深处的东西，应该值得我们探讨。困难不仅仅在于区分两派遗产的精华与糟粕的那条界限应该划在哪里。更为困难而又更为重要的是：精华与糟粕可以互相转化，神奇可以化为腐朽，腐朽又复化为神奇；精华与糟粕倒不在于其本身，而端赖我们怎样加以运用。善于运用，就成其为精华；不善于运用，就成其为糟粕。运用之妙，存乎运用者之一心。如何做好这个转化工作，才是问题的所在。或许分析派的冷漠无情和生命派的激情昂扬，并不像表面上看来那么水火不容，而是章学诚所谓的两派异端各得大道之一端②，二者都可以利用来丰富我们当今的史学理论，只要我们善于运用。

写于1992年12月

（原载《史学理论研究》1993年第2、3期）

---

① 丹图：《分析的历史哲学》，剑桥：剑桥大学出版社，1968年，第Ⅶ页。
② 按，章学诚又有云："其持之有故而言之成理者，必有得于道体之一端，而后乃能恣肆其说，以成一家之言也。"（《文史通义》卷一，内篇一《诗教上》）可资参照。

论克罗齐的史学思想

一 生平、活动、思想渊源

现代西方的新黑格尔主义一般公认以克罗齐和柯林武德最为大师;两人同为哲学家而兼历史学家,因此具有哲学家所罕见的历史学训练和历史学家所罕见的哲学深度,两人的史学理论在当代曾各擅风骚。克罗齐年长于柯林武德23岁,但较他晚死9年。柯林武德在第二次世界大战期间逝世(1943),享年仅54岁;而克罗齐则亲眼及见二战以后的世界,并曾参与战后的政治活动,1952年以86岁高龄辞世。

在西方当代思想家之中,克罗齐的名字较早地就已为中国的读者所知。他之所以在中国知名,是因为30年代他的《美学原理》一书已有傅东华先生的译本,而尤其是因为有中国现代美学权威朱光潜先生为之大力介绍。朱先生不但写过有关的专文,并且在他的几部美学著作中着重阐述了他所谓的从康德到克罗齐一线相承的美学(这个提法是否妥当也值得考虑)。美中不足的是,我以为朱先生过分看重了自觉的因素。例如,他谈到黑格尔的理论时说黑格尔把宇宙浑身上下都看成是七窍玲珑的理性,我们谁在感受美的时候,意识到了宇宙的理性呢?这样就把黑格尔的理性轻轻一笔勾销了。朱先生好像完全没有觉察到:有无此理性是一回事,至于我们意识到它与否又是另一回事。他在谈到克罗齐的思想时也不免有此倾向。这当然是题外的话。

克罗齐1866年2月25日出生于意大利中部阿布罗济(Abruzzi)的佩卡索罗里(Pescasseroli)一个富裕的地主家庭,1883—1886年就读于罗马大学,此后一生大部分时间都在意大利南部的那不勒斯度过。他基本上是一个意大利土生土长的思想家。从1903至1943年,他最初是和金蒂莱(G. Gentile, 1875—1944)一起主编意大利颇有影响的《批评》(*La Critica*)杂志,长达四十年之久。第一次世界大战前,他任意大利王国终身参议员,战后于1920—1921年曾任教育部长。20年代初墨索里尼的法西斯当权后,大力宣扬狭隘的爱国主义,这一点投合了克罗齐;但是他的自由主义立场毕竟与法西斯主义格格不入。1925年金蒂莱投靠法西斯政权,发表了《法西斯知识分子宣言》,克罗齐对此提出公开抗议并与墨索里尼的法西斯政权决裂,退出了政界。此后他终生坚持着反法西斯的立场,始终留在意大利国内,没有出国,过着半隐居的学术生活,在理论上不断地反对法西斯主义;这的确是需要有很大的道义上的勇气的。西方学者有不少人都认为法西斯主义应该从德意两个民族的历史文化中去寻找它的根源。但是他(也像同时代的德国历史学家梅尼克[①]一样)不承认自己民族的历史文化中有任何这类的因素。他以反法西斯的自由主义立场写出了他的名著《那不勒斯史》,继之而来的《十九世纪欧洲史》更是一纸自由主义的宣言书。[②] 1943年,意大利法西斯政权垮台,他出任意大利自由党主席

---

① 按"历史主义"一词有各种不同的含义,克罗齐和梅尼克两人均被人称为"历史主义",但两人的理论观点迥不相侔。可参见 Robert A. Pois, "Two Poles within Historicism: Croce and Meinecke",载 *Journal of the History of Ideas* v. 31, no. 2 (summer, 1970)。

② 关于克罗齐的政治态度与活动,可参见 Denis M. Smith, "Benedetto Croce: History and Politics",载 W. Laqueur, G. Mosse eds., *Historians in Politics*, London: SAGE Pub., 1974, pp. 147-67。

（至 1947 年）。战后 1946—1947 年他任制宪会议成员,1947 年在那不勒斯创建意大利历史研究所,1948 年任共和国参议员。在当代的意大利和西欧,他都是一个有重大影响的思想家,他主要地是从唯心主义立场上反对此前西方风靡一时的实证主义思潮,同时他还是西方知识界反法西斯的领袖人物之一。他一生先后获得过美国哥伦比亚大学、英国牛津大学、德国马堡大学和弗莱堡大学的多种荣誉称号,1952 年 11 月 20 日病逝于那不勒斯。

克罗齐一生著作宏富,共达七十余部之多,其中主要的有:《历史唯物主义与马克思经济学》(Bari,Laterza,1900)、《作为表现科学的美学与普遍语言学》(Bari,Laterza,1902)、《作为纯概念科学的逻辑学》(Bari,Laterza,1909)、《实践、经济与伦理的哲学》(Bari,Laterza,1909)、《维科的哲学》(Bari,Laterza,1911)、《黑格尔哲学中的死的和活的》(Bari,Laterza,1913)、《历史学的理论和历史》(Bari,Laterza,1917)、《伦理和政治》(Bari,Laterza,1922)、《作为自由的故事的历史》(Bari,Laterza,1938)、《哲学与历史学》(Bari,Laterza,1949)、《论文集》(Milano,Ricciardi,1951)等。另外,他还写了有关欧洲史、意大利史、文学理论与批评各方面的著作多种。他的主要著作大部分均已有英译本,尤以安斯利(Douglas Ainslie)的译本为多,安斯利还曾写有一部《克罗齐的哲学》。他论美学、历史学和黑格尔哲学的三部著作均已有中译本(由英译本转译)。他还写过一部英文的《自传》(Oxford,1927)。他原曾设想写一套有关政治行为的纯经济(实践)理论,但后来放弃了原计划。克罗齐死后,S. Borsari 编纂有《克罗齐全集》(Naples,1964)。A. R. Caponigri 编过一部他的英文选集《历史与自由》(London,1955)。研究他的思想的著作有 R. Picaoli、C. Sprigge、De Gemero、G. Orsini 和 F. Nicolini 各家的专著。有关他的著作详目,可参见 G. Orsini《克罗齐:艺术与文学批评的哲学家》(Carbondale,1961)一书中附录(2)《克罗齐著作目录》。

克罗齐的思想来源颇为驳杂。他受了意大利18世纪的维科和19世纪的桑克提斯(de Sanctis,1817—1883)两位理论家的影响,认为美感(直觉)也是一种认识,是认识的原始形态,即不是概念的知识形态而是对个体事物或内心感受的知觉。他使用的直觉一词则来源于康德。历史学是对事物的种种直觉加以整理,所以历史学也是艺术的另一种形式(或 sub-form)。克罗齐一生对文学极感兴趣,他的研究也每每侧重于文学方面,故而他总是强调美学之作为普遍科学的那一方面。他的著名的公式"直觉即表现"①,即包括一切非概念的表达形式在内。

以往的历史哲学家,大多是由哲学走向历史,而克罗齐则是由历史走入哲学。他年轻时即以研究那不勒斯史而闻名,并由历史研究而开始思考历史学这门学科的本性问题。他得出的答案是:历史学是对于个体的知识。科学是普遍的知识,故而对个体的知识就不是通常意义的科学了。维科把人类历史看作是由想象(fantasia)朝着合理性、由暴力朝着道德的过渡;克罗齐对此加以改造,认为直觉(想象)、逻辑、功利、道德并非是各个不同历史阶段的不同表现,而只是同一个精神的永恒表现,这一表现就成其为历史。

19世纪实证主义思潮风靡西欧,也席卷了意大利。但当时执意大利文坛理论牛耳的桑克提斯则是个黑格尔派,他引导克罗齐与实证主义决裂并决定性地走上了历史唯心主义的道路。克罗齐又从学于意大利马克思主义理论家拉布里奥拉(Antonio Labriola,1843—1904),从他那里学到赫尔巴特和马克思。学了马克思以后,克罗齐还曾一度自命是马克思主义的社会主义者;不久,克罗齐就放弃了马克思主义,在以上诸人(后来特别是在黑格尔)的思

---

① 克罗齐:《美学》,英译本,London:Macmillan,1909年,第19页。

想影响之下，他逐步酝酿出自己的精神哲学体系。对他的体系，意大利另一位马克思主义理论家葛兰西（Antonio Gramsci, 1891—1937）曾从马克思主义的立场上进行过批判。我们国内过去长期以来的习惯是批判假马克思主义，即批判那些自己号称是马克思主义而被认为并非是马克思主义的人。但是我们却不习惯于另一项任务，即如何批判那些不以马克思主义自命，却在不同程度上受到了马克思的影响的人（无论是正面地或反面地，直接地或间接地）。就历史学的思想理论而言，这里的克罗齐就是一个例子，法国的年鉴派史学也是一个例子。

克罗齐在当代西方以新黑格尔学派知名。不过，所谓新黑格尔学派，也像新康德学派或其他的什么学派一样，并没有一个严格的组织形式；凡是在思想上与黑格尔有较多渊源的，便被列入新黑格尔派，所以这类名称带有很大的随意性和灵活度，而与政治党派团体之具有严格的组织形式、纪律和信条，不可等量齐观。克罗齐的思想一方面虽然脱胎于黑格尔，但同时另一方面又与黑格尔有着重大的歧异。

历史就是自由的故事这一基本观念，克罗齐得自黑格尔。在黑格尔，历史就是精神的自我展开，也就是哲学，因此哲学和历史是同一回事。哲学和历史同一，也就意味着哲学与哲学史同一。黑格尔把国家看作是精神在历史中展现的载体和伦理的生命。克罗齐的看法原与黑格尔的不同，克罗齐把政治首先不是看作伦理观念的体现，而是在引导着人类的私利使之得以秩序化的一种经济技术。法西斯主义的崛起使他改变了看法。他逐渐认为精神的真正载体只能是个人，而不是国家或集体。普遍的伦理只能是在历史之中实现，政治则只是在历史学家的意识之中才能被提升到道德的高度。哲学和历史学就是这样合为一体的。在黑格尔，精神本身就是历史；在克罗齐，历史乃是精神的行动。两人的观点有同有异,或者更准确地说,是同中有异,异中有同。因此,克罗齐自称他的历史理论是绝对的历史主义,以有别于其他各式各样的历史主义。

克罗齐不同于黑格尔的另一个重要之点是:他扬弃了黑格尔那种对历史的先验论证,尤其是他不同意黑格尔所强调的理性的狡猾(die List der Vernunft),即认为人只是理性或世界精神的驯服工具;他强调的是历史全然只是人的理性精神的自觉。[①] 换句话说,在克罗齐看来,黑格尔是以哲学牺牲了历史,也就是黑格尔并没有真正做到使哲学与历史同一,而是陷入了克罗齐所极力反对的二元论。至于黑格尔以后的实证主义潮流,实际上乃是近代科学的产物,它以科学为通向真理的唯一途径,甚至于以科学为一切理论与实践的最高审判官和最后归宿。克罗齐则认为哲学的取向应该既不是实证的,也不是形而上学的或神学的,而应该是历史的——这就是他所称之为的新史学。

西方哲学传统上把精神活动分为三个领域,分别是真、美、善。克罗齐则分为理论与实践,理论包括直觉和逻辑,实践则包括效益和伦理,由这四者合成为精神的整体。比起传统的真、美、善三分法来,这里多了一个"益"(即效益或有用,utility)。这是由于克罗齐在研究了英国古典经济学和马克思的著作以后,发现对经济效益的计算不仅是理性的过程,而且经济行为就包括历史判断在内。但是所谓"益"或有用,只是对于某种目的而言,所以最根本的东西仍然是生命或精神。晚年的克罗齐有逐渐返于宗教信仰的倾向。

克罗齐的思想在20世纪上半叶的西方影响甚大而且是多方面的。如柯林武德就是直接受他影响的例子之一。第二次世界大

---

① 参见克罗齐:《黑格尔哲学中的死的和活的》,英译本,London:Macmillan,1915年,第62—89页。

战后,他的影响似已渐入尾声,那原因大概至少部分地是由于历史学乃是一门经验的科学,是要随着我们经验的变化而变化的:包括史料的变化、方法的变化、观念的变化以及过去历史对今天的影响和作用的变化,如此等等。假如历史学真的有了(或者发现了)一种可以以不变应万变的理论,那就——和历史上许多伟大理论体系的构造者们的工作一样——只能是一种先验的体系。然而这和历史学的本性又恰好是相违反的。因此,我们大概就只能把任何一种历史思想或理论都看成是那个时代某些思潮的产物;它本身就是历史的一部分,并且是史学研究的重要对象。

二 历史与哲学、历史思维与哲学思维的同一

为了说明克罗齐的独特思路,我们不妨假设如下这样一场很简单的辩论。一个唯物论者说:这张桌子是客观存在的一样,你知觉到它,它是存在的,你不知觉到它,它也是存在的。难道你闭上眼睛,看不见它,它就不存在了吗?可见它的存在,并不有赖于你的知觉。一个唯心论者则回答说:存在就是被知觉;这个桌子存在是由于我知觉到了它的缘故。假如我不知觉它——例如,我看不见它——但总还有别人看见它或者可以以其他方式知觉到它,如果是没有任何人能以任何方式知觉到它,那么我们根据什么说它存在呢?假如你说,世界上有一个 X 存在,但是没有任何人能以任何方式知觉到它,那么所谓 X 存在岂不是一句空话了吗?

这种推论方式不仅可以应用于日常生活中的桌子,也同样可以应用于形而上学的根本命题,如上帝存在。一个无神论者说:根本就不存在上帝,有谁看见过上帝?一个有神论者则可以振振有词地回答说:上帝是无所不在的,难道你没有看见他,他就不存在了吗?不管你看见没有,他还是客观存在的。这里的推论方式,一

如上面双方辩论桌子存在的方式——只不过这次是有神论者采取了唯物论者的思路,而无神论者则采取了唯心论的思路。

克罗齐的精神哲学——精神即存在——似乎距离日常生活经验太远,显得不大好懂。以上的例子或许可以有助于说明,克罗齐的"精神"并不像它乍看上去那么神秘难解。"精神"是客观存在,就像桌子或上帝都是客观存在一样。是客观存在,就必定有它的历史;或者说,历史就是客观存在(精神)的历史。恩格斯认为哲学的根本问题是思维和存在的关系问题①,因此思维当然就不是存在。如果思维就是存在,就不发生思维对存在的关系问题了。但是也有人(而且是号称宣传马克思主义的唯物论者)则断言:你不要以为你那(当然是"反动的")思想别人看不见,摸不着,它就不存在了。你的思想是客观存在,既然是客观存在,就会有表现,别人就不会不知道。请注意这个提法:思想也是客观存在。它颇有似于对克罗齐唯心史观一种简单化了的表达方式:即(一)思想(精神)是客观存在的,(二)它必然要表现它自己(历史),因此,(三)它就以这种方式而为我们所认知。假如说,我们对克罗齐的理论感到陌生,我们大概都不会对上述这种为我们耳熟能详的说法感到有什么陌生或不好理解。

简单地说,在克罗齐,精神乃是唯一的实在;一切存在都仅仅是精神及其表现,此外再无所谓任何客观存在。故此,哲学就只能是精神哲学,此外别无所谓哲学。精神就其为理论或概念的活动而言就是逻辑,就其为实践或具体的过程而言就是历史。美感、逻辑、经济、伦理四者构成为整个精神的四位一体,这就是克罗齐的理论体系。它可以归结为一个简单的公式:直觉(美感)——逻辑(认识)——实践(功利)——伦理(道德)。这个整体的活动就是

---

① 参看《马克思恩格斯选集》,第4卷,第219页。

历史,也就是哲学。由此而得的结论便是:历史即哲学,哲学即历史。

史料是历史学家步入历史学殿堂的凭藉,但是史料只是素材或记录,它们本身不能独立自存;只有当它们融入历史学家的精神时,才成为历史学。精神认识并不是一面镜子,仅只是在消极地反映外界事物而已。只有当事物构成为精神整体之不可分割的组成部分时,它才成为历史。否则,它就不是历史;正有如前面所说的,未被知觉的事物就无所谓存在那样。一个游离于人类精神之外的孤立事物或事件,假如有的话,也是根本没有历史可言的。自然科学可以假设有独立于人的精神之外的存在,而历史学则不能;历史学中的存在就只是、而且完全是精神中的存在。换句话说,凡是不构成为我们精神整体的,就不是历史,也不能是历史学。

真正的认识可以说是始自直觉。直觉是对个体事物的直接认知,而概念则是对事物的普遍性的理论认识;与此相应,对个别事物的实践活动便是经济效用,对一般概念的实践活动就成为伦理道德。问题是:直觉是艺术,艺术是抒情的,是表达一种感情的;而感情的表达又何以能成为一种认知,或者至少是成为一种特殊的认知呢?对此,克罗齐的解释是:一切直觉都有其宇宙性的一面,它们赋给人以对于普遍精神的经验。这并不是什么抽象的东西,而是精神自身的活动在个人的和人类的历史中体现它自己;这就是宇宙性(cosmic)的东西。这类直觉在一般人看来是很难称之为某种感情的,而且也是克罗齐与浪漫派的不同之处。浪漫派讲求感情奔放,古典派则注重规矩;这二者都不被克罗齐认为是正道。①在克罗齐,人类的精神就这样由直觉而概念,由认识而实践,由实

---

① 有趣的是,克罗齐以之作为宇宙性诗人的典型的,既非但丁,也非歌德,而是阿里奥斯托(Ariosto,1474—1533)。

用而道德,从而形成一场精神的循环。但是他并未明确地表示历史或历史意识是不是也可以是诗意直觉的内容与对象,他仿佛只是在说,精神由直觉出发,漫游了一个圈子,又回到了诗。

对以上问题,克罗齐的解决办法似乎是在说:价值并不是判断,而只是表现;价值并不有赖于存在,而是存在有赖于价值。而且直觉即是表现,所以就无所谓真实与不真实之分。他认为,黑格尔的贡献就在于提出了实在乃是对立面双方的合题。实在的灵魂就在于对立;而反题则是发展的源泉,没有错误就没有真理。真是对与错双方的统一,美是美与丑的统一,益是益与损的统一,善是善与恶的统一。所有的美、益、真、善都是相对于人而存在的,自然界本身无所谓丑、假、损、恶。因此,黑格尔把他的辩证法引申于自然界,便是错误的。自然科学也在总结规律,推论事实;但对于美、真、益、善却是无能为力的。

按照卡尔(H. W. Carr)的解说,克罗齐的意旨可以理解为是指智慧,而不是(或不仅只是)指知识,知识纯粹是对客体的认识,而智慧则在于以精神全部有血有肉的具体性来把握实在。[①] 本来在古希腊,哲学一词的意思就是爱智慧,重点在于追求人生的智慧,包括全部精神活动(或康德所谓的全部灵魂能力, alle Seelenvermögen oder Fähigkeiten)在内,非仅是指了解客观世界的纯粹理性(悟性)而已。这种智慧在静观上就成其为艺术,而在行动上则成其为历史。在这种历史之中,并不存在心与物、主与客、思维与存在的对立。所谓历史就是哲学或哲学就是历史,也就意味着:思维就是历史,历史就是思维。换句话说,真正的思维永远都既是哲学,又是历史。当然,这种见解与日常的观念相去太远,有

[①] 参看 H. W. Carr, *The Philosophy of Benedetto Croce: the Problem of Art and History*, New York: Russell and Russell, 1969, p. 693。

悖于人们的常识。但是只要我们能够想到一个历史学家不可能对历史事实是完全中立的,他总会不可避免地要受到自己的世界观、价值观和哲学见解(或信念)的支配,那么克罗齐的观点在某种程度上或某种意义上就可以自圆其说,因为承认了这一点也就是承认了历史学之被认同于哲学。

剩下的问题便是怎样正确地处理这二者的同一性问题。关于历史学与哲学的同一性,克罗齐在其《逻辑学》第二部第四章中曾反复加以申说。通常我们所谓的认识或知识,基本上是通过概念分析的方式(如,人是脊椎动物)。但是历史学还需要有生活的体验,有的人称之为生命,克罗齐则称之为精神,也就是说它本质上是一种精神境界。单只澄清我们的逻辑概念,那思路便只能停留在语言文字的水平上;只有深入体验生命本身,才能掌握到精神的(因而是历史的)实在。因此也可以说,历史即实在,实在即历史;也因此克罗齐就得出了这样的概括:"唯有生命与实在才是历史。"①艺术和历史就穷尽了全部的实在;而所谓人就是艺术家而兼哲学家(即历史学家)。既然历史学即哲学,哲学即历史学,所以就并不存在历史学家的思想与哲学家的思想之别②;历史思维即哲学思维,哲学思维即历史思维,二者乃是同一回事。

成为问题的是:我们怎样给真实或实在(the real, reality)下一个正确的定义。③ 这大概就涉及一个不可说的领域了。克罗齐的意思是说:对知识的不同形态加以区分,当然是哲学的必要工作,但它并不是哲学本身;哲学本身必须归结为对精神之不可分的整

---

① Benedetto Croce, *History as the Story of Liberty*, New York: W. W. Norton & Co., 1941, p. 65.
② Cf. Benedetto Croce, *History: Its Theory and Practice*, New York: Harcourt, Brace and Co., 1923, pp. 176-7.
③ 关于这一点可参看一本有趣的著作:Paul Ricoeur, *The Reality of the Historical Past*, Milwaukee: Marquette University Press, 1984。

体的认识,整体生命并不等于各个部分的组合,理论与实践(知与行)也并非是两件事(哪怕是两件事的一阕协奏曲),两者乃是同一个不可分的整体生命。这会使我们中国读者联想到王阳明的知行合一。绝对唯心论的基本结构,古今中外大抵不外如是。精神既是唯一的存在,所以凡在精神中不存在的,就都是虚幻。全部精神活动——包括理论的(直觉和概念)和实践的(特殊的[经济]和普遍的[伦理])——就是历史。它的原则就是历史哲学,所以哲学同时就是对史学方法论的研究。实在或历史就是精神,其中主与客,一与多,理论与实践都结合为一体。没有什么是在精神之外的,一切人和事、一切知识和思想,都是精神统一体的有机组成部分。如果借用一个术语,不妨说精神乃是一切综合(合题)的先验的综合。世界和历史都是精神自身的展开,而历史的真实性全在于它就构成为这一精神演化的契机。一切存在都是内在于(immanent in)精神的,精神就表现为自然和人的世界,两者在根本上是一体的。克罗齐所谓的精神循环(the circle of the spirit)就包含着理论必定要以实践为其目标或归宿;这样,就可以避免康德的纯粹理性(实际上即悟性或智性)那种客观式的认识。任何一种直觉,同时也都表现为一种心灵状态。不然的话,它就完全没有理论价值了。

  历史学是对实在的判断,而对实在的判断就包括有美、真、益、善的观念,这就是说历史学是要从两种理论的(直觉的、概念的)和两种实践的(经济的、伦理的)观点进行考察的。科学并不这样考察问题,所以就并不能成为真正的知识。精神的各种形式总是展现为一种独一无二的自发性;但这种自发性却唯有在道德的层次上才有"自由",所以历史就是一篇"自由的故事"。直觉是我们在想象中表现人类精神的某一个个体,概念则把它们结合于精神而成为一个整体。概念以直觉为材料,所以直觉也被包含在逻辑之内。概念虽然以直觉为前提,但并不是从其中推导出来的;反之,对直觉的处理却必须以概念为前提。这就是克罗齐所标榜的"差异辩证法";他认为这比黑格尔对立统一的辩证法来得更为高明,因为在这里直觉作用和概念作用两种功能本身都不是独立的,而是既互相区别又互相依存的。这一论点与康德有相似之处,但又与康德不同;因为在克罗齐这里,唯一的知识乃是历史的知识,即唯有历史判断才能使用"真""假"这类的谓语。科学的判断都是在与抽象的共相打交道,实际上乃是对美学和历史经验进行加工。科学是有用的,但并不能达到对世界本质的理性直觉那种真正的知识。

世上没有任何行动是没有思想的,也没有任何思想是没有表现的(艺术或语言)。思想可以没有行动,行动不能没有思想;自利可以没有道德;道德不能没有自利。正是因此,马基雅维利之区分了政治和道德,就做出了一项了不起的贡献。如果纯从经济(功用)着眼,我们就会得出来霍布斯的自然状态和国家。但是道德所提出的义务要求却是超乎私利之上的,它体现着普遍的精神价值,或者(用较诗意的术语来说就是)"宇宙的和谐"。道德乃是精神整体的自觉——这就是真正历史学的观点。由此出发,克罗齐就得出了一种与实证主义相对立的人文主义——它不是抽象的,而是具体的人文主义;这种人文主义乃是"彻底的人性(all humanity)或精神性",它既不是自然的,又不是超人的或任何意义上的超越的,它就内在于人生之中,而不是在人生以外的什么地方;它就是人生。"按照这一观念,历史就不再单纯是自然界的产物,也不是一个超尘世的上帝的作品,所以它就不是经验的和不真实的、随时都会中断的个人的无能作品,而是那样的一种个人作品,它是真正真实的,而且是永恒的精神在个性化着它自身。"①所谓哲学与历史学

---

① Benedetto Croce, *History: Its Theory and Practice*, p. 100.

的同一，其含义不外如此。

克罗齐理论的一大特征是他极力反对历来的二元论，并力图代之以他的精神一元论。自从笛卡儿以来，近代思想每每陷于精神对物质、思维对存在、当然对实然双方分裂而无法统一之苦。与此相应，人们就采取了一种办法，即强行区别所谓事实判断和价值判断。这或许也是属于人类思想史上的那类永恒问题之列，是永远没有最终答案的。克罗齐对此的解决办法是把实在认同为精神及其活动。康德承认在人类的理性能力之外，还有外在世界的物自身，黑格尔也承认自然界的存在；而克罗齐则径直即以精神等同于全部实在，把世界纳入精神之中，精神以外别无实在，从而直接把思维和存在、知和行浑然打成一片。所谓思想就是对行动的思想，所谓行动就是思想的行动。知与行、理论与实践是相互依存并合为一体的。它们具有二重性，但绝非是二元论。以下引文可以表明他这一论点：

> 心灵（精神）与世界相吻合。自然界乃是心灵自身的一个契机或产物。因此，它就超越了唯物主义的或神学的原则。心灵就是世界，是演化着的世界；它既是一，又是多。
>
> 这一心灵的自我意识就是哲学，它的历史就是它的哲学，它的哲学就是它的历史。①

归根结底，生活、思想、精神、历史乃是同一回事。故而在同书的另一个地方他又表明：

> 精神自身就是历史，在历史存在的每一瞬间都是历史的创造者，并且也是以往全部历史的结果。因此，精神就负载着它全部的历史，历史是与精神自身恰相吻合的。②

---

① Benedetto Croce, *History: Its Theory and Practice*, p. 312.
② Ibid., p. 25.

克罗齐认为以往一切历史哲学的偏差都在于它们乃是二元论的：

> 每一个历史哲学家都是一个自然主义者，因为他是个二元论者并设想有一个上帝（或者也可以说，有一种不以人的意志为转移的超人力量——引者）和一个世界，有一种加之于或从属于"观念"的事实，有一个目的的王国和因果的王国或附庸的王国。有一座天城和一个多少是恶魔的或尘世的国度。①

克罗齐的着意所在，就是要打通这种被割裂开来的两橛，把两者通体打成一片，从而形成一种彻底一元论的历史理论。或者，也可以换另外一种简单的方式表述，即历史乃是精神的表现。由物质所得出的历史只能是物质而不是精神，所以就不是历史。真正的历史只能是呈现于精神并且只能呈现为精神。都是由于有了活的精神，"死的历史就复活了，过去的历史就变成为现在"。② 历史就是实在之表现为永恒的现在。也正是因此，哲学就是内在于历史的，而并非是在历史之外的。克罗齐认为这个理论就可以同时纠正或批驳许多错误的流俗史学观念，如认为历史学的对象是研究社会和制度，而个人价值则不占重要地位，这实际上就把历史整体割裂为抽象的精神史和抽象的个人史，因而就仍然是落入了二元论的陷阱。二元论的难题，只能是用精神的一元论来克服、来取代。

哲学与历史学的同一也就意味着，哲学为历史学提供了一种"方法论上的契机"。③ 而以往一般的历史哲学，克罗齐则称之为"历史的主智主义（historical intellectualism）"④，它们实际上是把

---

① Benedetto Croce, *History: Its Theory and Practice*, p. 68.
② Ibid., p. 24.
③ Ibid., p. 151. 又, Benedetto Croce, *Logic as the Science of the Pure Concept*, Douglas Ainslie tr., London: Macmillan, 1917, pp. 316-8.
④ Benedetto Croce, *Aesthetics*, Douglas Ainslie tr., London: Macmillan, 1909, p. 65.

人、把历史学家本人置诸历史之外在观察历史的,有如科学家之观察自然现象那样,并且还想要从其中抽绎出来普遍的概念和规律。但这是自然科学的方法,而不是历史学的方法。哲学和历史学的同一就意味着,在历史学家自身之外并没有所谓客观的事实,除了历史学家自身的精神而外,并无所谓客观的历史。这一论点的唯心主义性质是显而易见的,无须多说。如果仿照陆九渊的"宇宙便是吾心,吾心即是宇宙"①,"道外无事,事外无道"②的提法,或者我们不妨简单地把它表述为:历史(世界)即是吾心(精神),吾心即是历史。哲学(道)以外无历史,历史(事)以外无哲学。克罗齐是这样看待历史和历史学的:历史学家总是在以自己的精神去拥抱、去融会、去把握自己研究的对象,所以他所理解的历史必然同时也就是他自己精神的化身;不这样也是不可能的。为什么每一代人或每一个人总是不断地在改写历史?其最重要的原因之一就是,历史同时就是历史学家个人精神的体现。精神不断在发展,我们所见到、所理解、所写出的历史也就不断在发展和变化。在这种意义上我们似乎可以有条件地承认过去的历史都是当代史,或者是当代史的一种反映。一切历史都是当代史(对这一论点的评论,详见下节),这个提法并不都错,但是需要把它放在一个正确的有效性范围之内,它并不是无条件的;否则,真理过了头,就会变成荒谬。

哲学与历史学同一,所以哲学家和历史学家同一;哲学家即是历史学家,历史学家即是哲学家,两者都旨在把握精神活动的循环。历史学家治史,其本身就是一种哲学活动。既然历史学就是哲学,所以历史事件和过程就其本性而言就是精神活动的表现;历史绝不是外在于我们精神的某种东西。这和人们通常认为的历史

---

① 陆九渊:《象山全集》,卷22,《杂说》。
② 同上书,卷35,《语录下》。

乃是外在于我们的、过去的事件,就全然不同了。历史就存在于当下和当前,因此过去并非——如人们通常所设想的——是目前的某种条件。过去和当前是不可分地合为一体的。历史就是当前的存在;而并不是过去了的、现在已不复存在——即通常人们所说的"已经成为历史"——的某种东西。因为精神本身就是历史,而并非是精神有一个历史,精神并不自外于它自身的历史。我们的历史就是我们的实在,而我们的实在就是我们的历史。这样,我们就不但对实在有了一种真正的(而非流俗的)看法,并且也对历史有了一种真正的(而非流俗的)看法。克罗齐的这一基本观点,从语法的角度来说,似乎也言之成理;不过它要想博得大多数人的首肯,恐怕还并不是那么轻而易举,还得要有大量更深入的、更具有说服力的论证。

  从一个较浮浅的层次而言,历史学家所关心的是自己求知的操作技术,即用什么样的手段和方法才可以获得确凿的历史知识。但从一个较深的层次而言,哲学家所关心的是历史知识的性质,即历史知识是什么。一个真正的历史学家必然是一个真正的哲学家,这样的一个历史哲学家就会认识到,既然"精神的自我意识就是哲学,哲学就是它的历史,或者说历史就是它的哲学"①,所以,"历史知识并不是一种知识,它就是知识本身:它全然充满了并穷尽了人们认识的领域"。② 它就是知识,它并不是某一种知识。哲学与历史学的这种同一性,乃是由哲学的本性和历史学的本性所使然。哲学不能脱离变化(历史),历史不能脱离普遍(哲学);于是,这里当然的结论便是:哲学就是历史,历史就是哲学;哲学家就是历史学家,历史学家就是哲学家。在一个人的哲学中既活跃着、

---

① Benedetto Croce, *History: Its Theory and Practice*, p. 312.
② Ibid.

体现着他本人的生命,也活跃着、体现着全部的历史。和这种精神一元论相对立的,一方面是历史决定论,另一方面就是历史哲学。决定论是历史因果论,历史哲学则是历史目的论。① 而且说起来奇怪,两者最后都导向自古以来非人的或超人的②天意或天命(康德、黑格尔均有此提法)。因而克罗齐讥笑这两者说:"历史决定论③和历史哲学双方互相驳斥,使得每一方都成了空洞无物、一无所有。"④摆脱这两者的唯一出路,就是精神一元论。

三 "一切真历史都是当代史"

约当1908年左右,克罗齐的理论即已大体形成,其中就包含有他所强调的历史与哲学的同一性的论点。其含义是:历史学必定有其哲学,根本不存在没有哲学的历史。历史学家写史必定要运用某些思想和概念。另一方面,哲学同时也必定是历史。哲学是历史的产物,没有给定的某些历史条件,就不会产生某种如此这般的哲学;历史就活在哲学家的血肉里和骨髓里,一个哲学家的哲学就是他的历史的结晶。这一基本观念在他的《历史学的理论和历史》一书中,得到了更明确的表述。此书最初系用德文写成,1915年在德国图宾根的 Mohr 出版社出版,与他的"美学""逻辑学""实践哲学"共四部,构成他"精神哲学"理论体系的基本著作。

---

① Benedetto Croce, *History: Its Theory and Practice*, p.73.
② 人是自然的力量,超人的力量也是超自然的力量,因而是人的努力对之无能为力的,或者说是不以人的意志为转移的力量。
③ 按此处历史决定论一词为 historical determinism,而不是 historicism。如果把 historicism 也译作历史决定论,两个词就没有区别了;虽说波普尔用 historicism 一词时,即指历史决定论。可参看波普尔:《历史主义的贫困》,何林、赵平译,北京:社会科学文献出版社,1987年,第2页。
④ Benedetto Croce, *History: Its Theory and Practice*, p.73.

其后此书的意大利文本和英译本均作《历史学的理论和历史》，后又改作《历史学的理论和实际》，中译本即系由此书英译本转译。

此书开宗明义即从强调编年史(假历史学)与历史学(真历史学)的区别而入手；编年史是指没有生命的死的材料的堆积，而历史学则是指活的历史。是活的历史，就必定是当代史，或者说是当前的历史。一个研究基督教史的历史学家，如果他本人今天缺乏对基督教的体认和感受，他就无法认识和表达福音书的真精神。一个研究法国大革命的历史学家，如果他本人今天缺乏对自由、平等、博爱的热情和感受，就无法认识和表现法国革命的真精神。这种精神是真历史的灵魂，一个历史学家不能只是漠然无动于衷地冷眼旁观，他必须把自己的精神投入其中。否则的话，他所写出来的东西就只能是编年，而绝不可能是历史。由此就得到了他的史学理论的一条根本命题，即"一切真历史都是当代史"。① 这个命题也是上述他的历史学与哲学二者同一的当然结论。真历史与编年史的不同就在于：历史本身(因而是真历史)有其固有的内在联系，而编年则只是依据时间顺序排比史料；前者是精神的活动，后者则是堆砌死文字。② 这一区别乃是真假历史学的分水岭。作为精神活动的真历史学，是有其"逻辑的秩序"的；至于"按时间排列"编年史那种"单纯的叙述，则只不过是我们随心所欲而陈述的一套空洞的言辞或公式而已"。③ 按，章学诚在《文史通义》中曾着重申说过记注和撰述之不同，大抵即是克罗齐所谓的编年与历史之不同。章学诚又区别"学"与"功力"之不同，又分别有"比次之书""独断之学""考索之功"三者④，均可与此相发明。

---

① Benedetto Croce, *History: Its Theory and Practice*, p.12.
② Ibid, p.19.
③ Ibid, p.18.
④ 参见章学诚：《文史通义》卷二，内篇二《博约中》；卷五，内篇五《答客问中》。

一切历史的本质就全在于其当代性。为了理解这一论点,我们应该记得克罗齐有关历史与精神(生命)二者一体的理论。这里的二者一体并非是指二者抽象的同一,而是指二者综合(即正、反、合的合题)的统一,其中就包括有二者的分与合在内。我们如果根本没有欣赏过艺术,我们就写不出来一部真正的艺术史;我们如果没有生活过,我们就写不出一部真正的生活史。历史本身就是生活,就是现实的精神生活,此外不再是别的什么。我们的活生生的兴趣(或关怀)绝不是对于已经死去了的过去的兴趣(或关怀),而是对我们当前生活的兴趣(或关怀),是对存在于我们当前生活之中的那些过去的兴趣(或关怀)。这一论点显然与尔后柯林武德的论点是一脉相通的,即过去并没有死去,而是就活在现在之中。不过,人生和历史的内容是那么的繁富,任何一个历史学家又怎么可能完全地、全部地生活(克罗齐语)或重演(柯林武德语)个人的或人类的历史呢?于此,当代新黑格尔学派的这两位代表人物都没有做出能令人满意的,乃至能自圆其说的回答。

过去并非是不存在的,或者已经不存在了;过去就存在于当前之中。我们的精神或生活,实际上乃是我们的过去,就存在于当前,而且是它在当前的最真实的存在。如果没有当前活生生的精神存在,那么说过去存在就只能是一句空话。我们说 X 存在,乃是由于它以某种方式和我们当前相联系着。就此而言,则活动、历程、存在、历史、生活、精神都是同义词。严格地说,现在只是一个点,并不占有时间,而且这个点也并非是过去和未来的分界点。实在就包括过去和未来都在内,这也就是历史。所以克罗齐强调:"历史学绝不是有关死亡的历史,而是有关生活的历史。"我们所了解的死者的历史都是"有关他们生时做了什么事的知识","是他们生活的历史而不是他们死亡的历史"。① 历史是从生活出发的,并且是归结到生活的;是从实在出发的,并且是归结于实在的。因此历史就是当代史,是当前的活着的东西,而不是死掉了的过去。这里这一理论的关键是:克罗齐不承认有思想之外的存在,而是只有思想才是存在的。按照通常的常识看法,独立于历史学家的知识和思想以外,曾经发生过如此这般的事。历史学家的任务就是收集有关的事实,进行客观(不掺杂自己主观思想的好恶)的研究,然后总结出结论和规律来。这种态度和路数,也就是自然科学的方法。科学的方法被一般人看作是求知的唯一方法,它对于自然科学和历史学是一视同仁的。因而历史学被认为是科学,而且仅仅是、完全是科学。因此科学性乃是衡量历史学的唯一尺度。问题不在于历史学是不是科学——这个问题对许多人来说是根本就不存在的;他们认为,历史学天经地义、理所当然就是科学。他们的问题只是,历史学怎样成为科学——即历史学怎样才能够不断提高和完善自己的科学性。对历史学的这种看法,我们可以称之为唯科学主义的史学观。而唯精神主义的史学观则与之相反,它首先强调的是历史学与科学的不同,即历史学首先不是科学,因为它首先(和历史本身一样)乃是精神活动的产物,而不是现成的、被给定的自然对象。日月星辰、山河大地、风云雷电,这些都是自然界的现象,不是人类精神活动的产物;反之战争、革命、社会的改造、文明的进步等等历史现象,则完全是人类精神活动的产物,没有精神活动就没有历史。(当然,这里所谓"历史"一词不言而喻是指人类的文明史,而不是指自然史,如天体史、地球史,也不是指人类的自然史。)所以历史研究其本身就有别于自然科学的研究,它没有纯客观地被给定的对象,它的对象就是人类自身的精神活动,而对

---

① Benedetto Croce, *History: Its Theory and Practice*, p. 92.

它的对象的研究也还是人类自身的精神活动。这里，主客是合为一体的，而不是对立的、分离的。科学研究是认识外在的物质世界，历史研究则是要钻研自己的精神，舍此而外，别无他途。在阐扬唯精神主义史学观的工作上，克罗齐不失为当代最突出的代言人之一。而我们这一代曾经习惯于思想挂帅、精神领先的人，习惯于精神和思想是历史发展的动力这一提法的人，习惯于历史是按照某种思想所开辟的航道前进这一提法的人，对于上述思维方式是应该不会感到有什么陌生或难于理解的地方的，更何况我们的民族文化在这方面也拥有着悠久的传统。

按照克罗齐的唯精神主义史学观，过去并非是不存在的或已经不复存在的，而是它就存在于当前之中。历史就是我们当前精神的体现，这一点也并不难理解。我们的物质生命就包含有我们祖先的基因，我们祖先的生命就活在我们身上。我们的思想就包含有我们祖先的思想，没有我们祖先的思想，我们今天就还会是野蛮人。他们的思想就活在我们的思想里。我们的精神或生活，乃是过去之在当前的存在。可以认为，这种说法在一定的限度内是有效的、可以成立的。然而，克罗齐把它极端化了，于是就超出了其有效性的范围。不错，当前只是一个点，而所谓实在就包括过去、现在和未来在内成为一体。但是却不能就此说，过去和未来就是同一个历史，毕竟二者并不就是同一回事。看来克罗齐的观点是只有见于其同一性的一面，而无见于其独特性的一面。如果历史世界的千姿百态和千别万殊都被归结于或等同于一而没有多，那就没有历史可言了，所剩下来的就只有一个抽象的道体，而没有它那丰富多彩、有血有肉的生命和生活了。

在另一个地方，克罗齐又解释他的"一切历史都是当代史"这一论点说：

> 如果说当代史是从生命本身直接跃出来的，那么我们所

称之为非当代史的也是直接来源于生命的;因为最明显不过的就是,唯有当前活生生的兴趣才能推动我们去寻求对过去事实的知识;因此那种过去的事实,就其是被当前的兴趣所引发出来的而言,就是在响应着一种对当前的兴趣,而非对过去的兴趣。①

这里的兴趣(interessamento 或 interest)一词,或许译作关怀、关注、关切更为妥当一些。关于这一论点,我们或许可以用一种日常的说法解释如下:我们总是以现实生活为坐标来衡量、来观察历史的。一个历史人物如果我们对他感兴趣,那是因为他与我们当前的现实生活有关系;关系越大,我们的兴趣就越大。我们对莎士比亚或对贝多芬感兴趣,是因为我们今天还喜欢读莎士比亚的剧本、喜欢听贝多芬的音乐。他们和我们今天的现实生活有关,所以我们就有兴趣津津有味地要追问莎士比亚的十四行诗是不是献给那位神秘的"黑姑娘"(Black Lady)的,贝多芬的《月光奏鸣曲》是描写月光呢,还是献给他的不朽的恋人朱丽叶塔(Julietta)的?正有如红学家们见了一块曹霑的墓石,就认定《红楼梦》的作者是埋骨其下,甚至于根本就没有想到这位死者曹霑是不是就是那位《红楼梦》作者的曹霑。反面的例子亦然。我们对希特勒感兴趣,是因为他对我们当前的生活影响太大了,虽然已经死了半个世纪,但至今仍阴魂不散。否则的话,我们对于这类琐事,如对一个人的情人是谁或一个人埋骨何处,是不会感兴趣的。换句话说,它们就不会成其为历史学的内容了。我们对历史的兴趣或关注,乃是以它对我们当前现实生活的关系为转移的。我们对于艺术是根据我们当前的现实生活加以取舍的。我们对于历史亦然。我们研究达·芬奇

---

① 克罗齐 1912 年 11 月 3 日在庞达尼亚学院(Academia Pantaniana)宣读的论文。转引自 H. W. Carr, *The Philosophy of Benedetto Croce: The Problem of Art and History*, p.199。

幼年时是否有过恋母情结(Oedipus complex),但是我们并不研究历史上的任何张三或李四曾否有过恋母情结。为什么我们对历史上某个人或某件事感兴趣,就因为他或它涉及我们现实的生活;如果与我们的现实生活无关,他或它就不成其为历史了。换句话说,历史乃是我们当代史的外铄。

以上只是对他那句传诵已久的名言"一切真历史都是当代史"的一种解说,亦即历史乃是以当前的现实生活作为其坐标系的。当然,解说也可以有不止一种。梅叶霍夫(Hans Meyerhoff)就认为它是一种"实用主义"的史学观,因为它意味着死掉了的过去只有在和当前的生活相结合的时候,才是活着的。① 一个在自己现实生活中完全不懂得爱情的魅力为何物的人,大概不能理解克里奥巴特拉的泪珠晶莹怎么就会使得一个王朝倾覆(诗人拜伦语②)。一个年轻人读历史,大概不会懂得《资治通鉴》中为什么连篇累牍记载有那么多老子杀儿子和儿子杀老子的故事,他最多只知道(connaître)有如此这般的事,但是他不懂得(savoir)、不领会(comprendre)它们。故此可以说,没有活生生的当代史就没有历史。这也就是,一切历史都是当代史。当然,以上还只是就历史学的认识论立论,距离克罗齐之由本体论立论者,似尚未达一间。

克罗齐的"一切真历史都是当代史",其含义是说不仅我们的思想是当前的,我们所谓的历史也只存在于我们当前。我们在思想过去时,是把过去纳入我们当前的精神之中的。没有当前的精神,就没有过去的历史可言。所谓"当代",是指它构成为我们当前精神活动的一部分。历史是精神活动,而精神活动永远是当前的,而绝不是死去了的过去。所以历史永远都是当代史。这种说法在

---

① 参看 Hans Meyerhoff, *The Philosophy of History in Our Time: An Anthology*, New York: Doubleday,1959,p.44。
② Byron,*Don Juan*,Canto 6,Ⅳ.

语法上似乎也并非就说不通。虽说人们通常并不以为历史学就是逻辑学,可是我们不应忘记在克罗齐的精神一元论里,历史和逻辑乃是同一的。如果历史不是逻辑,就可以侈谈所谓历史和逻辑二者的统一;但如果历史也就是逻辑,就谈不上什么二者统一的问题了。这里也牵涉到一个颇有点困难的形而上学的问题。通常人们总认为有一个客观的时间尺度,历史就是在这个时间坐标系中展现的;但是对克罗齐来说,时间本身并没有独立的存在,也不是事物存在的外在条件;它只是精神自身的一部分,所以我们既不能把时间、也不能把过去看成是精神以外的客体事物。

此外,所谓"一切真历史都是当代史"尚有另一层意义。历史既然不是死去了的过去,而是得自我们当前的精神活动,所以它就和我们的精神创造是吻合一致的。在我们的精神里,我们对历史的判断乃是个别判断,但它们同时也是具有普遍意义的叙述,而且它的对象也同时具有普遍的意义。例如某一个历史人物,其事迹虽然是个别的,但是同时它又不是一桩单独孤立的事件而是关系到全部历史的。历史必须构成为当前的一部分,才能成为历史,否则就不是历史。严格地说来,实在只是思想或精神的实在。脱离了思想,别无所谓实在,因而也就没有历史的实在。历史的实在就是思想。一个不同意克罗齐理论体系的人,可以不接受他的一切历史都是当代史的论点,但是就他的精神一元论的系统而言,这却是必然的结论。换一种说法,我们也可以说,凡是与当前现实生活无关的历史就是编年史,而凡是有关的则是真历史。但是克罗齐本人的思想前后并不彻底一贯,故此对他的说法也可以有各种不同的解释。①

---

① 参见 A. Danto, *Analytical Philosophy of History*, New York: Cambridge University Press, 1960, p. 116。

所谓过去的历史包含有两个方面,即曾经发生过什么事,和它为什么会发生。历史学要说明的不仅是发生了如此这般的一桩事,而且还要说明何以会发生如此这般的一桩事;前者是历史的叙述,后者是历史的解释。不加解释的事实本身,在任何意义上都不是历史学。固然我们在日常生活中也有这种说法:让历史事实本身来说话。其实,历史事实本身是不会说话的。说话的(或做出解释的)乃是历史学家的思想或精神活动。因此可以说,一切真历史学就都是历史哲学(虽然克罗齐本人不喜欢用"历史哲学"一词),亦即历史学必须解释历史事实是为什么,或何以故,或所以然。只有这样,史实才被转化为历史学;而且这样,历史就必然是当代史。因此,历史之作为历史就必然是当代的,而历史学之成为历史学也必然就是当代的。因此,克罗齐才宣称:"当代性并不是某一类历史的特征,而是一切历史的内在特征。"正是由于这个缘故,"我们就必须把历史和生活二者构想为一种一体(unity)的关系——确实那并不是在抽象同一性(identity)的意义上,而是在综合统一的意义上。它包含着既有这二者的区别,又有这二者的统一"。① 通常人们所要求于历史学的,一是它的确凿性,即它的叙述必须是确切可靠的;二是它的实用性,即它必须是有实用价值的。如果历史像克罗齐那样被等同于仅仅是精神的现实活动,即思想,那么这会不会有损于历史学的确凿性和实用性呢?克罗齐的答复是不会的,而其理由就正在于历史就是当前的精神活动:

> 一旦达到了生活与思想之间的不可分解的联系,我们对历史学的确凿性和有用性所抱的怀疑就会烟消云散了。从我们的精神之中所产生的当前,怎么可能是不确凿的呢?解决

---

① Benedetto Croce, *History: Its Theory and Practice*, p. 14.

了发自生命深处的问题的那种知识,怎么可能会是无用的呢?①

大概任何理论,追问到最后,总是从一个不可再究诘的前提假设出发的。那情形颇有似于几何学的公理,它是无待于证明的(自明的),也是无法加以证明的。你承认它,你可以推导出一套欧氏几何;你不承认它,你也可以另推出一套或若干套非欧几何。如果我们接受了克罗齐精神一元论的前提,我们或许会同意他的这些基本论点;但如果我们不接受——正如许多人是肯定不会接受的那样——这些论点看来就是很难成立的。我们同样可以反过来问:从我们的精神之中所产生的当前,怎么可能就是确凿的呢?解决发自生命深处的那种知识,就怎么会是有用的呢?困难的并不是简单地否定对方的前提,而在于批判地审查对方的前提并在此条件之下进行论证。只有这样才能深化自己的论证,并吸收对方的反题以成其为更高一层的合题(综合)。历史学的思想和理论并不是可以单纯无视于前人的工作、不通过辩证的思维历程,就可望得以前进和提高的。我们对于新黑格尔学派的史学理论,是不是也应该采取这种态度来对待呢?上述的克罗齐几个论点看来并非全无某些合理的因素,但是却被他那绝对的一元论给弄得僵化了。

四 几点思考和评论

以上简略地谈过了克罗齐史学思想的几个基本论点,以下我们从试图为他的理论进行辩护和对他的理论加以反驳这两方面各说几句话。

我们先从通常意义上的历史概念谈起。我们日常的思维可以

---

① Benedetto Croce, *History: Its Theory and Practice*, p. 25.

是放在一个历史的框架之内进行的,即把我们的思想对象定位在某一个特定的历史时间的坐标之内来进行思考;但是我们的思维也可以是并不置之于任何特定的历史框架之内来进行,即不把我们的思想对象定位于某一个特定的历史时间的坐标之上进行思维。我们对这两种思维姑且称之为历史的思维和非历史的思维。这里要指出的是:历史的思维(也可以说是历史的观点)并不是人类思维的唯一方式,在很多场合还甚至于并不是一种很重要的或必不可少的思维方式。但中国的传统似乎是擅长于或习惯于历史的思维方式,似乎总是倾向于把自己的思维纳入一个历史的坐标之中,不然就好像无所适从的样子。于是我们就看见红学之演变为曹学,红学家仿佛是考据不出曹雪芹的生活细节,就无法理解《红楼梦》的微言大义。其实,这一点并非是必要的。王国维是史学大家,他的《红楼梦评论》就丝毫不涉及任何有关曹雪芹本人史实的考订,但仍然可以有他自己的体会和理解。我们的许多理解都不必放在一个历史框架之内来进行。对于欧几里得,我们要了解他,并不需要知道他代表什么阶级的利益,也不需要知道他的理论是在什么具体的历史环境和条件之下产生的。唯一有关的事,是我们要理解他的推理本身。把他放在一个历史的框架之内,丝毫无助于我们了解他那理论的本质。一个中学生学几何学,可以一点也不知道早期希腊化时代的历史,但这并不妨碍他学好欧氏几何学。他没有必要把欧几里得和当时的历史背景联系起来。正如对曹学的史实考据无论多么详尽而又翔实,但并无补于、更不能代替我们对《红楼梦》的美学感受。我们读诗、听音乐,并不需要知道作者是谁,更不用说有关作者生平的知识了。反之,无论我们对作者生平的编年和行踪事迹多么熟悉,并不就等于、也并不就导致我们对诗、对音乐的体会和欣赏。克罗齐所谓一切直觉都是抒情的,就包含有这层意思。对艺术的直觉是一回事,对艺术家生平的编年知识又是另一回事,二者虽非绝无关系,却并无任何本质的联系。我们对一切科学和艺术均可作如是观,亦即我们完全没有必要把非历史的思维放进一个历史的坐标系里去定位,正因为它乃是非历史的思维。索隐派红学之走火入魔,便提供了充分说明这一点的一个例子。从以上历史思维与非历史思维的分辨这一角度来看,克罗齐的史学观就不像它乍看上去那么牵强了。因为历史学是从美学开始的,而美感恰恰不是历史思维,即恰恰不是克罗齐所说的编年。应该记得,我们通常所说的历史一词,乃是克罗齐所称的编年。

价值是人的思想的创造,自然界的客体本身无所谓美丑、真假、利弊或善恶。我们之所以对于事物有美丑、真假、利弊、善恶的观念,乃是由于我们把自己思想所创造的价值观强加之于客体之上的缘故。一片山水之所以为美,是因为你觉得它美,它本身无所谓美与不美。无此价值观,世界上即无美丑等可言;同理,没有我们的价值观(我们的精神活动),也就没有真历史,而只有编年。编年本身是无生命的,也是无价值的。因此真历史乃是以我们当前的精神活动为出发点的。由此而来的结论就必然是:通常意义上的客观历史学乃是不可能的。即使我们承认历史事实是客观的(克罗齐是连这一点都不承认的),但是历史学(即我们对史实如何理解)却必定是我们思想的产物。由此推论至极,是不是就成了卡尔·贝克尔所说的"人人都是他自己的历史学家"[①]了呢?若是如此,那么假如史实只有一个,现在有 n 位历史学家去解释它,就应该至少是有 n+1 种历史了。却又不然。按克罗齐的理论,客观世界就是精神,主客二者是一体的,所以不但历史只有一个,而且历史学也只有一种。这至少就是克罗齐的(也是黑格尔的)结论。但

---

① 参见 Carl Becker, "Everyman His Own Historian", *Everyman His Own Historian: Essays on History and Politics*, New York: Appleton Century, 1935。

是就历史学本身的纪律而言,这种理论却有着一种无可救药的逻辑谬误。那谬误的根源就在他那未经验证、而且是无法验证的形而上学的前提,而不是出自它的推论过程。因为归根到底,历史学乃是一门经验的科学或学术,是无时无地不在受着经验的制约和修订的。克罗齐(还有黑格尔)却企图使之超越经验的范围之外,强行把它纳入一个先验的体系;于是,历史学就成了非历史学。我们中国的传统是习惯于把历史思维强加之于非历史的思维之上,黑格尔和克罗齐的错误则正好相反,是把非历史的思维强加之于历史的思维之上。

  作为一个哲学体系,克罗齐努力要铸就一种精神一元论的系统并不是很成功,其中颇多扞格难通之处,而且它也无法很好地解说世界的多重性或多样性。历史永远是丰富多姿而又流变不居的,它不可能凝固在一个一元化的概念系统里。克罗齐本人时而也不免表现出在历史与哲学、过去与现在之间彷徨、逡巡。但是作为一种思想观点和方法来看,其中却仍有值得我们思考的地方。它有助于我们反思:朴素的反映论无论是对于自然世界(即以为自然界就是我们所知道或所看到的那样子)或是对于人文世界(即以为历史就是我们自命为我们所理解的那样子),都是很难成立的。要真正认识我们(对自然界或人文界)认识的性质,就必须不但不断深入地思想前人的老问题,还要思想自己思想所面临的新问题。一个历史学家必须直面自己历史理解的当代性,而不能回避它。这就是"一切真历史都是当代史"所应有的含义。历史的不断进步就包括历史学和历史思想的不断进步在内。

  作为一种经验科学来说,我们最好还是承认历史的多元性,即它是多种因素交相作用和影响的产物,包括大量的偶然性在内。但是作为一种理论科学来说,历史学家的认识又总归是一元的,即他必须有一条基本原则一以贯之,而不能把多种原则都平铺并列,好像是各不相干。克罗齐把历史的多元与历史学的一元混为一谈。正有如他的哲学把理论与实践混为一谈。于是，主与客、精神与物质、过去与现在通通都划上了等号，把统一误作为同一。统一不是同一。是同一就谈不到相脱离或相对立，但统一却是以相脱离、相对立为其前提条件的，否则又有什么统一可言？如果理论就是实践，二者同一，便无所谓相结合了。正因为理论不是实践，不等于实践，二者是相分离的，所以才有相结合的问题。结合就意味着二者不是同一回事，而且首先是相分离，才谈得到相结合。我们应该正视，理论首先就在于它有其脱离实际的那一面；是理论就要脱离实际，否则理论就不成其为理论了。大谈二者的结合、统一乃至同一，而无视于二者的分离、对立和不同，这正是引导克罗齐走入了理论死胡同的契机。它给史学理论的一个教训就是：在谈论理论结合实际时，我们必须不可忽视理论之所以为理论，就正在于它有脱离实际的那种特征。

我们可以设想事实是不变的，一旦如此就永远如此而无可更改；但是我们无法设想世上会有万世不变的理论（就是一个国家的根本大法宪法，也还容许修改，没有万世不易的）。但是理论却并不因此而贬值，它永远是人类进步所不可或缺的东西。没有前人的理论，就没有后人的理论，每后一代的理论都是在前人理论的基础之上建立的。前人的理论包括有积极的以及消极的因素，它们从正面或从反面有助于后人理论的形成。后世的理论就包括前代的理论在内，只不过更提高了一个数量级。历史的发展就包括前人的历史在内（在这种意义上，我们可以同意克罗齐的一切历史都是当代史的论点），历史学理论的发展也就包括前人的史学理论在内。这应该是历史、历史学、历史理论和史学理论发展的辩证法所应有的含义。一切科学的理论和实验，成功了固然是积极的贡献，失败了的则从反面仍然不失其为贡献。我们或许可以用这种态度来看待一切前人的史学理论,包括克罗齐的在内。

克罗齐的理论有见于一、无见于多,有见于同、无见于异,同一被推到了绝对的程度,可谓是名副其实的"绝对历史主义"。事实上,真正的历史学固然有其哲学理论的导向,但毕竟历史学并不就是哲学;正如哲学不可能脱离历史,但毕竟不能径直被等同于历史学。那既在理论(一)上是不能成立的,而且在实践(多)上也是行不通的。我们还不曾看到有过这样的先例:一个哲学家从事纯粹的哲学思考,就会突然之间(有似顿悟一般)掌握了全部的历史,或者是一个历史学家纯粹通过治史就能掌握了全部普遍的哲学原理。合与分是并行不悖的,而且是相辅相成的,只谈结合不谈离异和只谈离异不谈结合,都是片面的。克罗齐之强调历史与逻辑的统一乃至同一,就是一个值得汲取的教训。

按克罗齐的讲法,就连旧意义上的历史哲学也是不可能存在的,因为它们都是二元论的,即以思维对存在或逻辑对历史为其出发点的。故此克罗齐才有"历史哲学已死掉了"①的说法。旧的历史哲学既然已经丧失了其存在的根据,剩下来的问题就只有如下三个,即发展的概念、目的的概念和价值的概念。那就是说它们涉及现实世界的全部,并且唯有当历史是现实世界的全部时,它们就涉及了历史。② 这里克罗齐正式提出了"历史是现实界的全部"这一基本论点;反过来说,全部现实界(或实在)就是历史,别无其他。(即上面所说过的"道外无事,事外无道"。)于是,历史与实在二者之间就可以划上一个全等号。事实上,实在(现实)与精神(思维)二者或者是同一的,或者是不同一的。③ 既然一切认识都离不开认

---

① Benedetto Croce, *History: Its Theory and Practice*, p. 81.
② Ibid, pp. 83-84.
③ 当然,另外还有一种可能,即它具有既同一、而又不同一的二重性。大概未来的史学理论可望是从这里打开一个缺口,从而取得重大的突破和进展。

识主体自身的意识,所以克罗齐的唯精神主义把实在等同于思想就不但是可以理解的,而且它还具有一种逻辑上的优点,即它就此一笔勾销了困扰着经验主义的(乃至康德的)认识论上那种心物对立的二元论。上面已经说过,反对二元论乃是克罗齐所一贯坚持的立场。

为什么唯心史观可以如此之振振有词地高谈阔论精神的作用?其根源之一恐怕就在于,历史学的本性就规定了历史学总是不可避免地要涉及价值问题的。这一点是它不同于自然科学的所在;自然界现象的本身并没有任何价值可言,价值乃是对于人的思想和活动而言的,人的思想和活动彻头彻尾贯穿着某种或某些价值观。实证主义的历史学家力图使历史学跻身于自然科学之林,却根本忽略了这一根本之点;于是唯心史观就从这个死角进攻,力图另辟蹊径。在这一点上,一切唯心史观都是共同的;因为人类历史(人文史)终究是不能被等同于自然史的。① 不过,任何理论大概都有一个适当的有效性范围,出了圈子,就难免过犹不及,史学理论也不例外。克罗齐过分地醉心于自己的一元论,乃至硬要把历史和历史学铸就成一部同一性的福音书。这里,我们不妨借用一个比喻来说明。晚明科学家徐光启曾有一句名言是:"天行有恒数而无齐数"②,但是天文学家修订历法时却一定要采用一个齐数(如一年365天),于是就需要有"整齐分秒"之举,要求做到把一切都整齐划一,抛弃一切看来是不合理的剩余。但是划一只能是人心中的划一,并非是千变万化的世界可以纳入一个整齐划一的模式。唯心史观的工作多少与此类似,他们力求把历史整齐划一,把活生生的生命纳入一个严格的概念模型。这类工作无论理论上有多么

---

① 参看 Benedetto Croce, *History: Its Theory and Practice*, Ch. 9。
② 《徐光启集》,卷七,《条议历法修正岁差疏》。

大的完美性,但总不会符合历史的实际的。

除了价值问题而外,克罗齐认为历史学还有"发展"和"目的"两个问题。历史的发展过程(即他所谓的精神循环)是不是一次性的、一度即告完成的?若然,是不是完成之后历史就告终结,此后便没有历史了?这个结论看来很难为大多数的人所接受。如果说,此后仍有历史,那么终极目标岂不是就不存在了吗?这个两难推论看来仿佛是,基督教神学史观的影子始终还在某些历史学家(包括克罗齐)的头脑中徘徊。如果仿照神学的提法,这里我们也可以问:历史是有始有终的呢,还是有始无终的呢?两种答案在逻辑上是等值的。历史循环论固然不好自圆其说,因为那样一来,人类就好像是在干着西西弗斯(Sisyphus)的那种蠢事,不断地把石头推上山去,石头又不断地滚下来。但是进化论也好不了多少。历史进到一个什么目标才算完成呢?如果永远没有完成,那么任何当前有限的目标,在人类历史无限的整体中岂不都丧失了价值和意义吗?克罗齐晚年,思想中的宗教倾向有日愈增加之势,看来应该是不足为怪的。

在他对史学理论的贡献中,他对真历史与编年史的划分也有其深度和意义。人是有血有肉的活生命,不是麻木不仁的死物质。历史是人类在人生舞台上的一幕扣人心弦的演出。要理解历史,就要理解人的活生命;历史学的使命是研究和表现这一幕活生命的历史,并不仅是一堆"资料汇编"或"史料集成"而已。编年史的工作是机器的工作,历史学的工作则是怎样把握活生命的工作,是人的工作、是精神本身的工作。"糟粕所传非粹美,丹青难写是精神。"历史学就是要掌握并表现出那种精神的粹美,非徒编排和堆砌一堆史料的糟粕而已。正有如艺术家的工作非徒是为他笔下的人物作起居注、编行年表,而是要像曹雪芹那样写出一个活脱脱的王熙凤来,或是像梵高那样要画出太阳的伟力来,或是像贝多芬那样要谱出人类的命运来。要做到这一点,就需要以历史学家本人的现实生活为依据、为出发点,历史就是历史学家精神的外铄。一切历史都是被当前的精神活动赋予了生机和活力的。克罗齐的"一切历史都是当代史",和他的后继者柯林武德的"一切历史都是思想史"一样,堪称当代新黑格尔学派史学理论的两条基本命题。然而,把它们绝对化却也使得他们自己的理论走向了死胡同。

如果说我们在克罗齐的理论中能发现有什么值得深思或予人以启发的东西的话,那么其中之一或许是如下的这一见解:即历史学不经过一番哲学的锤炼,就不配称为历史学。这一点对于专业的历史学家的实践具有特别的重要意义,因为大多数专业历史学家几乎从来都不习惯于反思历史的性质是什么以及历史研究的性质是什么。他们从不去思考自己工作的性质,就径直着手去进行工作,所以就难免有陷入盲目性的危险。另外,对克罗齐的理论还可以提到这一见解:即在历史认识中主体与客体并不是截然相对立的两种不同的东西,所以日常意义上的那种符合论或反映论——即我们的认识符合或反映客观事实,从而把历史认识分解为主客两橛的那种二元论——就是站不住脚的,在历史中,主与客都同属于一个完整的生命,即精神。这一论点从常识看来显然是不正确的。但是它值得历史学家们更深一步地作出分析和解答,那答案不应该是简单的否定,而应该是辩证的合题。在历史学中,主客既有分的一面,又有合的一面;专业历史学家往往有见于分、无见于合,克罗齐则有见于合、无见于分;双方似乎都失之偏颇和片面。怎样安排得恰如其分,使之各得其所而无过与不及之弊,应该是今后史学理论工作应有的要义。

有人评论克罗齐过分追求辞藻——他的著作大部分是有关文学评论的——而牺牲了理论思维的严谨性;他是以文情在打动人而不是以论证在折服人。这诚然是他的缺点之一,但就他的史学理论主体而言,则问题应该是怎样确定它的有效性的范围。它很可能是有效的,但只是在一个适当的范围之内。我们应该把它放在一个更高的层次之下加以考察。时至今日,克罗齐史学理论的影响虽然已呈式微之势,但仍不失为20世纪唯心主义历史学的主要代表之一。今天要建立起一种更为令人满意的史学理论,前人的工作是不好轻易绕过去的,包括克罗齐的理论在内。此外,还可以提到的是:哲学既可以是对知识和概念的分析和组装,但也可以是一种人生的智慧。而这后一方面,往往是被人们忽略了的。在希腊文的字源上,哲学就是爱智慧。史学理论应该是既照顾到逻辑的分析,也照顾到人生的智慧。也许从这种角度去评价西欧大陆的当代史学理论(包括克罗齐的在内),可以使我们更接近于他们理论的真相,并使我们能对他们做出更为实事求是的评价。

1993 年 3 月 12 日初稿

(原载何兆武:《历史理性批判散论》,湖南教育出版社,1994年)

论柯林武德的史学理论

一

柯林武德在20世纪初期的学术活动主要是在纯哲学方面,后来对历史学的理论考察越来越引起了他的兴趣。从20世纪20年代起,他写过一系列有关历史哲学的文章,但他这方面的重要遗文之最后汇集为他的代表作《历史的观念》一书,却是他死后三年由友人诺克斯(T. M. Knox)于1946年编辑出版的。

1910年,当柯林武德在牛津开始读哲学的时候,格林(T. H. Green,1836—1882)三十年前所奠立的那个哲学运动仍然在统治着学院;在这个有势力的流派中包括有他的后学布莱德雷(F. H. Bradley,1846—1924)、鲍桑葵(B. Bosanquet,1848—1923)、华莱士(W. Wallace,1844—1897)和奈特尔席普(R. L. Nettleship,1846—1892)等人,即通常人们所称的新黑格尔派或英国唯心派。然而他们自己反对这个名称,认为自己的哲学既是英格兰和苏格兰土生土长的哲学的延续,同时又是对这一哲学的批判。1880—1910年的三十年间,这个流派不但在牛津、而且更多地是在牛津以外,有着广泛的影响。这个流派的反对派则是所谓的实在主义者。

柯林武德本人自始即不同意实在主义者的论点。他认为实在主义者把哲学弄成了一种徒劳无功的空谈游戏、一种犬儒式的自欺欺人,对于英国思想与社会带来了灾难性的后果;又过了三十年以后,他仍在批评实在主义者是建立在"人类的愚蠢"①之上的。第一次世界大战后,大多数英国哲学家都已属于实在主义,而凡是反对实在主义的就自行归入唯心派,亦即格林后学的行列。以实在主义者的论敌和对手而出现的柯林武德,也被列入其中。这时候,伯特兰·罗素和G.E.摩尔的重要著作均已问世。随后,亚历山大的《空间、时间和神性》、怀特海的《过程与实在》相继发表;实在主义者一时大畅玄风。就在这个时期,柯林武德仍然认为这些著作不但没有能驳倒、反而更加证实了他所坚持的论点。他认为罗素哲学赖以立论的逻辑和数学都是先天的,不属于实验科学的范围;而摩尔则根本不讨论存在问题或者什么是存在,只讨论命题的意义。如果实在主义的含义是指被认识的对象与认识者的认识无关,那么怀特海那种通体相关的哲学就不能算作实在主义;因为它承认认识与被认识的对象二者总是相互依存的,而这一点正是实在主义所要否认的。至于亚历山大那部名噪一时的著作,柯林武德则认为其主体大都出自康德和黑格尔的观念,只不过是装潢上一道实在主义的门面而已。怀特海所依据的是反实在主义的原则,而亚历山大所依据的则是非实在主义的材料。所有这些著作都不足以说明实在主义的论点,反而正是返回到了实在主义所要与之宣告决裂的那个传统。

柯林武德的中心论点是"哲学是反思的(reflective)"②,因此它的任务就不仅是要思维某种客体,而且要思维这一思维着某种客体的思维;因此"哲学所关怀的就并非是思想本身,而是思想对客体的关系,故而它既关怀着客体,又关怀着思想"。③ 他晚年的兴趣

---

① 柯林武德:《形而上学论》,牛津:牛津大学出版社,1940年,第34页。
② 柯林武德:《历史的观念》,牛津:牛津大学出版社,1946年,第1页。
③ 同上书,第2页。

虽日益由哲学问题转到史学问题上来，但实质上仍然是这个论点在史学理论上的继续和深入。和大陆思想背景不同的是，英国思想多少世纪以来就富于经验主义的传统。例如像休谟那样一个充满着怀疑与不可知论的色彩的人，同时却又是一位出色的历史学家。柯林武德一生在史学研究上卓有成绩，他的理论思维也始终浸染着浓厚的经验主义色调。

二

实在主义者每每引向语言分析，把对客观实在的研究转化为语言学的问题，乃至流入只问用法、不问意义的地步。柯林武德反对实在主义的这一倾向，而把提法重新颠倒过来；他提出："哲学的对象就是实在，而这一实在既包括史家所认识的事实，又包括他对这个事实的认知。"①柯林武德自称他继承的是笛卡儿和培根的传统，即一种哲学理论就是哲学家对自己所提出某种问题的解答；凡是不理解所提出的问题究竟是什么的人，也就不可能希望他理解这种哲学理论究竟是什么。换句话说，知识来自回答问题，但问题必须是正当的问题并出之以正当的次序。当时不但牛津的实在主义者们认为知识只是对某种"实在"的理解，就连剑桥的摩尔和曼彻斯特的亚历山大也不例外。柯林武德把实在主义者的论点归结如下：知识的条件并非是消极的，因为它积极参与了认知过程，即认识者把自己置于一个可以认知某一事物的位置上。和实在主义者的立场不同，柯林武德认为他自己的"提问题的活动"并不是认识某一事物的活动；它不是认识活动的前奏，而是认识活动的一半，那另一半便是回答问题，这问答二者的结合就构成为认识。这

---

① 柯林武德：《艺术哲学大纲》，牛津大学出版社，1925年，第93页。

就是他所谓的问答哲学或问答逻辑。

要了解一个人(或一个命题或一本书)的意义,就必须了解他(或它)心目中(或问题中)的问题是什么,而他所说的(或他所写的)就意味着对于这一问题的答案。因此"任何人所做的每一个陈述,就都是对某个问题所做的答案"。① 这也就蕴含着,一个命题并不是对一个还可以做出别的答案来的问题的答案——或者至少并不是正确的答案。这种关系,柯林武德称之为问答二者之间的相关性(correlativity)原则。他把这一原则应用于矛盾。他不承认两个命题作为命题可以互相矛盾。因为除非你知道一个命题所要求回答的问题是什么,否则你就不可能知道一个命题的意思是什么。所以除非两个命题都是对于同一个问题的回答,否则这两个命题就不可能互相矛盾。

上述原则同样可以应用于真假。真假并不属于某个命题本身,真假之属于命题仅仅有如答案之属于问题一样,即每个命题都回答一个严格与其自身相关的问题。但一般人往往认为逻辑的主要任务在于分辨真假命题,而真假又属于问题本身。命题往往被人称为"思想单元",那意思是指一个命题可以分解为主词、谓语等等,每一部分单独而言都不是一个完整的思想,所以不可能有真或假。在柯林武德看来,这是由逻辑与文法之间悠久的历史渊源——即以逻辑上的命题与文法的直陈语句挂钩——而产生的错误。这种逻辑可以称之为"命题逻辑";它与"问答逻辑"不同,并且应该被"问答逻辑"所取代。他把历史上的"命题逻辑"归结为四种形式,即:(一)真假属于命题本身的性质。也就是它本身或则真、或则假;(二)真假在于命题与命题所涉及的事实二者是否相符;(三)真假在于一个命题是否与其他命题融通一贯;(四)真假在于

---

① 柯林武德:《形而上学论》,第23页。

一个命题是否被认为有用。以上第一种说法即传统的说法,第二种即真理的符合说(correspondence theory),第三种即真理的融贯说(coherence theory),第四种即实用主义的观点。在他看来,这四种说法都是错误的。错误的原因就在于它们都假设了"命题逻辑"的原则,而这种原则正是他所要全盘否定的。

柯林武德的意见是:通常所谓一个命题是"真",不外意味着:(一)命题属于一组问答的综合体(complex);而这个综合体作为一个整体来说,是真;(二)在这个综合体中有着对某个问题的答案;(三)问题是属于我们通常称之为明晰的(sensible/intelligent)那种;(四)命题是对该问题的"正当"的答案。假如以上所述就是我们称一个命题为真的含义;那么除非我们知道它所要回答的是什么问题,否则我们就不可能说某一命题为真或为假。真并不属于某个命题,或是属于某一组命题的综合体;它属于,而且仅只属于包括问题与答案都在内的那个综合体,而那种综合体却是历来的"命题逻辑"所从未萦心加以研究的。上述"正当的答案"的"正当"(right)一词,并非指"真";所谓对一个问题的"正当的答案",乃是指能使人们继续进行问与答的那种答案。一个命题之为真为假、有意义或无意义,完全取决于它所要回答的是什么问题。脱离了一个命题所要回答的特定问题,则命题本身并无所谓真假或有意义无意义。故此,重要之点就在于我们必须明确找出它所要回答的问题,而绝不可以根本茫然于它所要回答的究竟是什么问题。这种"提问题的能力",他称之为"逻辑的功效(efficiency)"。① 传统的"命题逻辑"之必须为"问答逻辑"所取代,他于1917年就做了全面的论述。

既然在思想方法上反对实在主义的分析路数,所以在对待形

---

① 柯林武德:《形而上学论》,第33页。

而上学的态度上他也一反分析派的结论。对形而上学,分析派采取完全否定的态度。柯林武德虽然认为根本就不存在什么有关"纯粹存在"(pure being)的科学或半科学乃至伪科学,亦即根本就不存在本体论,并且在这种意义上,他也根本不承认有所谓"纯粹存在";但本体论不存在并不意味着形而上学也丧失了其存在的权利。反之,柯林武德认为形而上学是不能取消的,虽则他所谓的形而上学已不是,或不完全是传统意义上的形而上学。这一论题枝蔓过多①,这里不拟详谈。但是有一点是应该提到的,即他坚持"形而上学对于知识的健康与进步乃是必要的",因此"那种认为形而上学是思想上的一条死胡同的看法,乃是错误的"。②原因就在于形而上学有好坏真假之分,逻辑实证论者却没有看到或者不懂得这个区别;因此,"逻辑实证主义并没有区别好的形而上学和坏的形而上学,而是把一切形而上学都看作是同样地无意义"。③ 这一点是柯林武德与分析学派的根本分野之一。他认为不仅分析学派,以往历史上之所以有那么多的哲学家都在理论上跌了跤,原因之一"就正在于他们没有区别(真)形而上学和假形而上学"。④

---

① 例如他谈到维特根斯坦的二分法,即可知的事实与可表述(shown)的神秘,以及罗素的逻辑结构之只能直觉而不能显示(demonstrate);并认为以往的哲学大多是企图论证只能被直觉的东西,因而就是无意义的,或者是什么也没有说。
② 柯林武德:《形而上学论》,第Ⅶ页。
③ 他接着又说:"于是量子论在一个彻底逻辑实证主义者的眼里,也就和古典物理学是同样地没有意义。"(《形而上学论》,第260页)
④ 柯林武德:《形而上学论》,第343页。他并且认为怀德海所谈的哲学(甚至可以说是形而上学)已超出了通常逻辑之外(与之上),因而与分析派或实证派的旨趣已不大相同。

三

逻辑实证主义所掀起的分析思潮，自第一次世界大战后蔚为巨流，迄今未衰。这一思潮的意图是要避免或者反对形而上学，但发展到极端，竟致对全部哲学根本问题有一概取消或否定之势。无论语言分析或逻辑分析对于澄清哲学思想可能有着多么巨大的作用，但哲学终究不能仅仅归结为语言分析或逻辑分析，而是无可避免地要回答世界观的问题。这一点就成为西方各派生命哲学对分析哲学分庭抗礼的据点。古来有所谓学哲学即是学死法的提法，现代各派生命哲学的共同点也正在于解决生命本身在思想上对外界的适应和反应，所以它的对象就包括全部现实生活在内，例如包括感情生活在内。哲学的本性究竟和科学是根本相同，还是根本不同呢？在这个问题上，双方各有其不同的解答。近代史从一开始就有一种思潮极力追求思想的精确性，追求几何学那样的思想方式。同时，也有另一种思潮，不以科学为满足，认为在科学知识之外，人生尚另有其他意义和价值，而那是科学所无能为力的。这一派也有同样之悠久的历史传统，例如与笛卡儿同时、同地、同属17世纪最卓越的数理科学家行列的帕斯卡就提出过：心灵有其自己的思维方式，那是理智所不能把握的。① 两派之中，前者重思维的逻辑形式，后者则重生命存在的内容。

20世纪初，两派对峙呈现新的形势。两派虽都不满于19世纪的思想方法，在反对形而上学这一点上是共同的；但一派走向纯形式的语言分析和逻辑分析，另一派则把哲学思维看作就是生命的活动，它虽然不给人以知识，却从内部表明生命存在的意义，因此

---

① 帕斯卡：《思想录》，1912年，布伦士维克本，第277节。

哲学就不是,或不只是理论思维而且是活动。分析哲学后来较流行于英美,而生命哲学则在西欧大陆较占上风。两派之中,柯林武德对罗素在分析哲学中和胡塞尔在现象学中所起的作用,有着深刻的印象。①

　　柯林武德在双方对峙之中采取了一个比较特殊的立场。他本人一生始终是一位专业历史学家,因而把史学带入哲学很自然地就成为他思想的特点。近代西方哲学家大多从科学入手,而柯林武德所强调的历史知识与历史研究对于人类认识的必要性和重要性,恰恰是被大多数哲学家所忽视的。在这一方面,他受到两位意大利思想家,即维科和克罗齐的影响,而与克罗齐相似和相通之处尤多。他早年即曾批判传统上以经验心理学来研究宗教的方法,而把宗教视为知识的一种形式,后来又通过心灵的统一性来论证他的一套文化哲学。他讨论了人类五种经验形式,即艺术、宗教、科学、历史、哲学(这里面显然可以看出有克罗齐浓厚的影子),而且企图对不同层次的人类知识进行综合。他企图打通各种不同的学科并在其间建立一种亲密的关系(rapprochement),这种亲密的关系不仅存在于哲学和史学之间,而且也存在于理论与实践之间。这同时就意味着:人不仅生活在一个各种"事实"的世界里,同时也生活在一个各种各样"思想"的世界里;因此,如果为一个社会所接受的各种道德的、政治的、经济的等理论改变了,那么人们所生活于其中的那个世界的性质也就随之而改变。同样,一个人的思想

---

① 他认为罗素哲学包括两个组成部分,即(1)逻辑,(2)仅仅从直接感觉与材料出发的内容;而在胡塞尔那里则直接感觉与材料并不是直接的,真正直接的乃是日常生活事物,所以出发点也应该转移到日常生活事物上来,人们通过认识而把握的这种日常生活的经验就叫作"意向的行为"。罗素把生活经验分解为直接感觉与材料,正有如把化合物之分解为各种元素(所以他的理论又称"原子主义")。实际上,从来就有一种看法(包括布莱德雷)把日常生活看作是非真实的,以为真实只求之于"绝对"之中;罗素本人只不过是把真实移置于感觉与材料之中罢了。

理论改变了,他和世界的关系也就改变了。第一次世界大战后,柯林武德的思想更多地转到道德以及社会政治和经济的问题上来,提出:每一种人类行为都具有其多方面的含义,因此就不存在什么纯道德的,或纯政治的,或纯经济的行为;但是我们却不可因此就把道德性与政治性或经济性混为一谈,不加区别。在他看来,功利主义就是由于以经济效果来解说或检验道德——即一种行为是好是坏取决于其经济后果如何——因而犯了错误。

四

以上理论特别涉及自然科学与历史学的关系。19世纪由于自然科学的思想方法取得了极大的成功,实证主义遂风靡一时。这一思潮大大影响了近代西方史学思想与方法,或者如柯林武德所说的,"近代史学研究方法是在她的长姊——自然科学方法的荫庇之下成长起来的"[①];这样就使得专业史学家有意无意之间强烈地倾向于以自然科学的思想方法治史,乃至史学有向自然科学看齐的趋势。柯林武德的思想则是对于这一思潮的反动或反拨。史学对自然科学的这种模仿或效颦,他称之为"史学的自然主义";并宣称目前到了这样一个时代——"历史学终于摆脱了对自然科学的学徒状态"。[②]

反对史学中的自然科学或实证主义思潮的,不只是柯林武德一个人。19世纪的德罗伊森即已标榜自然科学与人文科学两者的题材和方法论都是根本不同的。随后的布莱德雷,20世纪的奥特迦·伽赛特、卡西尔、狄尔泰等相继属于这一行列。狄尔泰把历史

---

① 柯林武德:《历史的观念》,第228页。
② 同上书,第315页。

学划归精神科学或心灵科学,认为它与自然科学的不同就在于它的主题是可以体验的(erlebt),或者说是可以从内部加以认识的。柯林武德对这一论点做了深入的发挥。他认为历史科学和自然科学虽同属科学,因而都基于事实;但作为两者对象的事实,其性质却大不相同。他说:"一切科学都基于事实。自然科学是基于由观察与实验所肯定的自然事实;心灵科学则是基于由反思所肯定的心灵事实。"①两者的不同就在于"对科学来说,自然永远仅仅是现象","但历史事件却并非仅仅是现象、仅仅是观察的对象,而是要求史学必须看透它并且辨析出其中的思想来"。② 自然现象仅仅是现象,它的背后并没有思想,历史现象则不仅仅是现象,它的背后还有思想。一场地震可以死掉多少万人,但地震只是自然现象,其中并无思想可言。一场战争也可以死掉多少万人,但战争并不仅仅是现象,它从头至尾在贯穿着人的思想,它有思想在指导行动。只有认识了这一点,历史才成为可以理解的,因为历史事件乃是人类心灵活动的表现。所以自然科学家研究自然现象时,没有必要研究自然是在怎么想的,但是历史学家研究历史事件时,则必须研究人们是在怎么想的。

  自然科学研究所依据的数据是通过知觉而来,但历史研究所依据的材料却不能凭知觉。或者说,自然界只有"外表",而人事却还有"内心";史家的职责就在于了解这种"内心"及其活动。柯林武德着重阐述了他的论点:"自然科学概括作用的价值取决于如下的事实,即物理科学的数据是由知觉给定的,而知觉却不是理解";但"根据历史事实进行概括,则情形便大不相同。这里的事实要能作为数据加以使用,则首先必须是历史地为人所知。而历史知识

---

① 柯林武德:《新利维坦》,牛津大学出版社,1942 年,第 280 页。
② 柯林武德:《历史的观念》,第 214 页。

却不是知觉,它乃是对于事件内部的思想的剖析"。① 这就要求史学家必须有本领从内部钻透他所研究的历史事件,而不仅仅如自然科学家之从外部来考察自然现象。一个人由于自然原因而死去,医生只需根据外部的现象就可以判断致死的原因。但是布鲁图斯刺死了恺撒,史学家却不能仅止于断言布鲁图斯是刺客而已,而是必须追究这一事件背后的思想,包括布鲁图斯本人的思想。严格说来,史学所研究的对象与其说是历史事实,倒不如说是历史事实背后的思想活动。自然科学并不要求科学家认识自然事件背后的思想,而史学则要求史家吃透历史事件背后的思想;唯有历史事件背后的思想——可以这样说——才是历史的生命和灵魂。这就是史学之所以成其为史学而有别于自然科学的所在。谈到史学与自然科学的不同时,柯林武德反复申说他的中心思想如下:"与自然科学家不同,史家一点也不关心如此这般的事件本身。他只关心作为思想之外在表现的那些事件,而且只是在它们表现思想时,他才关心它们;他关心的只是思想而已。"②这就是说,史家之关心历史事件,仅只在于历史事件反映了思想、表现了或体现了思想而已。归根到底,历史事件之成其为历史事件都是由于它有思想。这样就达到了柯林武德史学理论的一条根本原则——历史就是思想史;他说:"史学的确切对象乃是思想——并非是被思想的事物而是思想本身的行为。这一原则使人一方面可以区别史学与自然科学,自然科学是研究一个给定的、客观的世界而与正在思想着它的行为不同;另一方面又可以区别史学与心理学,心理学研究的是直接经验和感觉,这些尽管也是心灵的活动,但不是思想的活动。"③不过我们必须指出,这一历史即思想史的论点却包含一个理

---

① 柯林武德:《历史的观念》,第222页。
② 同上书,第127页。
③ 同上书,第305页。

论的前提,即人们必须有可能对前人的思想直接加以认识。这一点在柯林武德看来似乎是不言而喻的和理所当然的,但实际上它并不像它看起来(或至少像柯林武德看得)那么简单。这一点后面将再谈到。

这样,历史科学与自然科学的不同就并不在于两者的证实方法不同,而在于两者所要证实的假说,其性质根本不同。"史学的任务在于表明事情何以发生,在于表明一件事情怎样导致另一件事情"①;在历史事件的这种"何以"和"怎样"的背后,就有着一条不可须臾离弃的思想线索在起作用,史学家的任务就是要找出贯穿其间的这一思想线索,而在自然科学中却并不存在这个问题。② 这一任务就向史学家提出了一个苛刻的要求,即史学家必须具有充分的历史想象力。19世纪中叶麦考莱即曾特标史学家必须以想象力来使历史著作的叙述生动而且形象化。③ 但柯林武德认为麦考莱的说法尚属皮相,而未能触及史学的本质;因为麦考莱所谓的想象力只是指文辞的修饰,而"历史想象力严格说来,却不是修饰性的而是构造性的"。④ 缺乏这一构造性的功能,就谈不到有真正的历史知识。这里所谓构造性,大致即相当于康德知识论中"调节性的"(regulativ)与"构造性的"(konstruktiv)之别的"构造性的"一词的含义。

柯林武德认为,近代自然科学的进展极其深刻地改变了人类的思想面貌和整个世界历史面貌;但是人类控制自然能力的增长却并

---

① 柯林武德:《历史的观念》,第100页。
② 奥特迦·伽赛特也说:"我们必须使自己摆脱并且彻底摆脱对人文因素的物理的或自然的研究途径","自然科学在指导人们认识事物时所获得的丰富成绩和自然科学面对严格的人文因素时的破产,恰好形成鲜明的对比"(《哲学与历史》,1936年英文版,第293页)。
③ 麦考莱:《史学论》,1828年英文版。
④ 柯林武德:《历史的观念》,第241页。

未同时伴之以相应的控制人类局势能力的增长。而后者的徘徊不前,更由于前者的突飞猛进而格外暴露出其严重弱点。人类控制物质力量的能力的增长与控制人类本身局势的无能形成了日益扩大的差距,从而使得文明世界中的一切的美好与价值有面临毁灭的危险。因此,成为当务之急的就不仅仅是要求人与人之间的和解或善意,而尤其在于真正理解人事并懂得如何驾驭人事。这就要求历史学进行一场革命、一场培根式的革命,从而使得历史学也能处于近代自然科学的那种地位并起到近代自然科学的那种作用。培根的思想革命开辟了近代科学的新时代;柯林武德提出的史学中培根式的革命,则是要把以往杂乱无章、支离破碎的史学研究改造成为真正能提出明确的问题并给出明确答案的史学。这一思想和他的问答逻辑一脉相承。要进行这样一场革命,首先就必须向史学家进行宣传,使史学家抛弃其因循守旧的思想方法,而在自己的认识中掀起一场培根式的革命。

　　研究历史是不是就能使人们更好地理解人事？史学怎样才能在人类文明史上或思想史上扮演一种相当于或类似于近代自然科学所曾扮演过的角色？柯林武德的回答是:传统的史学是不能担此重任的,因为传统的史学只不过是剪刀加浆糊的历史学,或者说剪贴史学。他在书中屡屡使用这一贬义词,作为他对于传统史学的恶谥;历来史家的工作大抵不外是以剪刀浆糊从事剪贴工作,重复前人已说过的东西,只不过是出之以不同的排列与组合的方式而已。历来的史学家却寄希望于通过这种史学就能做到鉴往以知来。柯林武德认为这种史学完全是徒劳无功,并借用黑格尔的话说道,我们从历史中所学到的东西,实际上只是并没有人从历史中学到任何东西。

五

柯林武德还写过一部美学著作,即1938年的《艺术原理》,其中一些基本论点远祧柯勒律治,近承克罗齐,通常被称为克罗齐—柯林武德的表现学说。对克罗齐的直觉与表现二者同一的公式,他的后学曾各有所侧重和发扬:一派强调对事物性质的直觉,形成所谓构造主义(contextualism),一派则强调表现,形成所谓表现主义(expressionism)。柯林武德和他的老师凯里特都属于后一派,认为艺术品是艺术家情操的表现。表现成功的就把艺术家自己的情操传达给了公众。柯林武德把思想分为理智和意识,理智适用于科学而艺术则是感情的意识;意识把感觉经验转化为想象的活动,就成为了艺术美。艺术要求能够既体现真挚的情操,而又把它传达给观众。这种表现论虽可以上溯到柏拉图和亚里士多德,但克罗齐和柯林武德却是这一理论近代形式的重要代表。

托尔斯泰的《艺术论》(1898)曾揭橥以能否鼓舞人们的道德与宗教的情操作为评价艺术的原则,艺术必须是能以作者自己的崇高情操感染观众。这种《艺术论》引起了思想界的争论。[①] 柯林武德的艺术论没有托尔斯泰那种浓厚的宗教说教,而是把艺术和史学与哲学三者更紧密地结合在一起。他以为人与人之间需要有科学概念的传达,但除此之外,还需要有情操的传达;艺术就是传达情操的媒介。有许多东西是科学概念所不能传达的,唯有凭借艺术才能有效地加以传达。故而艺术形象正像科学概念是同样地有价值而又必不可少,因为人类需要情操的传达并不亚于他们之需

---

① 文艺史有名的故事之一,是它影响了青年的罗曼·罗兰以及托尔斯泰、罗曼·罗兰两人的通信。

要有科学概念的传达。

这里成为问题的是他所谓真挚的感情(或感情的真挚性)的含义,因为并不是所有种类和形式的感情传达都可以称之为艺术;浅薄无聊的情操就被排斥在所谓真挚之外。真挚的感情这一概念有点近似于后来存在主义所谓"真正的"情操。对于这个问题,克罗齐强调表现的圆满性,从而排除了艺术美中一切概念的或实用的内容;但柯林武德却同时还容纳了智力的或知识的成分,只要它们也能被融会在情操之中。他区分了所谓"腐化的"和"未腐化的"两种情操,并且把压抑看成是腐化的根源。

在他的美学理论和艺术理论中,柯勒律治和克罗齐的影子随处可见。他承袭了柯勒律治的想象论①,标榜想象,提出"艺术归根到底无非是想象,不多也不少"②,同时又把想象力引用于史学作为史学家的必备条件。至于他的有关精神与实践两者关系的基本论点,即"就理论方面说,就叫作精神力图认识它自己;就实践方面说,就叫作精神力图创造它自己"③,则克罗齐体系的影响更可谓跃然纸上。因此卡西尔评柯林武德的艺术论就指责他说:"他完全忽视了作为艺术品产生与观赏的前提的全部构造过程。"④

这里我们要讨论的不是他的美学理论或艺术论本身,而是它和他的史学观念之间的联系。在美学上,柯林武德强调:"真正的美绝不是主观与客观相排斥这种意义上的主观与客观。它是心灵在客观之中发现其自身。"⑤美学认识的性质如此,史学认识的性质也类似。在历史认识上,也不存在主观与客观相对立这种意义上

---

① 见柯勒律治:《文学自传》,Rest Fenner,1817 年,特别是第 13 章。
② 柯林武德:《艺术原理》,第 3 页。
③ 同上书,第 88 页。
④ 卡西尔:《人论》,1944 年英文版,第 182 页。又可参看柯林武德:《艺术哲学大纲》,第 279—285 页。
⑤ 柯林武德:《艺术原理》,第 43 页。

的历史知识,或如通常所谓的认识主体认识了客观事物那么一回事。而把史学中的主体与客体打成一片的,则是"思想"这条渠道。

六

史学思想或对历史的观念,严格地说,虽然和历史学本身同样的古老,但近代史学思想之成为历史哲学,则始自 18 世纪的维科而大盛于 18 世纪末的启蒙运动,特别是在大陆上的德、法两国思想界的代表人物中间。维科①已经提出史家必须神游于古代的精神世界,重视古人的精神,而不应把今人的思想认识强加之于古人。这一重现或再现的观念,衍为柯林武德史学思想中一个重要的契机。另一方面,18 世纪末赫尔德和康德②的富有积极意义的思辨历史哲学观念却在稍晚的德国哲学中变了质。如谢林之以历史为"绝对"的自我实现的历程,实际上不过是一种改头换面了的由天意所实现的神功;因而未免中世纪神学残余之讥,缺乏近代式的分析和洗练。自布莱德雷《批判历史学的前提假设》(1874)问世之后,西方史学思想逐步从探讨历史本身的规律转移到探讨历史知识的本性上来。柯林武德史学的两个根本观点都是由布莱德雷发其微:(一)史学是过去思想的重演,(二)史学的目的就在于把过去的思想组织为一套发展体系。

在历史观点上影响柯林武德的另一个人是克罗齐。克罗齐强调离开思想便没有实在,因而也就没有历史的实在。通常意义上的史学家们,在克罗齐看来,都只能算是史料编纂者,不能算是史

---

① 维科在一般书籍中曾有近代历史哲学开山祖之称(如巴恩斯:《史学史》,1963 年英文版,第 192 页)。

② 赫尔德和康德虽相凿枘,但两人的一系列基本论点又复有惊人的类似之处;如两人均以为历史的目标在于人道的充分发展,而这一目标是主将实现的;一切负面的历史势力最后终将成就为全体的美好,理性与正义是人类进步的保证,它们必然促进上述目标的实现,等等。

学家(即对历史有真正理解的人);因为史实只有通过史学家本人心灵或思想的冶炼才能成为史学。古奇评克罗齐时曾说:"克罗齐看不起通常的编年史方法。过去之对于我们,仅仅在于它作为过去所发生的事件的主观观念而存在。我们只能以我们今天的心灵去思想过去;在这种意义上,一切历史都是当代史。"①柯林武德由此再加引申,于是就达到了"一切历史都是思想的历史"这一基本命题。

第一次世界大战后,柯林武德即开始考虑如何建立一种人文(human affairs)科学的问题。1928年,他在度假时,酝酿出本然的历史与伪历史之别这一论点。真史和伪史都是由某些叙述构成的,但区别在于真史必须说明支配历史事件的有目的的活动;历史文献或遗物仅仅是证件,而其所以能成为证件,则只在于史家能就其目的加以理解,也就是说能理解其目的何在。伪史或假历史学则不考虑目的,从而仅只成为把史料分门别类归入各个不同时期的一篇流水账。1930年左右,他总结出比较明确的论点如下:

考古学上的各种遗物都是属于过去时代的,但它们都必须向考古学家表明它们本身的目的何在。考古学家把它们当作是历史的证件,仅仅是在如下的意义上,即他能理解它们是做什么用的,也就是他必须把它们看作是表现一种目的的。这一"目的"才是史家的立足点和着眼点,离开了它就谈不到对历史的理解,也就无所谓史料或历史的证件。一切历史都是思想的历史,那意思是说:人们必须历史地去思想,也就是必须思想古人做某一件事时是在怎么思想的。由此而推导出的系论便是:可能成其为历史知识的对象的,就只有思想,而不能是任何别的东西。例如,政治史就是、而且只能是政治思想史。当然,这并不是指政治史就是通常意义上

---

① 古奇:《十九世纪历史学与历史学家》,London:Longmans, Green,1952年,第XXXVI页。

的政治思想史,即政治理论或政治学说的历史,而是指人们在进行政治活动时,他们头脑中所进行的思想,或他们是在怎么想的。这里也许可以用一个流行的比喻说法,即思想是灵魂,抽掉了思想,历史或史学就将只剩下一具没有灵魂的躯壳。

柯林武德自认为上述的这一论点(或者说发现),在19世纪是不可能出现的,因为当时的史学尚未经历过一次培根式的革命而成为科学。19世纪的史学还笼罩在18世纪的观点之下;18世纪的理论家们在看到有必要建立人文科学时,并不是把它当作历史学而是把它当作一种"人性的科学",从而错误地以随时随地莫不皆然的普遍人性为其对象,如像休谟和亚当·斯密的例子。19世纪的学者又往往求之于心理学,把人类的思想错误地归结为心理的事实。人性论或心理学都不是、也不能代替历史学——因为历史乃是思想史,而人性论或心理学却不是。如果说17世纪的哲学乃是清理17世纪的自然科学,那么"20世纪哲学的主要任务就是要清理20世纪的史学"。① 他认为直迄19世纪末以前,史学研究始终处于类似前伽利略时代的自然科学所处的那种状态。但从这时起,史学却经历着一场革命,足以媲美17世纪的自然科学革命,而其规模之巨大则远甚于哥白尼的革命。② 目前人们正处在这样一个时代,史学在其中要起一个相当于17世纪的自然科学所起的作用。

七

上述理论意味着,一切过去的历史都必须联系到当前才能加

---

① 柯林武德:《自传》,1939年英文版,第29页。按,早在伏尔泰即有一切历史都是现代史的提法,但现代克罗齐之强调"历史从目前出发","一切真历史都是当代历史"(《历史学的理论和实际》,1912年英文版),对柯林武德的影响尤大。

② 这一点,据柯林武德说,是阿克顿在其1895年的剑桥就职演说中就已开始提到的。

以理解。当然,既是过去的历史,就需要有证据;但是这类证据却是今天的史家在此时此地的当前世界中所现有的某种东西。假如一桩过去的历史事件并未为当前世界留下任何遗迹,那么我们就对它毫无证据可言,因而也就对它一无所知。但是这里所谓的遗迹或证据,绝不仅仅是物质的东西而已,而是还需要有更多的东西。过去所遗留给当前世界的,不仅仅有遗文、遗物,而且还有其思想方式,即人们迄今仍然在以之进行思想的那种思想方式。1920年,柯林武德把这一论点概括为他的历史观念的第一条原理,即史家所研究的过去并非是死掉的过去,而是在某种意义上目前依然活着的过去。因此,史学所研究的对象就不是事件,而是"历程";事件有始有末,但历程则无始无末而只有转化。历程 P_1 转化为 P_2,但两者之间并没有一条界线标志着 P_1 的结束和 P_2 的开始。P_1 并没有而且永远也不会有结束,它只是改变了形式而成为 P_2。P_2 也并没有开始,它以前就以 P_1 的形式存在着了。一部历史书可以有其开端和结束,但它所叙述的历史本身却没有开端和结束。今天由昨天而来,今天里面就包括有昨天,而昨天里面复有前天,由此上溯以至于远古;过去的历史今天仍然存在着,它并没有死去。因此,P_1 的遗迹并不是 P_1 死掉的残骸,而是仍然活生生在起作用的 P_1 本身,只不过是被纳入另一种形式 P_2 而已。不妨这样说,P_2 是透明的,P_1 就通过 P_2 而照耀出来,两者的光和色是融为一体的。这就是柯林武德所谓"活着的过去"(living past)的论点。① 因此,柯林武德的历史哲学,首先在于阐明历程——或者称之为"变"(becoming)——的性

---

① 当然,这种观点或类似的观点在当代史学思想中并非为柯林武德一个人所独有:克罗齐和奥特迦·伽赛特大体上也都相近。奥特迦·伽赛特说:"我们之了解昨天,只能是通过乞灵于前天,而前天也如此类推。历史乃是一个体系,是全部人类经验之联成为一个单一的、无可抗拒的链锁体系。"(奥特迦·伽赛特:《历史是一个体系》,1941年英文本,第221页)

质和意义。接着他就攻击实在主义的理论说:实在主义者不承认"变"这一实在,而把"P_1 变为 P_2"这一真命题肢解为"P_1 是 P_1""P_2 是 P_2""P_1 不是 P_2""P_2 不是 P_1""P_1 的结束是 P_2 的开始"之类的同义反复的命题或者假命题。

复次,历史问题与哲学问题之间也不可能划出一条清楚明白而不可逾越的界线。假如划出了这样一条界线,那就等于假定哲学问题乃是永恒的问题。但所谓问题 P 实际上只是一连串在不断转化着或过渡着的问题 P_1、P_2、P_3,等等。由此而得出的有关历史观念的另一条原则就是:研究任何历史问题,就不能不研究其次级(second order)的历史。所谓次级的历史即指关于该问题的历史思想的历史,亦即史学思想史或史学史(因为历史即思想史,所以史学史就是史学思想史)。例如研究某一战争的历史,就包括必须研究前人是以怎样的思想在论述这一战争的。由此便推导出他的历史观念的第三条原则,那就是:历史知识乃是对囊缩于(incapsulated)现今思想结构之中的过去思想的重演,现今思想与过去思想相对照并把它限定在另一个层次上。柯林武德批评了近代的史学,认为近代史学虽然也在研究各种历史问题,但其所研究的归根到底都是统计问题而非思想问题。研究历史而撇开思想不谈,那就成了演哈姆雷特而没有丹麦王子,因为历史就是思想史。

近代史学的一大因缘应该说是考据学派的兴起,这一学派标榜"客观如实"("Wie es eigentlich gewesen"),而以德国的兰克最为大师①,其在英国的后学则先后有弗里曼、斯塔布斯、格林、莱基、西莱和迦丁纳等人。柯林武德父子两人也厕身其间从事古史研究,并甚有收获。另一方面,由布莱德雷开其端的另一史学思潮却把

---

① 19世纪的正统史家多宗兰克,乃至古奇有云"他是近代最伟大的史学家","正是这位史学界的歌德使得德国学术称雄于欧洲"。(古奇:《十九世纪的历史学与历史学家》,第97页)

重点转移到探讨历史知识的本性上面来,遂于传统的思辨历史哲学而外,另辟分析历史哲学的蹊径。① 属于这一思潮的狄尔泰和克罗齐都认为历史是一堆糊涂账,唯有在史学家使之成为可以理解的这一意义上,它才成了可以理解的。所以他们的探讨着重在历史知识之所以可能的条件,反而不在于考据意义上的历史事实的本身。问题更多的倒不在于历史事件是什么,反而在于人们是怎样认识历史事件的,于是史学的重点就从研究历史事实的性质转而为研究历史知识的性质——亦即历史研究在逻辑上所假设的前提。② 柯林武德本人毕生是一个历史学家,始终努力把历史和理论紧密联系起来加以考察,所以不同于某些历史理论家往往脱离历史的实际和史学的实践,流于凿空立论。他认为研究历史就是为了对人类目前的活动看得更清楚,并且自称他的每一个理论细节都是从实际的史学研究中得出来的。他的历史观念大体上在1930年左右形成,其中史学思想方法论占有突出的地位;因为按照他的看法,史学家应该抛却寻求历史发展的结构这一野心,转而从事于论证研究的方法或途径问题。在他1933年的《哲学方法论》和1940年的《形而上学论》中,都曾讨论过作为人类文明基础的历史的性质,并认为应该把这也视为历史的产物而不应视为永恒的真理或概念。

和克罗齐一样,柯林武德也着重批评了以前的历史理论在方法论和在主题两方面所犯的根本错误;错误在于它们努力要模仿自然科学,以自然科学为蓝本,力图以自然科学那样的普遍规律来归纳历史现象。因此,史学必须摆脱它自己对自然科学的模仿阶

---

① 应该提到,这些早期的分析历史哲学和后来20世纪中叶流行起来的分析历史哲学也有不同,这里不拟涉及。

② 借用康德的提法,则史学所要回答的问题首先是:史学,作为一种知识或科学,是怎样成为可能的?

段;这就要求史学家对过去历史的理解,不能再把它当作是由归纳得出的普遍规律的事例。它应该是史学家自觉的、有目的的思维的表现,也就是史学家必须在自己的心灵中重建或重演过去的思想。

历史哲学这一课题的研究者,在近代西方是哲学家远多于史学家;像克罗齐和柯林武德这样以哲学家而兼历史学家的人,情况尚不多见。柯林武德自称历史考古研究是他生平的乐趣所在。第一次世界大战前,他在牛津是罗马不列颠专家哈佛菲尔德的入室弟子,战后1919年,哈佛菲尔德逝世,他成为维护牛津学派的代表人物,虽则他的观点和他的老师不尽相同。在他一系列的历史著作中,他自命解决了一些长期以来争论不休的问题,但其解决并非是由于发现了新材料,而是由于重新考虑了一些原则性的问题。[①]他以为这可以说明,就史学研究而言,努力促进哲学与史学之间的亲密关系是何等必要。他在《自传》中提到,正是由于历史研究的训练才使他认识到"提问题的活动"的重要意义,从而也使他强烈不满于实在主义者的那种"直觉主义的知识论"[②],因为知识既包括认知活动,也包括被认知的事物,所以只着眼于答案而忽视提问题的逻辑便是假逻辑。

八

剪刀加浆糊历史学或剪贴史学就是排比过去的现成史料,再缀以

---

① 作为说明,他举了这样的例子:恺撒曾两次入侵不列颠,其目的何在? 过去研究者很少考虑这个问题,而恺撒本人著作中也从未提及。但是恺撒对此沉默无言,恰好构成他的意图所在的主要证据。因为无论恺撒意图如何,那目的总归是不能向读者说明的,故而最可能的解释便是:无论他的目的是什么,他却未能取得成功,如果成功了,他就没有沉默的必要。

② 柯林武德:《自传》,第30页。

几句史家本人的诠释①;有时柯林武德也把它称之为前培根式的史学。他攻击这种史学说:"根据抄录和组合各种权威的引文而构造出来的历史,我就称之为剪刀加浆糊历史学","有一种史学(指剪贴史学——引者)全靠引征权威。事实上,这根本就不是史学"。② 在剪贴史学看来,仿佛史学家的任务就只在于引述各家权威对某个历史问题都曾说过些什么话,都是怎么说的;换句话说,"剪贴史学对他的题目的全部知识都要依赖前人的现成论述,而他所能找到的这类论述的文献就叫作史料"。③ 但真正的史学却绝不是以剪贴为基础就可以建立的。

真正的史学绝非以剪贴为能事,而必须从某种培根式的概念出发;即史学家本人必须确切决定他自己所要知道的究竟是什么东西,这一点是没有任何权威能告诉他的。他必须努力去寻找一切可能隐藏有自己问题的答案的东西。④ 剪贴史学那种把历史当作"连续发生的事件的故事"完全是"假历史观念"⑤;真正的史学必须是就史学家心目中所提出的具体问题,根据证件来进行论证。⑥ 或者换一种说法,史料(包括权威论断)的排列与组合并不就是、也不等于史学,史料与史学二者并不是等值的或等价的。史料,像剪贴史学所提供的那样,都只停留在史学知识的外边,史学必须从这个"外边"或外部过渡到"里边"或内部去。史料不是史学,史学是要建筑一座大厦,而史料则是建筑这座大厦的砖瓦;建筑材料无论有多么多,都不是建筑物本身。史实的堆积和史料的考订,充其极也只是一部流水账,要了解这部流水账的意义,则有

---

① 柯林武德:《形而上学论》,第58页。
② 柯林武德:《历史的观念》,第257页。
③ 同上书,第278页。
④ 当代史学家中运用这种史学方法比较成功的,他列举有伊凡斯的考古研究和蒙森的罗马史研究。
⑤ 柯林武德:《历史的观念》,第220页。
⑥ 柯林武德:《形而上学论》,第59页。

赖于思想。史家是无法回避思想理论的,尽管剪贴派史家曾用种种办法来抗拒理论,包括以剪贴现成理论文献的方式来对抗真正的理论——史学有史学的义理,既不能用考据本身代替义理,也不能以考据的方式讲义理。只有通过思想,历史才能从一堆枯燥无生命的原材料中形成一个有血有肉的生命。只有透过物质的遗迹步入精神生活的堂奥,才能产生真正的史学。

通常史学家对"知识"一词的理解,大致即相当于自然科学家对自然知识的那种理解。但这里有着这样一个重大的不同:自然界的事物并没有思想,而人却有思想。每一桩自然界的事件都没有目的,但每一桩历史事件都是由人来完成的,而每个人做任何一件事都是有目的的。自然科学研究客观事实,但历史并没有自然科学那种意义上的客观事实,因为每一件历史事实都贯彻着主观目的,把这一主观的目的置之于不顾,那将是最大的不客观。排斥主观于历史之外的人事实上最不科学;当然,这并不是说,应该把自己的主观强加之于客观,而是说必须承认主观本身乃是客观存在,只有承认这一点,才配称真正的史学。既然史学研究的对象并不是自然科学那种意义上的客观事实,所以自然科学的方法也就不能运用于史学研究。"人的心灵是由思想构成的"[①],历史事件则是人们思想所表现出来的行动。

一个历史学家诚然可以掌握一大堆材料;然而无论史料可能是多么详尽和丰富,但古人已矣,假如他不能重新认识古人的想法,则这一堆材料就难免成为断烂朝报之讥。自然科学的研究方法要靠观察和实验,但对过去的历史事件却不能进行观察和实验,而只能靠"推论加以研究"。[②] 每一桩历史事件都是人的产物,是人

[①] 柯林武德:《新利维坦》,1.61,第5页。
[②] 柯林武德:《历史的观念》,第251页。

的思想的产物;所以,不通过人的思想就无由加以理解或说明。要了解前人,最重要的就是要了解前人的想法;只有了解了历史事实背后的思想,才能算是真正了解了历史。我们对于一个人,是通过他的某些具体行为而了解到他的精神或心灵或思想的。同样,我们也是通过一些具体的历史事件而了解过去的思想的。过去的历史不妨说有两个方面,即外在的具体事实和它背后的思想。史家不仅要知道过去的事实,而且还要知道自己是怎样认识和理解过去的事实的。不理解过去人们的思想,也就不能理解过去的历史。正是在这种意义上,历史就是思想史,一切历史都是思想史,过去的思想这样加以理解之后,就不再是单纯的思想而成为了知识,成为了历史知识。

既然历史就是思想史,因此历史上就没有什么纯粹的"事件",每一桩历史事件既是一种行为,又表现着行为者的思想。史学研究的任务就在于发掘这些思想;一切历史研究的对象都必须是通过思想来加以说明。因此,"史学所要发现的对象,并不是单纯事件,而是其中所表现的思想。发现了那种思想也就是理解了那种思想";"当史家知道发生了什么事的时候,他已经知道它何以会发生了"①,因为他已掌握了其中的思想。史学研究的对象,确切说来,不外是人类思想活动的历史而已。② 所以他又说:"凡是我们所着意称之为人文的一切,都是由于人类苦思苦想所致。"③这种思想的功能就构成为史学的本质,这就是说:"历史思想总是反思,因为反思就是对思想的行为进行思想"——"一切历史思想都属于这种性质"。④ 史学家要想知道某种情况下何以发生某一历史事件,他

---

① 柯林武德:《历史的观念》,第 214 页。
② 可以比较诗人蒲柏的名句:"人类恰当的研究乃是人类本身。"(《书翰》,Ⅱ.i,行 1.1)
③ 柯林武德:《形而上学论》,第 37 页。
④ 柯林武德:《历史的观念》,第 307 页。

首先就要能在思想上向自己提出一个明确的问题,即自己在这种情况下所能希望得出的是什么,然后再从思想上解答这个问题。这些问题并不是向别人提出的,而是史学家向自己提出的,史学家必须是自问自答;这样,史学"论证的每一步就都取决于提问题"①的能力。

要真正捕捉古人的思想和意图,又谈何容易;古人并不为后人而写作,古人有古人的问题,但这些问题到了后世已经被遗忘了。史学的任务就是要重建它们,而要做到重建,就非有特殊的史学思想方法不为功。要了解某件古代艺术品,就必须了解当时那位古代艺术家心目中的意图是什么,要了解某一古代思想家,就必须了解当时那位古代思想家心目中的问题是什么,换句话说,要了解古人都是在怎么想的。这就要求史学家必须能够使自己设身处地重行思想古人的思想,然后才能解释古人思想的表现,即具体的历史事件。于是,根据历史即思想史的原则,便可以得出来另一条原则,即历史知识就是史学家在他自己的心灵里重演(re-enact)他所要研究的历史事实背后的思想。这就是说,史学家的任务就在于挖掘出历史上的各种思想,而"要做到这一点,唯一的办法就是在他自己的心灵中重新思想它们"②。然而这里必须注意:这一重演绝不是史学家使自己消极地发思古之幽情而已;这一重演是以史学家本人的水平高低为其前提的,并且是通过把古代纳入今天的轨道在进行的。因此,它并不是停留在古代水平上的重演,而是提高到今天水平上的重演。因此,"这一重演只有在史学家使问题赋有他本人心灵全部的能力和全部的知识时,才告完成";"它并不是消极地委身于别人心灵的魅力;它是一项积极的、因而是批判思维

---

① 柯林武德:《历史的观念》,第274页。
② 同上书,第215页。

的工作";"他之重演它,乃是在他自己的知识结构中进行的,因而重演它也就是批判它并形成自己对它的价值的判断"。① 所谓过去,绝不是史家根据知觉就能从经验上简单地加以领会的某种给定的事实。根据定义,史家就不是、而且不可能是他所要知道的历史的目击者或经历者;因此他对于过去所可能有的唯一知识乃是间接的、推论而来的知识,而并非直接的经验。这种知识只能是靠以自己的思想重演过去,因此"史家必须在自己的心灵中重演过去"。② 在这种意义上,史学家可以说是有似于演员;演员必须思角色之所思,想角色之所想,史学家也必须重行思想前人的思想——否则就只能是伪历史,是一篇毫无意义的流水账。昔人往矣,心事幽微,强作解人,无乃好事;史学家所要扮演的角色就正是这种好事之徒,他的任务就正是要强解昔人的心事——但他是站在今天的更高的水平上在这样做的。所谓理解前人的思想,也就是要历史地去思想它们。历史知识并非是指仅仅知道有如此这般的若干事件前后相续而已(那是剪贴史学),它要求史家钻进别人的脑子里去,用他们的眼光观察与看待他们的处境,然后再自己做出判断:前人究竟想得正当与否。

　　史学家这种重演前人的思想,并不是、也不能是简单的重复而已,其中必然也包含有他自己的思想在内。史学家所知道的是过去的思想,但他是以自己的思想在重行思想它们而知道它们的,所以历史研究所获得的知识中也就有他自己的思想成分在内。史家对外界的知识和他对自己的知识,这两者并不是互相对立或排斥而不相容的;他对外界的知识同时也就是他对自己的知识。在重行思想前人的思想时,是他本人亲自在思想它们;前人的思想就被

---

① 柯林武德:《历史的观念》,第281页。
② 柯林武德:《艺术原理》,第282页。

囊缩在他的思想之中,所以他本人就是、而且不可能不是他所知道的全部历史的一个微缩世界。过去之所以可知,正因为它已经被囊缩在现在之中;现在之中就包含有过去。或许可以换一种说法,即历史的各个时代在时间上并非如人们通常所设想的那样是互不相容的,是现在就不是过去,是过去就不是现在;而是过去是以另一种比例或尺度而被纳入现在之中的——即过去和现在乃是一连串内在相关的、重叠的时辰,尽管它们并不相同,但并不分别独立,而是一个包罗在另一个之中。这一点,柯林武德曾用一个比喻说:"过去的一切都活在史学家的心灵之中,正有如牛顿是活在爱因斯坦之中。"①

只要过去和现在截然被分作两橛,彼此相外,则关于过去的知识对于目前就谈不到有什么用处。但如果两者没有被割裂(而且事实上也不可能被割裂),那么过去的历史就可以为当前服务。历史为当前服务,这是柯林武德的重要论点之一;我们前面已经提到,他特别强调20世纪正在步入一个新的历史时代,其中史学对人类所起的作用可以方之于17世纪的自然科学。自然科学教导人们控制自然力量,史学则有可能教导人们控制人类局势;然而仅凭剪刀加浆糊历史学却绝不可能教导人们控制人类局势,像自然科学之教导人们控制自然力量那样,如果借用卡西尔评赫尔德历史哲学的话,"他的著作不是单纯对过去的复述,而是对过去的复活"②,那么不妨说,剪贴史学仅仅是对过去的复述,而真正的史学则是对过去的复活。但必须是真正的史学,才能完成这一使命。

九

同理,理论和实践两者的关系,也并非互相独立,而是互相依

---

① 柯林武德:《历史的观念》,第334页。
② 卡西尔:《人论》,第225页。

存。思想有赖于人们从实践中所获得的经验,而行为则有赖于他们对自己以及对世界的思想。流俗的看法总是把思想和行为两者对立起来;而当时牛津的习惯更是承袭希腊传统,把生活分为思想生活和实际生活两橛。柯林武德认为,这是一种错误。例如,通常总以为是民族性或多或少决定着一个民族的历史,但人们却常常忽略了另一个方面,即"历史造就了民族性,并且不断地在取消它、改造它"。① 民族性也是在历史中形成并在历史中改变着的东西。

一般看法又往往把不同的思想流派,看作只是对于同样的问题所做的不同答案。例如,历史上不同的哲学派别,就是产生于对同一个哲学问题各有不同的答案。这乃是严重的误解,事实并非如此。不同的思想派别所谈的并不是同一个问题,不仅仅是其答案不同而已。柏拉图的《国家篇》和霍布斯的《利维坦》两书讨论的都是国家,但它们却并非是都在回答同一个国家问题;因为他们问题的性质并不相同,他们心目中的国家并不相同。两人所谈的、所要回答的,在很大程度上乃是两回事。希腊的国家(polis)和近代的国家(state)是两种不同的东西,尽管部分地有其共同之处。历史就是思想史,但思想史(例如政治思想史)并不是对同一个问题(例如对同一个国家问题)的不同答案的历史。问题本身不断在变化,因而解答也不断在变化——这才是历史。历史上的每一种思想都由前人的思想演变而来,并且它本身也将演变下去;因而人类思想本身就构成一个不断在演变着的整体,并且因此一切心灵的知识就都是历史的,也就是说,只有通过历史研究才能了解人们的心灵。这就意味着,一切知识都包括历史的成分,并且"唯有一个人的历史意识已达到了一定成熟的程度,他才能知道各种不同的

---

① 柯林武德:《形而上学论》,第98页。

人所思想的是多么地不同"。① 在柯林武德看来,实在主义者的谬误就在于他们忽视了史学,所以他们的知识论并不符合历史实际。对历史的这种认识与解释,维科曾在17世纪发其端,但要到20世纪的克罗齐和柯林武德才做出系统的解释。柯林武德之所以要突显历史的重要性、崇史学于上位,原因在于他深深感到近代科学与近代思想两者前进的步伐已经脱节,而不能维持同步。补救的办法则要靠史学在20世纪必须起到物理学在17世纪所起的那种作用②,所以他才有20世纪哲学的任务就是要清理20世纪的史学的这一提法。

十

上面简略地叙述了柯林武德的历史的观念。为了较全面地评价他的观点,这里似有必要赘叙几句他的政治态度和政治思想。他写过一部政治学专著,题名为《新利维坦》,显然意在承续霍布斯的《利维坦》。利维坦是古代神话中的巨灵,霍布斯以之称呼近代国家。③ 然而自《利维坦》以来,史学、心理学、人类学等多方面的进展,已使它显得跟不上时代④,这是他要写《新利维坦》的原因。

柯林武德自命他的政治观点就是英国所称为"民主的"、大陆所称为"自由的"那种政治观点。他又自命是英国体制的一分子,在这个体制中,每个人都有投票权,可以选举议会中的代表;并且他认为英国的普选以及言论自由,可以保证不会再有相当一部分

---

① 柯林武德:《形而上学论》,第56页。
② 这个论点他曾反复提到,可参见《形而上学论》,第61页。
③ 霍布斯《利维坦》第一卷第一章:"这个巨灵就叫作国家(civitas),它只不过是一个人工制造的人,尽管在体型上和力量上都要比自然人来得大。"
④ 参见柯林武德:《新利维坦》,第IV页。

人受政权的压迫或者再被迫蒙蔽起他们苦难的真相。民主制不仅是一种政府形式,而且是一所传授政治经验的学校,它在政治上可以以公共舆论或意见为基础,而这一点是任何极权体制所做不到的。这种政体所具有的优越性超过了人类迄今为止所曾有过的任何其他政体;因为它是自我反馈的(self-feeding),议员由选民从他们自身之中选出,政务官由议员担任。正由于政治取决于多数,所以少数人的无知和错误是不足为虑的。他甚至称美这种"通过自我解放的行动而达到的自由意志","标志着一个人在近代欧洲所达到的思想成熟的高度"①;所以尽管他承认这种所谓民主制也存在着腐化问题,但又肯定英国仍不失为真正民主的传统。凡此都表现出他的偏见和浅视,只从形式看问题,并没有触及政治的实质;这是无待多说的。

霍布斯的出发点是:人与人的关系在自然状态中是"每个人对所有的人都在进行战争"②,人对人都是豺狼。柯林武德补充说,但人与人之间也还有友善:"他(霍布斯)认为人们'天然地'彼此是仇敌,这是对的;但他们同时也还'天然地'是朋友。"③人类彼此是朋友这一天性,不仅仅是出自理性的深思熟虑,"人与人之间的合作,并不像霍布斯所想象的那样,仅仅是奠基于人类的理性这样一个薄弱的基础之上"④,而且还因为人们在友好之中享受着感情的欣慰。这里柯林武德虽和霍布斯的结论不同,但两人都是从普遍的抽象人性出发,其推论形式是一样的。可是,这和他自己的史学理论却有矛盾,因为按照他的史学理论,人性并不是永恒不变的。

20世纪20年代,柯林武德亲眼看见了社会主义思潮的兴起,30

---

① 柯林武德:《新利维坦》,13.56—57,第94—95页。
② 霍布斯:《利维坦》,第13章。
③ 柯林武德:《新利维坦》,36.72,第305页。
④ 同上书,36.73,第305页。

年代又出现了法西斯主义的思潮;两者从不同的方面都成为对他所信仰的"民主"传统的冲击。他曾指出并谴责了当时英国保守党从鲍尔温到张伯伦政府对法西斯的三次迁就——即意大利侵略埃塞俄比亚、西班牙内战、出卖捷克——终于导致第二次世界大战的爆发。西班牙内战本来是法西斯所发动的对外战争,英国保守党政府却在中立的幌子之下纵容法西斯。第二次世界大战前夕,他还指出法西斯主义就意味着人类理性的终结和非理性主义的胜利,并声称他本人要自觉地与之斗争,这反映了他自由主义的政治态度。他把纳粹主义列为人类历史上的野蛮之一,但同时也流露出一种恐惧与悲观的情调;他说:"真理是世界上最宝贵的东西,人的全部职责就在于追求真理,非理性主义的瘟疫如果在欧洲一发而不可收拾,那么它就会在很短的时间内摧毁一切号称欧洲文明的东西"①,这段话写于第二次世界大战爆发的那一年。但同时他又把历史上的伊斯兰教、土耳其帝国乃至阿尔比异端(Albi)均归入野蛮之列,反映出了自由主义者的褊狭性。

从同样的立场出发,他反对社会主义。他曾论证:"政治学的第一条定律就是:一个政治体是分为统治阶级和被统治阶级的"②;他不但承认"自由是个程度问题"③,即自由总是就一定的环境和条件而言的,而且还承认"近代欧洲政治体中的自由,首先是只限于统治阶级"④;但是他又认为不同的、对立的阶级可以互相"渗透"。⑤ 因而主张走阶级调和的道路。他曾多次表示不同意马克思主义,认为马克思尽管要反对空想,但是马克思有关国家消亡的学

---

① 柯林武德:《形而上学论》,第 140 页。
② 柯林武德:《新利维坦》,25.7,第 189 页。
③ 同上书,21.8,第 156 页。
④ 同上书,27.72,第 208 页。
⑤ 同上书,25.8,第 189 页。

说却使自己也"在千年福王国的梦想这一特殊形式中陷入了空想"。① 他还指责社会主义会"使得教育者们官僚化"。② 按照他本人的理论来说,马克思所要解决的既是实际问题,即改造世界的问题,所以他的理论对于不同意把这种愿望视为合理的人,便是毫无意义的;但这一点对他自己的理论来说,在某种意义上也可以说是夫子自道。

30年代以后的历史现实,使得他对英国的政治和政府的看法染上了一层怀疑和悲观的色彩,特别是当他看到保守党政府在禁运武器与不干涉的幌子下,实际上都在干着支持佛朗哥法西斯政权勾当的时候。他同意这种看法,即哲学不应该是消极的知识,而应该是一种积极的武器;又曾论断文明的进步有赖于思想——所以宣称"就其对自然界的关系而言,文明就是榨取,或者更确切地说,是科学的与思想的榨取"。③ 但是这一时期,无论在科学上或在思想上,他都没有什么更多的新观念提出来,除了死后出版的压卷之作《历史的观念》留下了一部评价他的史学理论的最重要的证件。

十一

自从柯林武德《历史的观念》问世以来,一直有人在对他的理论进行评论。有人就总的英国唯心主义哲学加以评论,有人则偏重于其史学理论。就后者而言,也一直有不同的评价;有人把他和狄尔泰、克罗齐并列为唯心主义史学的突出代表,称他是"英语国

---

① 柯林武德:《新利维坦》,25.33,第185页。
② 同上书,37.58,第313页。
③ 同上书,35.36,第291页。

家中最有影响的历史哲学家"①,也有人认为他的史学方法专靠艺术上的移情(empathy),那并不是真正的科学方法。大体上可以说,思辨的历史哲学虽然自古有之,但批判的或分析的历史哲学在西方却要到 19 世纪末才正式登上理论舞台;柯林武德的书不失为这方面一部有代表性的著作,近几十年来分析的历史哲学有逐渐成为显学的趋势,论者谓这"部分地要归功于柯林武德的影响"。而相形之下,传统的思辨历史哲学②却显得有点式微了。③ 看来思辨的体系似乎有必要先经过一番批判的洗礼。与思辨历史哲学同时存在的还有实证主义的历史观点;它在近代西方远比思辨历史哲学更有市场。几乎大部分近代史学家都有意或无意信奉着实证主义的教条,把史学简单看作是类似于自然科学的某种东西。克罗齐和柯林武德极力想把历史哲学纳入一条新途径,对于反击流行的实证主义观点是起了很大作用的。

克罗齐拘守新黑格尔派的家法,认为离开精神就没有实在,精神就是实在。柯林武德不如克罗齐那样强调精神本体,而是有着更多康德的影子。他对理性能力的结构的提法,基本上脱胎于康德的三分法。④ 康德的巨大影响⑤还表现在柯林武德的历史观念

---

① 沃尔什:《历史哲学导论》,1960 年英文版,第 48 页。
② 20 世纪初的斯宾格勒和 20 世纪中的汤因比都可归入这一类。
③ 康金编:《史学的遗产和挑战》,1971 年英文版,第 114 页。鲍亨斯基也把柯林武德列为狄尔泰的后学,见《当代欧洲哲学》,1965 年英文版,第 125 页。
④ 《艺术原理》第 10 页:"每种活动都有理论的成分,心灵由此而认识某种事物;又有实践的成分,心灵由此而改变自身与世界;还有感觉的成分,心灵的认识与行动由此而赋有好恶苦乐的色彩。"可以比较康德:《判断力批判》,Meredith 英译本,第 15 页。
⑤ 他特别有契于康德的如下原则,即有关自然界的命题有赖于联系性的原理:在一个序列的两项之间总有一个第三项存在,他认为这样康德就在科学上前进了一大步,"他(康德)就从伽利略以及自然科学原则必须是一种应用数学这一普遍原则,而过渡到莱布尼茨和牛顿以及自然科学必须包括微分方程这一特殊原则"(《形而上学论》,第 258—259 页)。

上。康德以理性的自我批判来否定传统的形而上学。柯林武德一方面并不完全否定形而上学,另一方面则把理性自我批判的办法转移到史学上面来,要求史家在认识历史之前首先要对自己认识历史的能力进行一番自我批判。他说:"人要求知道一切,所以也要求知道自己","没有对自己的了解,他对其他事物的了解就是不完备的"①,"理性的自知绝不是什么偶然,而是由于它的本性所使然"②。这样,历史哲学的重点就被转移到对理性自身认识能力的批判上面来。固然,认识能力的自身首先应该进行自我批判,否则任何科学认识都有陷入盲目的危险;但认识能力的自我批判却不能就此代替或者是取消对客观规律的探讨。理解历史规律与对理解的方法及其概念的分析,二者是属于不同层次的两回事。分析的历史哲学实际上往往是用对历史认识的逻辑分析取代了对历史规律的探讨,这严格说来,只是回避了(或篡改了)问题而并没有解决问题。一切分析学派之所以不能令人满意(而招致反对派的攻击),归根到底也在于此。不做答案并不是答案,而分析历史哲学却每每以不做答案为其答案。柯林武德的理论也未能避免这一点,虽然他和更晚近的分析派历史哲学也有不同,而后者似乎更为变本加厉。

上面这个带根本性的问题,也牵涉到主客体之间如何明确地划定界限的问题。这条界限如何划分?划在哪里?对此,柯林武德以普遍概念的互为前提(presupposition)来解释。③ 这样一来,例如惯性原则就不再成其为动力学中的普遍的真实,而毋宁说是人

---

① 柯林武德:《历史的观念》,第205页。
② 同上书,第227页。
③ 柯林武德解释说:"每个问题都包括一个事先的前提。"(《形而上学论》,第25页)例如在物理学中,牛顿预先以"某些事件有因"为其前提,康德则以"一切事件都有因"为其前提,而爱因斯坦则以"任何事件都没有因"为其前提(同上书,第545页)。提出问题之前,须先有某些前提,尽管事后可以受到修正乃至被其他前提所取代。

们所采用的一种前提,或者说一种解释原则;于是通常的客位就被转移到主位上来。这种办法表面上的优点是,它可解释某些类型的科学论证何以具有表面看起来的那种必然性。然而实际上它却根本否定了任何科学知识的客观性,把科学的概念结构归结为只是科学家所任意选择并强加之于自然现象的解说。事实上,这种办法——连同它的一切优点和缺点——或多或少以大致相同的方式,也被他引用于史学理论研究。他在逻辑上独标所谓问答逻辑的思想方法——他自命这是逻辑学上的一大革命,认为它与时下流行的各派均不相同,并且自我评价甚高。然而它的作用究竟如何,尚有待今后的发展做出答案。① 而他的历史观念则大致可以看成是他这套理论与方法在史学方面的引申和应用。康德曾标榜哥白尼式的革命,那是总结17世纪所奠立的自然科学的。柯林武德认为现在到了20世纪的史学行将取代17世纪自然科学的地位的时代。因此,他标榜一场其意义更有甚于哥白尼革命的培根式的史学革命。

十二

最后,我们对以上柯林武德的史学理论试做一些初步的评论。

首先他的理论所使用的一些基本概念不够明晰,有的乃至完全缺乏科学规定;这就不可避免地导致某些理论的混乱。诸如他所谓的"理解""思想""重演"等等究竟应该作何解释,他并没有讲清楚,经不起分析和推敲。这是他理论的薄弱性的所在。

他的逻辑推论也有一些成分是应该重视的,包括他以问答方

---

① 如果谈到逻辑学上的革命,那么至少迄今它还无法比拟差不多在同时、同地问世的罗素和怀特海的《数学原理》,后者几乎使传统逻辑丧失其存在的根据和价值,而其势头似乎仍在有增无已。

式处理逻辑,指出了某些看来似乎矛盾的命题,其实并没有矛盾——只要我们善于分辨它的具体含义是什么,亦即具体问题是什么,或要回答的是什么具体问题。这有助于澄清一些思想上和逻辑上的混淆。特别是他应用这种思想方法于史学所达到的结论是:史学给人以真正的知识。这一点就使他有别于当代其他历史哲学的立场。20世纪生命派的流行观点是把世界看作某种不是被理解的、而是被体验的对象。因此哲学就不是科学知识,或者不能给人以知识,因为哲学家并不在他所思考的事物之外,而是参与其中,研究方法与答案是受观察者本人所制约的;甚至竟然认为所谓知识只能是对于中性的人才存在。而分析派的代表们则认为哲学是识而不是知,是洞见而非事实,哲学只是从事实中籀绎出来秩序。与这两派不同,柯林武德肯定了以新方法可以求得新的历史知识;这一点有其积极的意义。

与此相关,他区别自然科学与人文科学的不同,也有其绵密与深邃之处。但他截然划分并割裂科学方法与史学方法却不免绝对化,甚而不谈或不承认历史本身也多少可以有像自然规律那样的客观规律。自然科学的方法,例如应用数学方法或统计学方法,没有理由不能应用于史学研究。人文既是统一的世界的一部分,当然也就要服从普遍的规律。自然和人文切成为二,实在是有见于特殊性,而无见于普遍性。自然科学和人文科学所研究的并不是两个截然不相通的世界,其间并没有一道不可逾越的鸿沟;它们同属科学,研究的是同一个统一的世界,而且它们互相渗透、影响、利用并促进。仍然与此相关的是,他把历史过程 P 看作仅仅是 P_1、P_2、P_3……也犯了同样的毛病;因为所有的 P_1、P_2、P_3 终究都有一个共同属性构成其为 P,否则 P 就没有存在的理由。特殊性是不能被强调到取消普遍性的地步的。同时,既然 P 只是 P_1、P_2、P_3……,所以 P_1、P_2、P_3……每一个环节对历史就同样是不可缺少的,所以它们必须同等地被史学家所复活。历史可以如他所论断的,无所谓结束,每一个 P_n 都是 P_{n-1} 的发展,所有的 P_1、P_2、P_3……都活在 P_n 里;但这一点却不可绝对化。并不能由此推导说,过去全部的 P_1、P_2、P_3……都是等价的或等值的,并且是等值地或等价地都活在今天。事实上,它们有些仍然活着,有些则不是那么活着,有些则已死去或正在死去。它们绝不是同等地都活在今天。如果肯定它们全部都同样活着,那至少也有资格被戴上一顶柯林武德的"坏形而上学"的帽子。史学家没有必要,也没有可能复活以往全部历史的每一个环节或事件。

一切历史都是思想史,因而只有重演古人的思想才能理解历史。情形真是这样的吗?真的是"除了思想以外,任何别的东西都不可能有历史"①吗?史学上强调研究思想的重要性,虽然始自19世纪②,但把它总结为一套史学原则的则是柯林武德。然而即使思想是历史最主要的内容,也没有理由可以引申出思想就是历史的决定因素或唯一因素的结论。柯林武德在强调历史的思想内容时,对于历史上非个人的力量几乎不着一词,完全无视于起巨大历史作用的非思想的物质力量。而实际上物质力量却往往有如海水之下的冰山,至于思想则不过是水面上浮露出来的那一小部分顶尖罢了。假如他的意思是说,任何物质力量也都要通过思想而表现,所以历史仍然是思想史;这种说法诚然无可非议,但并没有任何理由应该就此把历史全部归结为思想史。而这正是柯林武德史学理论的特征。非思想的物质力量中甚至可以包括人们的本能和各种潜意识——其作用往往并不呈现为有意识的、有目的的、逻辑

---

① 柯林武德:《历史的观念》,第304页。
② 19世纪阿克顿已有这样的提法:"我们(史学家)的任务就是要注视并掌握思想的运动,它并不是历史事件的结果而是它的原因。"(《历史研究讲演录》,1911年英文版,第6页)

的思想形式。"思想"一词,他用得实在太滥,其含义大体上我们可以归结为广、狭二义。狭义的思想指推理的思想,广义的则略如康德所称的"全部的心灵能力",即知、情、意均包括在内。但他本人根本没有正视那些采取非逻辑形式的思想;而有时候那些下意识或潜意识对于人的行为的支配力却并不亚于有意识的思想。归根到底,历史的进程是不以人的思想为转移的;个别地看,每桩历史事件虽然贯穿着当事者的思想意图,但整个历史运动却又与每个当事人有意识的思想关系不一定很大。在历史上,一个人的有意识的思想倒往往像是一幕偶然的插曲、一种假象。例如历史上的神学争论,往往只不外是用以掩盖世俗利益冲突的外衣。恰好是历史之作为这样一幕"理性的狡猾",在他十分强调思想的时候,却十分幼稚地被他忽视了。历史事件在很大程度上并不是、至少不仅仅是当事人有意识的思想的表现;不重视当事者的思想和过分强调当事者的思想是同样地不可取。历史事件确实表现思想,但这在任何意义上都不能说历史仅仅是思想或思想的产物。在规定着历史进程的巨大物质力量的面前,思想——它被柯林武德赋予了那么重大的意义——有时候还会显得苍白无力。历史并不是由某个人或某些人的思想所规划的,这一点柯林武德的理论几乎没有触及。

  柯林武德既提出思想重演的理论,但同时又不得不承认那并非只是简单的重演。即使如此,这里面也还存在着许多问题。就理解历史而言,史学家必须在自己的心灵中重演古人的思想——这一点在理论上是否有必要,在事实上是否有可能?严格说来,神游于古人的境界并非对一切历史了解都是必要的,即使对于理解心灵或思想或目的是必要的,但对于理解非个人的物质力量及其运动却绝非是必要的。在这里,科学的推理能力要远比艺术的移情能力更为需要。在历史上,物质力量本身并不直接发言,但它通过人的思想而间接发言；所以沉默着的物质力量本身和思想的活动或表现，两者是同等地值得史学家注意。其次，思想的重演有无可能？单纯的或纯粹的重演是没有的。如实的思想重演，正如如实的历史复述，是不可能的事，这是作者本人也承认的。真正要做到重演，仅仅设身处地的同情是不够的，直觉的洞见（假如有的话）也还是不够的。不但没有两个人的思想是完全相同的，即使同一个人的思想前后也不可能完全相同。歌德晚年写他的自传，却题名为《诗与真》；他知道对自己的过去已不可能再重复其真实，他所能做到的只是诗情的回忆。对自己的思想尚且如此，对古人的思想更可想而知。既然古人的思想被纳入今人的思想格局之中，它就不再是古人的思想了。在这种意义上，它就不是思想的重演。还有，思想总是和事实不可分割地构成一个历史整体。史学不能撇开事实而专论思想。伽利略的思想是根据他一系列的科学实验的事实而产生的，我们既可以重复他的实验，因而可以以自己的思想重演他的思想；拿破仑的思想是根据他一系列的社会生活的事实而产生的，我们既已不可能重复他的生活，又如何可能在自己的思想里重演他的思想？历史事实显然是无法重演的，史学家对事实的认识无论如何也不可能完全如实，因为他的知识只能间接地通过材料由自己的思想来构造，何况材料总归是不完全的而且必然要受原作者条件的局限。假如具体的历史事实和历史条件不可能重演，那么又如何可能把当时的思想从产生这种思想的具体环境和条件中离析出来而加以重演？对于一个给定的思想—环境的整体，又如何可能在环境改变后（这是柯林武德也承认的），却使思想如实地加以重演？柯林武德谈艺术美时，是把思想从时空的环境中离析出来的，或许在史学上他认为也可以用这种方法对过去的思想加以再思想。但思想和行为同属于一个历史事件的组成部分；如果不能重演古人的行为，史学家有可能重演古人的思想吗？

这似乎不太好自圆其说。史学家不可能重演历史人物；历史的整体既然不可能重演，那么作为整体组成部分的思想就应该也不可能重演，至少是不可能完全重演。我们前面提到，思想一词可以有广狭不同的含义；最狭义的思想或抽象的概念，例如逻辑的思想或数学的思想，是可以重演的；今人可以思前人之所思，想前人之所想，例如他完全可以像亚里士多德一样重演三段论式的思想，或像欧几里得一样重演几何学的思想。但广义的思想——柯林武德是把感情和意识都包括在内的——作为具体条件的产物，却是不可能这样重演的，至少不可能完全重演，因为具体历史条件已不可能重演。思想是看不见、摸不着的，故而不能凭知觉来直接经验，而只能靠推论；既然是推论，就不是重演而且还可能有错误。

既然史学家对古人思想的认识总需要纳入他自己的思想结构，而每个史学家的思想又各不相同；所以假如每个史学家都在自己思想里重演古人的思想，其结果将是有多少史学家在思维，就会有多少种不同的历史世界，每个人各以其自己的思想方式在重演古代的历史。那样一来，客观历史作为一个统一体也就不复存在而被分裂为无数的片段，那就非但没有史学，甚至也没有历史了。作者极力要求史学家在心灵中复活过去，宣称史学家只有使自己置身于史事背后的心灵活动之中，亦即以个人本身的经验来重行思维并重新体验过去的历史，才有可能认识历史的意义。这一论点中包含有合理性的因素，它对剪贴史学的因循浅陋、对考据史学的幼稚无聊，在一定程度上揭露了其缺点并力图代之以一种更富有思想深度与心灵广度的史学及其方法论。但这种历史学及其方法论正如它所批判的传统史学一样，其自身也应该首先受到批判；认识能力首先也应该为这种史学及其方法论划定一个有效性的范围；有效性总是有一定范围的，出了圈子就变成不正确了。有人评论柯林武德所谓的重演只是假说,尚有待于事实来验证。① 但应该说,更重要的是这个假说本身首先就需从概念上澄清。合理的成分如果不限定其正确的范围而成为脱缰之马,那就会变成为荒谬。柯林武德的历史的观念虽对当代西方历史哲学有很大影响,但即使受他影响的人也有不少表示不同意他或批评他的;例如德雷就不同意他的培根式的史学革命论,认为史学家的本质和任务更应该是批评家而非科学家;沃尔什则批评他的理论是前后抵牾不能一贯。②

柯林武德对于史学以及他本人所创立的史学理论寄予极高的,乃至过分的希望。历史家对于他来说,意味着人类的自知,而这正是人的本性;换言之,史学即人性科学。他说:"历史学的目的是为了人类的自知","所谓自知不仅指他(史学家)个人有别于他人的特性,而且是他作为人的本性"③;又说:"人性的科学只能由史学来完成,史学就是人性科学宣称自己所应当是的那种东西。"④但这样一种无所不包与无所不能的史学,他却远远没有能建立起来。他曾想建立一种科学的史学而与传统的史学相对立,前者以自己为权威而后者则接受现成的权威;但他所做的主要工作却只限于对史学进行思想方法的与知识论的考察,而非对历史规律本身做出任何结论。或许可以说,他的主要工作只在于使史学界认识到:对历史科学进行哲学的反思乃是必要的而又重要的,而且严肃的史学必须使自己经历一番严格的逻辑的与哲学的批判和洗练。正是在这一点上,我们不应该低估他对当代西方历史哲学思潮的作用和影响。史学的高下不仅仅取决于史料的丰富与否,而更重要

---

① 多纳根(Allan Donagan)编:《历史哲学》,New York:Macmillan,1965 年,第 20 页。
② 沃尔什:《历史哲学导论》,第 109 页。
③ 柯林武德:《历史的观念》,第 10 页。
④ 同上书,第 209 页。

的还取决于史学家思想的驾驭能力。这虽在某种意义上可以说是常识,但柯林武德却做了详尽细致的发挥——尤其是他着重分析了史学与其他科学之不同在于必须掌握人的思想(这样就使死历史变成了活历史),不失为对传统剪贴史学的一种非常有价值的批判。

1981年冬于北京

(本文作为"译序",发表于柯林武德著,何兆武、张文杰译《历史的观念》,中国社会科学出版社,1986年)

评波普尔《历史主义贫困论》

一

波普尔(Karl Raimund Popper,1902—1994)的《历史主义贫困论》一书,虽然迟至1957年才以专著的形式正式出版,但它的初稿却早在1935年即已形成。1936年,他以同一个《历史主义贫困论》为题,宣读了两篇论文:第一篇是在布鲁塞尔的一个哲学讨论会上,第二篇是在伦敦由哈耶克①主持的一个讲习班上。随后,他把他的稿子送给一个杂志,但被退稿。7年以后,这篇稿子始分期刊登在哈耶克主编的《经济学》(*Economica*)上。这部书从成形到问世,前后经历了20年之久。

历史主义自从19世纪末以来,一直是德国乃至西欧史学界的一个热门题目。此词德文原为Historismus,字面上应该相当于英文的historism;但是波普尔论述历史主义,却另拈出 historicism 一词。自此而后,英文中 historicism 一词反而成了德文 Historismus 一词的

---

① 哈耶克(Friedrich A. Hayek,1899—1992),英籍奥地利经济学家,《通往奴役之路》一书的作者。波普尔在第二次世界大战前去新西兰任教多年,二战后重返英伦任教,都是出自哈耶克的推挽。两人的关系之深以及思想的共同基础,可以从他们的著作里明显看出。

对应词,而 historism 一词竟致被人废弃不用。① 波普尔之所以拈出 historicism 而不用 historism,是因为他的历史主义的含义与德国学派如狄尔泰和梅尼克等人的迥然异趣。在传统的历史主义者那里,所谓历史主义就意味着:历史的意义一般地是可以,或者是应该以某种法则或规律加以解释的。同时,每一种世界观也都是历史地被限定的、被制约的,因而是相对于其时代而言的。传统的历史主义者又大多认为,历史学对经验事实的研究和推论方式是不同于自然科学的。

和这一传统的意义不同的是,波普尔把历史主义严格地限定为历史决定论;也就是说,历史主义一词指的是这样一种观点:历史的行程遵循着客观的必然规律,因而人们就可以据之以预言未来。所以他使用历史主义一词是指那种根据客观的历史规律在解释过去并从而预言将来的历史观。② 在他看来,历史主义和历史决定论乃是同义语,而他本人则是反对历史主义的。③ 任何科学如果发现了客观的必然规律,就一定可以据之以预言未来。例如,天文可以预告日月食,地质学可以预告地震。人类的历史过程有没有也像自然世界过程那样的客观规律呢?波普尔的回答是:没有。历史是并没有规律可循的,因而也就是无法预言的。他的这一反历史主义的理论构成为他的史学理论的核心。

波普尔的看法是,史学研究应该包括两个方面,即解释和描述。"历史学的这两种任务——即解开因果线索和描述把这些线

---

① 参看 A. 多纳甘:《波普尔对历史主义的考察》,载席尔普编:《波普尔的哲学》(*The Philosophy of Karl Popper*, La Salle: Open Court Publishing Company, 1974),第 2 卷,第 906 页。
② 参看卡尔·波普尔:《历史主义贫困论》,纽约,1964 年,第 50 页。
③ 有人把波普尔的历史主义径直译作历史决定论。这种译法虽不错误,不过它在字面上就和 historical determinism 没有区别了;同时也不便于和波普尔所论述的其他各种"主义"相对应。

索交织在一起的'偶然'方式——都是必要的,它们是相辅相成的。"①但是在这里,他对于所谓"历史的解释"却提出一种与众不同的观点。他认为科学是可以检验的,但是"历史研究或历史观点是不可能加以检验的。它们不可能被反驳,所以表态的肯定就是没有价值的",于是"这样一种抉择的观点或历史兴趣的焦点——假如它不可能被总结为一种可验证的假说的话——我们就称之为历史的解释"。② 历史的解释不是科学,因为它是不可检验的,而是假说。当然,他并不认为假说就可以异想天开,或者不可检验的东西就意味着可以随心所欲。不过,他的整个史学理论确实是从这样一个基本观点出发的:即历史主义的错误就在于它把对历史的解释误认为就是科学。

二

波普尔反历史主义的史学理论,可以归结为如下的五条论纲:

(一)人类历史的进程是受到人类知识进步的强烈影响的。

(二)我们无法以合理的或科学的方法预言我们的科学知识的增长。

(三)因此,我们无法预言人类历史的未来进程。

(四)这就意味着我们必须否定理论历史学的可能性,也就是相应于理论物理学的那种历史社会科学的可能性。

(五)因此,历史主义方法的基本目标乃是构思错误的,历史主义乃是不能成立的。③

在这五条基本论纲中,第(一)条可以说是常识,而且作为一种

---

① 卡尔·波普尔:《历史主义贫困论》,第146—147页。
② 同上。
③ 同上书,第6—7页。

作业前提,一般似可接受。关键是第(二)条,但它的正确性却很可疑。为什么人类知识的进步就无法预言或预测呢?自第(二)条以下的第(三)、(四)、(五)条,每一条都是前一条的系论。如果第(二)条不能成立,则第(三)、(四)、(五)条便都不能成立。五条论纲的中心思想是:人类总是在不断地获得知识,然而知识的增长其本身却并无规律可循,所以预言就是不可能的。

历史主义者认为历史发展有其必经的、不可改变的阶段;波普尔则认为这一发展历程是完全可以改变的,所以是无法预测的。他的主要论据如下:自然界的演变过程和人类无关,而人类历史的历程则和人类(作为认识的主体)是密切相关联的。主体本身就参与了客体(历史)的发展过程;因而客观规律或阶段就会受到主体的影响而改变。预言本身就参与着并影响着历史的过程,所以预言也就不可能是对客观规律的描述或宣告。这就是说,历史主义必然要做预言,而预言又恰好以其自身对历史的作用而取消了规律的客观性。预言之影响到历史的进程,就意味着历史主义的预言的自我否定。为了说明这一点,波普尔引用了弗洛伊德有名的俄狄浦斯(Oedipus)的预言为例。在希腊悲剧家索福克勒斯的剧本里,先知传神谕说,底比斯的王子俄狄浦斯日后将要杀父娶母;为了躲避这个命运,俄狄浦斯就远离了自己的故土,多年漂泊异乡,但他在归来的途中却无意地杀死自己的父亲,后来又娶了自己的母亲。波普尔对此解释说:正是这个预言本身,乃是导致俄狄浦斯杀父娶母的原因。他把这种作用称为俄狄浦斯效应;亦即,预言就会影响到被预言的事件的历史过程,从而也就否定了客观的历史规律。这种效应在自然界中是并不存在的,例如人们对日月食的预言无论正确与否,都绝不会影响到自然界中日月食的客观过程。但是这种效应在人类的历史上,却只能说是太显著了。例如,只要人们在主观上预期将要发生战争,就必然会引起人们对预期中行将到来的战争进行种种努力与活动,而这些就又反过来会影响到事物发展的行程。古希腊人行军作战之前先要进行占卜,所卜得预兆的吉凶会极大地影响到战略、战术和军心士气,那作用之大当然是不言而喻的。又如,人们对股票行情变化所作的预告,无论有无根据,也无论正确与否,是势必要影响到股票市场的变化的。这样的事件,在历史上不胜枚举。不但预言,甚至于谣言也会起到类似作用。传说中玛丽·安图娃奈特(Marie Antoinette,法国路易十六的王后)的珠宝大贪污案,大大刺激了法国大革命前夜法国人民对波旁王朝的痛恨和仇视,从而加速了革命的进程。又如地震的谣言,虽不会影响自然过程(地震)的本身,却会造成人心惶惶、社会不安的效果,从而也就影响了社会过程(生产停滞、生活紊乱)。客观规律一旦渗入了主观因素,就会受到它的影响而引起改变。于是,预言就改变了被预言事物的本身;因此,历史就没有客观的规律可以预言。预言本身,也就是人类知识的本身,就必然影响到被预言的事件的实现过程(即历史);由此而得的结论就是:真正的预言是不可能的。

预言,或者更准确地说,决定论意义上的预言,乃是科学之成为科学的必要条件。① 现在既然在历史研究中,预言乃是不可能的;历史主义也就是不能成立的。历史研究当然不免要有对历史的解释,但这种历史的解释只能是多元的,而不是决定论的,因而其性质就只是"设想性的"和"随意性的",而绝非是某种非如此不可(sine qua non)的东西。② 以上的意思也可以换成另一种以哲学术语来表达的方式,那就是:历史学的命题乃是综合的而非分析的,故而它(或它们)就不可能有任何先验的有效性,也就是说,历

---

① 卡尔·波普尔:《历史主义贫困论》,第 14 页。
② 同上书,第 151 页。

史是不可能预言的。关于人类认识本身会影响到人类历史的进程——亦即"对社会问题的科学研究,其本身势必影响到社会生活"①,波普尔的论据有一定的代表性,在东西方都曾引起史学界的普遍关注。

三

波普尔还有一个攻击的目标,叫作总体论(holism)。他的公式是:历史主义就等于决定论,也就等于总体论。他本人反对历史主义,所以也反对总体论。总体论据说必然引向乌托邦工程学。与乌托邦工程学相对抗,波普尔就提出了所谓"零碎工程学"(piecemeal engineering)。它就社会理论而言,就是零碎工程学;就所使用的方法而言,则是"试错法"(trial and error)。这一点在政治上的含义是明显不过的,那就是要以零敲碎打的改良来对抗全面的社会革命。他的反总体论的论点如下:

历史主义是不可能的,总体论也是不可能的;所以要想"建立和指导整个社会体系并规划全部社会生活,在逻辑上就是不可能的事"。② 逻辑上既不可能,事实上就更不可能了。流行的观点是,部分之和就构成为总体。他认为,这种观点在物理世界是正确的,但在人类历史上却不是。世界上根本就不存在、也不可能存在任何一种总体论意义上的历史,我们所能探讨的只能是历史的某一个或某些个方面。③ 总体论的基本立场是"把人类历史当作一条巨大的、无所不包的发展洪流",但是"这样的一部历史是写不出来的",因为"任何写出来的历史都只是'总体'发展的某一狭隘方面

---

① 卡尔·波普尔:《历史主义贫困论》,第156页。
② 同上书,第81页。
③ 同上书,第80页。

的历史"。① 但是在责难总体论的时候,波普尔自己也犯了一点总体论的错误,至少是在他的史学方法论上。他误以为在历史研究中,总体就等于细节的总和。其实,这种意义的历史学在史学史上是从来也不曾有过的。任何一部写出来的历史都绝不是包罗万象的。历史家之写历史有如画家之作画,他只是透过某一点(某一瞬间、某一侧面)而掇取并表现出其整体生命的神髓。历史是有独立生命的,写出来的历史书(至少,一部好的历史书)也是有独立生命的。波普尔这位科学哲学家在分析历史学的性质时,却忽略了它有其作为艺术的那一面。而且历史学,无论是作为科学的概括还是作为艺术的概括,都绝不要求包罗万象。

波普尔强调,历史主义或总体论,由于其自身的谬误,不仅在实践上是行不通的,而且在理论上"总体论的实验也不可能对我们的实验知识做出什么贡献"②,因为"社会工程师的总体论蓝图并非是基于任何一种可以进行比较的实际经验"③之上的,或者说,总体论的蓝图和实际经验是无从比较的。然而历史主义者却只会以一种唯一的(在波普尔看来是僵化的)思想方式,即以总体论的思想方式去思想;他可以想象变化,但是他只能想象不变条件之下的变化,"他无法想象变化了的条件之下的变化"。④ 归根到底,"历史主义贫困论乃是想象力的贫困"⑤的结果,也就是贫困的思想对于历史主义进行报复的结果。

人类的知识并没有任何永不错误的依据,无论是在智性的层次上还是在感性的层次上。因此,"人类的一切知识,尤其是一切

---

① 卡尔·波普尔:《历史主义贫困论》,第 81 页。
② 同上书,第 85 页。
③ 同上书,第 83 页。
④ 同上书,第 130 页。
⑤ 同上。

前知,都有可能错误"。① 然而思想的贫困却使得人们在中世纪把圣书和启示当作是永不错误的权威,而到了近代则又以理性(或智性)为永不错误的权威。以理性为其权威的科学并不能真正认识事物的性质,因为没有一种科学理论可以完全被证明是理所当然的(justified)。一种新科学理论的提出,同时也就带来了与它所要解决的问题同样之多的新问题。新问题同样地有待于解决,故此没有一种理论可以称得上是完整的理论体系,或者说是真理。然而,果真如此的话,那么什么又是随着他本人提出的反历史主义的理论而来的新问题呢？还是它已不再面临任何需要解决的新问题了呢？对此,他并没有做出明确的答复。

四

波普尔的企图是制订出一套能统一自然科学和历史科学的思想方法论。他的这一工作,往往不免予读者以刻意标新立异之感,他喜欢罗列一大堆的主义:本质主义、假说主义、演绎主义、唯科学主义、消灭主义等等。然而在把自然科学思维方法引入人文世界方面,他毕竟是当今西方思想界的突出代表之一。

波普尔攻击历史主义,是采取先为历史主义辩护的姿态,力图发挥历史主义的论点,然后再指责它的错误,进行攻击。就历史和历史学所涉及的范围而言,他的攻击集中于一点,即断言历史并没有客观的规律,因而就不能预言——不是在微观上,而是在宏观上。这里的论证是:科学真理必须能够经受证伪的检验,而所谓的历史的规律是不能证伪的,因而就不能成其为规律。自然科学的规律必须是普遍的,但历史事件都是独一无二的,所以不能用科学

---

① 席尔普编,《波普尔的哲学》,第 2 卷,第 1164 页。

上的证伪方法来加以检验;历史研究只能称为历史的解释而并非历史的规律。这一论证的前半部分——即历史学不可能有自然科学那样的普遍规律——并没有超出19世纪末以来的新康德学派。但新康德学派主要是就自然科学与历史科学二者本性的不同而立论,波普尔则更多地是从方法论着眼。他可以说是把新康德学派的观点引申到科学哲学的领域里来。

总体是不可能成为研究的对象的,所以对历史发展的整体就不可能有科学的理论。所以历史学所需要的并不是牛顿(那样的体系建立者),而是伽利略①(那样的实验观察者),所以总体论就应该代之以零碎工程学;总体论是有预定的目的的,而零碎工程学则只问个别事件,不问目的。目的永远是总体论的构成部分②,而目的论则必然导致空想主义。③ 于是,空想主义或乌托邦也和总体论一样成了历史主义的同义语,也就成了波普尔所反对的对象。他以为任何乌托邦都不能逃避两个缺点,一是其本身内在的矛盾,二是它必然导致暴力。科学是不能、也不会构造出一个乌托邦来的——这是他在《开放社会及其敌人》一书中所着重阐述的基本思想。在《历史主义贫困论》一书中,他又强调对未来社会的美好信仰无异于相信奇迹④,那原因就在于:我们研究一件事物"只能是选择它的某些方面","我们不可能观察或描写世界的全貌","因为描述乃是有选择性的"。⑤ 关于这一零碎工程学的论点——它在哲学上就叫作"批判的理性主义"——马吉(Bryan Magee)曾用了这样一个比喻来解说:人类就像是正在大海上航行的一艘船上的水手,

---

① 卡尔·波普尔:《历史主义贫困论》,第60页。
② 同上书,第64页。
③ 同上书,第85页。
④ 同上书,第50页。
⑤ 同上书,第77页。

他们可以修改他们所生活于其上的这艘船的任何一部分,可以一部分一部分地修改它,但是他们却不可能一下子全盘彻底改造它。①

历史事件有别于自然现象的,在于它只是一度出现,所以是独一无二的,不像自然界现象那样反复地出现;这一论点新康德学派已经再三申说过,波普尔于此了无新意。如果说他有什么新意,那新意或许在如下的一点,即自然事变不是人为的,而历史则是人为的,其中包括人的意志、愿望、知识等等。人类的某些知识,如牛顿的力学、瓦特和爱迪生的发明,可以极大地影响历史的行程。自然史与人文史之间的这一根本歧异,过去是探讨得很不够的。波普尔着重指出这一点是有意义的。但他在论述历史学时,却犯了一个不可容忍的谬误。的确,我们并不能观察或描写世界的全貌,因而历史书的描写总是有选择的。然而这个选择,对于历史学家却并非是随意的。他所选择的应该是那最足以表明历史精神的东西。他之略去许多东西,恰好是有助于表现他所要表示的东西。上节已经提到,史家写史有如画家作画,他的画面不必表现全部的细节。成功的艺术品在于表现精神,它必然要遗略许多细节。历史学有作为科学的一面,也有作为艺术的一面。对于艺术的一面,波普尔的史学理论是全然忽视了的。他只萦心于作为科学的历史学;但就是这一面,其基本论点也是值得批判的。

五

自 1939 年起,席尔普(Paul A. Schilpp)开始编辑一套《当代哲学丛刊》;半个世纪来已陆续出版了 20 多种。1974 年出版其

---

① 参看布赖恩·马吉:《波普尔》(Popper, New York: Viking Press,1973),第 103 页。

中的第 14 种,就是《波普尔的哲学》。这件登龙门的事,似乎正式确定了波普尔在当代西方思想界的地位,并得以和杜威、怀特海、罗素等人并驾齐驱。从一个偏远国度里的一个默默无闻的讲师,一跃而厕身于当代最负盛名的哲学家的行列中间,而且还有当代最伟大的思想家之誉——当代西方思想家的得名之骤,波普尔要算是少数当中的一个;而盛名之下其实难副,波普尔大概也应该算是少数当中的一个。

波普尔 1907 年 7 月 28 日生于维也纳,奥籍犹太人,1928 年获维也纳大学博士学位。由于纳粹排犹,他去英国,再去新西兰任坎特伯雷大学讲师;第二次世界大战后,他重返英国任伦敦政治经济学院的逻辑与科学方法教授,1964 年受封为爵士,1969 年退休。在政治上,他青少年时,曾是奥地利社会民主党党员长达 20 年,而社会民主党是有着特别深厚的修正主义和改良主义的传统的;它的理论可以归结为一条原则,即把可以避免的痛苦减少到最低限度。边沁功利主义的原则是:最大多数的最大幸福;波普尔社会民主主义的原则是:最小少数的最小不幸。①

波普尔年轻时正值第一次世界大战后,斯宾格勒《西方的没落》一书风靡一时。波普尔认为斯宾格勒既是一个狄尔泰意义上的历史主义者,同时也是一个波普尔意义上的历史主义者。说斯宾格勒是狄尔泰意义上的历史主义者,是因为在斯宾格勒历史思想中起主导作用的乃是狄尔泰意义上的"理解";说他是波普尔意义上的历史主义者,则是因为他"预言"了西方的没落。② 据波普尔自述说:"我在维也纳作学生的时候,左派和右派的气氛都是强烈的历史主义的。'历史是在我们这一边'这个口号,你可以从国社

---

① 参看布赖恩·马吉:《波普尔》,第 81 页。
② 参看席尔普编,《波普尔的哲学》,第 2 卷,第 1173 页。

党(及其有关团体)和社会民主党(我和我的朋友都属于它)两方面同样地听到。而'科学社会主义'则是对社会主义必将到来的科学证明。"①青年时代的社会思潮给他留下了深刻的印象,使他开始对历史主义理论的研究感到兴趣。此后他毕生的研究和探讨,主要就包括两个方面,一个是科学哲学,一个是历史哲学。后一方面的主要代表著作是《开放社会及其敌人》和《历史主义贫困论》两部书。② 两次世界大战的浩劫引起他对历史进行反思,法西斯和共产党都使他感到恐惧。恐法西斯病和恐共病之成为他后来理论著作中的一条主要的感情线索,就渊源于他青年时这种生活经历的背景。

维也纳学派兴起于20世纪二三十年代,这一思潮不久即在英、美得到广泛的流传,形成一个有势力的分析学派,至今不衰。波普尔本人出身于维也纳,虽未参加维也纳学派的组织,但在思想路线上却和他们既有分歧,又有共同之处,并与他们中的一些成员(尤其是和费格尔[Herbert Feigl,1902—1988]与卡尔那普[Rudolf Carnap,1891—1970])有着密切的关系并深受其影响。分析学派提出了经验的可证实性作为划分有无意义的标准,即一个命题如果在经验上是可证实的,就是有意义的;否则,就是无意义的。波普尔不承认这一证实原则,而于1933年提出了他的证伪原则作为划分真、假科学的标准。真科学是实验科学,假科学是形而上学;这一点他大致与分析学派相同。不同的是,他承认假科学或者神话也可以发展或转化成为科学,只要能经过一番批判。凡是通不过证伪检验的,就是形而上学;但却并不必然就是无意义的。与证实原则相比较,证伪原则有其表面上的逻辑优点;其优点在于:无

---

① 参看席尔普编,《波普尔的哲学》,第2卷,第1173页。
② 关于他的全部著作,T. E. 汉森(T. E. Hansen)编有一份详尽的编年目录,载席尔普编,《波普尔的哲学》,第2卷,第1202—1287页。

论有多少正面的经验事例似乎都不足以证实一种概括,但是只要有一个反面的事例就足以证伪了。然而,这一区别纯属表面上的,因而是肤浅的。艾耶尔(A. J. Ayer)就指出:"其实这一区别并不像它乍看上去那么清楚明白"①,所以艾耶尔批评波普尔说:"他那体系的基础并不牢固。"②这个批判并不是没有道理的。

六

波普尔的讨论涉及多方面的科学问题,包括量子力学、概率论等专门学科以及方便假设论、思维经济论等思想方法论。构成他思想的一个特点而又有别于其他许多人的,乃是他力图把自然科学和社会人文打成一片。打通这两者的关键则是他统一的方法论,这个方法论也被称之为"证伪标准论"(theory of falsification criterion),是他企图对这两者一以贯之的理论。这个理论是说:检验真理的标准不应该是证实,而应该是证伪,"进行科学检验的真正企图,就是对理论进行证伪"。③ 科学真理必须经过一切可能证伪的考验。反之,凡是没有可能被证伪的,就绝不可能是科学真理。也就是说,真理必须能经受正反两方面的检验,而尤其是反面的检验(即证伪)。正面的事例或许不足以证实,但是反面的事例只要有一个就足以证伪了。例如说,希特勒是战无不胜的;无论希特勒打了多少胜仗都不足以证明这个命题正确(因为他也有可能再打败仗);但是只要他打了一次败仗,就足以证明他绝不是战无不胜的,这就是证伪。也就是说,必须是能够经得起证伪的检验的,才

---

① 艾耶尔:《20 世纪的哲学》(*Philosophy in the 20th Century*, New York: Vintage Books, 1984),第 132 页。
② 同上书,第 134 页。
③ 卡尔·波普尔:《历史主义贫困论》,第 131 页。

有资格称为真理;凡是不可能以证伪方法进行检验的,就不可能是真理。

因此,科学可以说就是证伪。对科学的"一切检验,都可以解释为就是要淘汰错误理论的努力",而进行淘汰所使用的手段则是证伪,其目的"是要去发现一种理论的弱点,以便去否定它,假如它被检验所证伪了的话"。① 我们必须尽最大努力去挑剔一个理论的任何错误,"我们必须竭力去证伪它们";而且"只有当我们竭尽全力而不能证伪它们的时候,我们才可以说,它们经受住了严格的检验"。② 只有这时候,我们才可以认为它们通过证伪而证明了自己是真理。或者用一种比喻的说法:真理是颠扑不破的,证伪就是要千方百计去颠破它,只有用尽一切办法都颠扑它不破的时候,它才有资格被称为真理。对真理的检验也就是进行证伪,或者说是进行进攻、进行驳斥、进行围剿;总之,"理论最后必须要服从经验的检验"。③ 真理不但不怕反驳,而且还必须通过一切可能的证伪来加以反驳,以辩明自己的生存权。真理的真金,是由证伪之火锻炼出来的。可证伪的程度越高,则一个理论的可靠性与精确度也就越高。如果一种理论可被证伪的程度等于零,亦即它根本就没有被证伪的可能时,那么它就丧失了作为科学真理的品质而不可能成其为科学的真理,它就只能是神话了。一切真命题或科学的命题,都是有可能被证伪(但又并没有被证伪)的命题;而凡不可能被证伪的命题就都是假命题或伪科学。一个命题不必一定要被证实,但却必须有可能被证伪。于是分析派所标榜的证实原则,到了波普尔的手里,就被代之以证伪原则。

人类认识的进步,就要靠人们双管齐下,一方面是不断设想各种大胆的假说,一方面则是千方百计地对这些假说进行反驳或证

---

① 卡尔·波普尔:《历史主义贫困论》,第133页。
② 同上。
③ 同上书,第132页。

伪。这种工作越多、越好,则科学也就越进步。科学理论是猜测,证伪则是对猜测的反驳。科学认识就是通过这一猜测与反驳的双方交锋而不断前进的。这就是人类科学知识进步的规律。这个思想他在 1968 年的《猜测与反驳》一书中做了系统的阐述。① 猜测与反驳的过程是永远没有完结的,所以人们不应该轻易地陷入那种廉价的科学主义的诱惑之中,天真地在设想着:真理就在这里了!科学永远都是尝试性的,并且是必然要犯错误的。真理只能是一场无穷的探索②过程;没有任何时候我们可以停下来说:瞧,这就是真理!这种科学主义的向往,正如各式各样的总体论、乌托邦或本质主义一样,都只不过是人们的幻想,而且还是人们为之要付出惨重代价的幻想。它们都以一种盲目的武断,排斥了检验它们成败的可能性;它们自命掌握了事物的本质,其实事物本身根本就不存在他们所说的那样的本质。真正的科学认识,只能是在猜测与反驳、试与错、假说与证伪双方不断反复较量之中逐步前进。

可以承认科学理论里面往往包含有灵感或猜测的成分,但只是在一定的限度上。一旦超出了有效性的限度之外,正确就会转化为谬误。波普尔那种"科学发展的逻辑"③的致命伤,在于他把科学理论、把猜测与反驳绝对化了。这就导致他否认不同层次的概括化在科学认识中的地位和作用。同样,总体和部分也是相对的,相对于不同的层次;绝对意义上的总体或部分都只是空类;可是波普尔也把它们绝对化了。例如生物进化的规律,诚然它只是地球表面上的单一的历史事件,我们没有理由把它当作是普遍性的、也适用于其他星球或全宇宙;然而就地球的范围而论,为什么就不能有它合理存在的地位呢?波普尔的理论,问题实在太多了;他那些僵硬的概念划分

---

① 卡尔·波普尔:《猜测与反驳》,纽约,1968 年。
② 参看席尔普编,《波普尔的哲学》,第 3 页以下各页。
③ 这是他另一本著作的名字。

办法,常常不仅违反常识,而且难以令人(不同意他那前提的人)同意。对于一个历史家的著作,我们可以有时不同意他的理论观点,而同意他的某些论断;但是对于波普尔的史学理论,可以同意的论断似乎并不很多。

七

《开放社会及其敌人》一书是《历史主义贫困论》的姊妹篇,前书的第一卷就是后书第十节的发挥。①《开放社会及其敌人》一经问世,几乎是轰动一时;西方思想界一些代表,对他能从思想方法论的角度深入历史哲学的领域探讨其中的根本理论问题,纷纷表示惊异和赞叹。但是待到最初的一阵轰动过去以后,人们便开始更客观、更冷静地评价他的理论。在半个世纪以后(该书初版于1943年)的今天,重阅这部书,任何一个不带偏见的读者都不难察觉,此书虽然貌似体大思精,然而许多论证却是对前人(尤其是对柏拉图、黑格尔和马克思)的断章取义并肆意渲染,用以回护和坐实他自己的观点和偏见;这是随便选择几段他的引文和解释与前人的原文相对勘,就可以判明的。而他所论证的中心主旨也只有一个,即他的反历史主义的观点。

自二三十年代以来就有一种流行的论点是:任何一门学科的主题和方法,都是被该学科的逻辑所规定的;波普尔也是由此出发而论证历史科学的。《历史主义贫困论》选择了两种当代的观点,《开放社会及其敌人》则选择了三位历史上的思想家,作为他批判的目标。《历史主义贫困论》所批判的两种观点是:(一)拥自然主

---

① 这两部互相补充的书,包括他的史学理论和历史哲学,同时也有对维特根斯坦《逻辑哲学论》的某些批判,而这后一点往往被人忽略。参看席尔普编,《波普尔的哲学》,第1卷,第116—118页。

义的观点。这种观点在方法论上的错误在于它认为历史科学有一种普遍的演化规律。其实,演化过程并不是规律,而只是表明一种倾向。① (二)反自然主义的观点。这种观点认为自然科学的方法不能应用于社会与历史。因为社会与历史有其特殊的、不同于自然界的规律。针对以上两种观点,波普尔就提出:科学方法之作为方法是同样地既适用于自然,也适用于社会与历史,但仅以它涉及整体的某一或某些特殊的、个别的方面为限。社会科学、历史科学可以发现能够阐明人类某些方面行为结果的规律;但是就(作为一个单独的、唯一的)整体而论,却是没有规律的。所以社会或历史的进步,如上所述,就只能靠零碎工程学。

《开放社会及其敌人》(以下简称《开放》)所挑选来加以批判的三个历史上的思想家是柏拉图、黑格尔和马克思。其实,他在这里只不过是借用几个历史人物来反衬他自己的理论而已。他表态说,他选择这三个人并不意在贬低他们,而是由于"我的信念是:如果我们的文明要生存下去,我们就必须打破那种崇拜伟大人物的习惯","因为伟大的人物就会犯伟大的错误"。② 他处理他们的办法是:撇开历史人物的具体历史背景和思想歧异,专就他个人论点与偏见的需要,从中抽出某些概念或思想模式,如所谓总体论、乌托邦或历史主义的论点等加以攻击。这似乎倒可以表明在他论证历史主义贫困论时,他自己的历史思想的局限。

《开放》一书的主题是反历史主义,即否认我们能够发现那些我们可以据之以预言历史事件的进程的历史规律,换句话说,即否认(如历史主义所认为的)"人类历史上是有一个布局的;如果能够

---

① 尽管它在某些方面可以作为诸如优生学的规律的例证。
② 卡尔·波普尔:《开放社会及其敌人》,普林斯顿,1971年,第1卷,第6页。

成功地描述这个布局,我们就掌握了通向未来的钥匙"。① 波普尔把历史主义称之为历史的形而上学,指责它是徒劳无功的而且根据它所做出的预言还是有害的②;因为历史的形而上学妨碍了零碎科学方法之运用于社会改革问题。③ 个别事物,作为整体的部分,可以重复并可以有规律;但整体作为独一无二的整体,则不能重复,不能比较,所以也并没有规律。整体的规律只能是空想,而根据空想进行革命的改造,只能妨碍社会真正的进步和改良。这就是他的基本论点。《开放》最后就以"历史有意义吗"这个问题结束全书。那么,说到最后,究竟历史有意义吗? 他的答复是:"在通常的意义上,历史并没有意义。"④然而,"尽管历史并没有意义,我们却可以赋之以意义"⑤;因为"什么是我们的生活的目的,是要由我们自己决定的"。⑥ 所以结论就是:"我们切不可自命为先知,而是必须成为自己命运的创造者。"⑦那意思是说:先知是预言者,而预言是要假定有不可变易的规律的,于是预言也就排除了人类有创造自己历史的可能性(因为自己的历史早已被规律所规定了)。以下我们准备用更通俗的语言来重新解释一下波普尔的反历史主义。

他好像是在质问历史主义者说:你不是要证明你所预言的社会的合理性吗? 你那理想国不是最符合人民的要求和愿望的吗? 若是果然如此,你就无权反过来强迫你的人民来适应你的理想国。否则

---

① 参看爱德华·博伊尔:《卡尔·波普尔的开放社会》,载席尔普编,《波普尔的哲学》,第 1 卷,第 847 页。
② 参看卡尔·波普尔:《开放社会及其敌人》,第 1 卷,第 34 页。
③ 同上书,第 1 卷,第 3—4 页。
④ 参看卡尔·波普尔:《开放社会及其敌人》,第 2 卷,第 269 页。
⑤ 同上书,第 278 页。
⑥ 同上。
⑦ 同上书,第 280 页。

的话,那在逻辑上就是把车倒装在马的前面了。既然你要表明人民是拥护你的,你就不能反过来定义说,凡不拥护你的就不是人民。如果不拥护你的就不是人民,那么,这从定义上就排斥了有不拥护你的人民的存在的可能性了;于是人民拥护你就成为一个在逻辑上永远也无法证伪的命题(即假命题)。然则,你又如何可能证明人民是拥护你的那理想国的呢?这是他的政治哲学;而且至此为止,在推论形式上看来并没有错误。但是,他继续质问历史主义者说:你不是强调历史的不可改变的客观规律吗?既然是客观规律,是不可改变的;它就不会受到人性自身变化的影响而改变它的行程;否则它就不成其为客观规律了。然而在历史发展的过程中,人性却从来就不是一个常数而是一个变数。人性的变化(包括思想、认识等),其本身就作用于,而且影响着历史发展的进程。人性并不是流变不居的环境之中的一个常数项,而是它本身就以变数项的身份在参与着这场流变不居的发展过程。在流变不居的历史洪流中,就有着人性本身发展变化及其对历史过程的作用和影响。故而人性绝非希腊人所设想的某种"变中之不变",即历史在变,但人性在其中却永远不变。波普尔论证说,这就是历史之所以没有规律、因而也就不可能预言的原因。自然世界的变化是有规律的并可以预言的,因为其中没有变数项,物性是不变的。然而历史却不是的,因为其中有了人性这一变数项。

但他的这种说法显然也存在着两个漏洞:(一)人是自然的一部分,人这个变数项也要作用并影响于自然界的,如环境污染、生态平衡的破坏、核辐射,等等;(二)至少某些重大历史事变是完全可以预见的;如在战争爆发前夕,人们可以肯定地预言战争即将爆发;战争结束前夕,人们也可以肯定战争行将结束。1944年人们已普遍地预期着战争不久就要结束了,这只是我们经验中的常识。波普尔绝对化的论点,使得他对这种常识视而不见。

他的另一个重要的论点是,人性虽是一个变数,但并不存在所谓人的改造的问题。假如人能按照人的意志来加以改造,那就"必然破坏了科学的客观性,从而也就破坏了科学本身"。① 人性既然不断在参与历史变化,而人性本身又不可能按照人的意志加以改造;于是它就成了历史过程中最无从捉摸、最难以把握的因素了;但又正好是它,归根到底是在左右着社会制度和历史面貌。所以历史是没有规律可循的;至于以往各派思辨历史哲学所大谈特谈的历史规律,在他看来都不是什么规律而只是倾向或趋势。② 倾向和趋势是有的,但规律却并不存在。不能把倾向或趋势认为是规律。

八

什么是"开放"?"开放"一词在他看来,就是"民主"的同义语,而"封闭"则是"极权"的同义语。他把自己表现为是拥护"民主"、反对"极权"的,宣称"现代极权主义只不过是终古以来反自由、反理性的一幕插曲而已"。③ 这种立场和态度虽然并无新义,却博得某些人(包括罗素在内)的好评。既然标榜自由和理性,所以他反对一切形式的思想上的专政;声称:"对于心灵采取强制的任何企图,势必摧毁能够发现人民真正是在思想什么的最后可能性。"④因为,你既然规定了人们只能是怎样思想和思想什么,那么,你就不可能知道人们真正是在怎样思想和想些什么了。例如,人人都只能表现得以苦为乐的时候,你就不可能真正知道他们的苦

---

① 卡尔·波普尔:《历史主义贫困论》,第158页。
② 参看同上书,第41页以下各页;第105以下各页。还可参看 W. 德雷:《历史哲学》(*Philosophy of History*, Englewood Cliffs, N. J.,: Prentice-Hall, 1964),第62页。
③ 卡尔·波普尔:《开放社会及其敌人》,第2卷,第60页。
④ 卡尔·波普尔:《历史主义贫困论》,第89页。

与乐都是些什么了。这就引入了他的开放社会的理论中如下的核心部分。

柏拉图说:"智者必须领导和专政,愚人必须紧跟。"① 波普尔评论这个论点说:问题是应该由谁来领导或专政?或者说,谁是智者?对这个问题,历来有不同的答案。卢梭的答案是"公意",戈宾诺(J. A. Gobineau,1816—1882)和法西斯的回答是"优秀种族",马克思的回答是"产业工人",等等。这些,他认为都只是神话。真正的问题并不在于"谁是智者",而在于"我们应该怎样组织统治体制,从而可以防止恶劣无能的统治造成过多的损害"。② 或者,按照他的证伪逻辑,"应该由谁来统治"这个问题就应该被另一个更真实的问题所代替,即"怎样设计政治体制,才能把坏统治者的风险减少到最低的程度",也就是"我们怎样才能驯服他们(坏统治者)"。③ 全部的政治智慧也可以归结到一点,即怎样选择领袖。波普尔本人是倾向于阿克顿的权力腐化论的论点的,他认为自从柏拉图④以来的思想家们在这一根本之点上都没有能成功。⑤

反极权主义的另一理论根据则是,统治权力的强化不利于思想自由,因而就不利于科学的和社会的进步;原因在于:"政治权力的集中是和科学的进步互为补充的(此处系指互相排斥的,即反面的补充——引者),因为科学的进步有赖于思想的自由竞争,所以也就有赖于思想自由,所以最终也就有赖于政治自由。"⑥ 他又论证说:"终于它(思想统治——引者)必定要毁灭知识,所获得的权力

---

① 卡尔·波普尔:《开放社会及其敌人》,第1卷,第120页。
② 同上。
③ 同上书,第2卷,第133页。
④ 罗素说:"他对柏拉图的攻击尽管是非正统的,但我认为是有道理的。"布赖恩·马吉,《波普尔》,第91页。
⑤ 参看卡尔·波普尔:《开放社会及其敌人》,第2卷,第136页。
⑥ 卡尔·波普尔:《历史主义贫困论》,第90页。

愈大,则所损失的知识也就愈多。"①政治自由、历史进步、科学和思想的发展,都是同一件事的不同方面,而且是和极权统治不相容的。极权统治的思想理论必然要采取总体论的形式;而历史的进步却不能靠总体论而只能靠零碎社会工程学。② 他的这一根本论点,我们上面已经谈过了。

70 年代以来,西方对史学理论的探讨大致呈现为两派:一派以亨佩尔(Carl Hempel,1905—1997)和波普尔为代表,主张科学研究只有一种逻辑,它对自然科学和历史学是同样适用的;另一派则以丹图(A. Danto, 1924—2013)和德雷(W. Dray, 1921—2009)为代表,主张应该进行个体化的研究,不承认自然科学和历史有普遍的统一的逻辑。③ 但德雷认为波普尔是个实证主义者④,却未必完全妥当;波普尔虽与逻辑实证论有很深的渊源,但也有明显的分歧。在不承认历史有目的的这一点上,他倒是与列维-斯特劳斯有相通之处。究竟他属于哪一流派,其实无关紧要。他思想的实质在于:他以开放的社会为西方自由主义辩护,而以封闭的社会来描述极权政权,并把极权主义的指导理论认同于历史主义。这就是波普尔反历史主义的理论的政治含义。然而被他挑选出来作为历史主义代表人物的,从柏拉图到黑格尔到马克思等人的理论,曾经极大地丰富了人类思想和史学理论的宝库;相形之下,反历史主义的波

---

① 卡尔·波普尔:《历史主义贫困论》,第 90 页。
② 因为人类对历史的认识,绝不可能以完整的总体为对象。参看同上书,第 80 页。
③ 参看 G. 伊格尔斯(Georg Iggers):《德国的历史观念》(*The German Conception of History: The National Tradition of Historical Thought from Herder to the Present*, Middletown: Wesleyan University Press),第 277 页。
④ W. 德雷:《历史中的规律和解释》(*Laws and Explanation in History*, Oxford: Oxford University Press,1957),第 2—3 页。丹图则认为波普尔是"方法论上的个体主义"。A. 丹图:《分析的历史哲学》,(*Analytical Philosophy of History*, Cambridge: Cambridge University Press,1968),第 312 页。

普尔却没有能真正认识或有意无视他们理论的精粹所在。他确实也提出一套颇似严密的逻辑,但都是用来向开放社会的敌人论战,来证明开放社会的优越性的。然而优越性归根到底却不是靠论战而是要靠事实来证明的。①

九

作为科学来说,自然科学与历史科学应该是有其同为科学的共同之处的,即有其统一性。但近代西方思想家对这个统一性的看法,往往失之偏颇,很少能采取一种健全而持平的态度。19世纪的实证主义者大多有见于齐(两者的一致性,并力图使历史学向自然科学看齐)而无见于畸(特别是历史学的特殊性);尔后的德国学派又反其道而行,有见于畸而无见于齐。波普尔则代表着当代把这两者打成一片的努力。假如说,哲学就在于一种哲学化的思维方式(philosophizing),那么,波普尔确实是在力图以一种统一的思维方式来贯穿自然研究和历史研究的。上面所评论的他那两部著作,就是他这种一以贯之的努力的见证。但是他同时也强调,自然研究与历史研究的统一性并不意味着同一性,其间仍然存在着一个实质性的区别:历史主义者虽断言其真理的客观性,然而他们所断言的那些真理本身就影响到历史的行程,所以对于历史就并不是中立的,也不是纯客观的。它们并没有自然科学的那种客观性。

波普尔不同意逻辑实证论的语言分析的路数。他认为哲学思维并无所谓独一无二的正确方法;语言分析——无论是对现实的语言,还是对人工设计的理想语言——可以有助于对具体问题的

---

① 例如,关于高度发达的物质水平是不是和民主(即开放的社会)分不开的这一论点。参看布赖恩·马吉,《波普尔》,第71页。

理解,但这绝非是通向真理的不二法门。哲学思维一定要和其他具体的学科结合在一起才有生命,否则它就势必蜕化为繁琐的经院哲学,成为一种孤立空洞的抽象体系。应该说,波普尔的这一见解比分析学派高出一筹:哲学本来应该也是研究客观现实的(虽则是在另一个层次上),所以绝不能把它归结为纯粹的语言学或语义学的问题。但是他却走向了另一个极端,把哲学纳入了具体科学的轨道。具体科学获得知识是要靠试错法的,他把这种方法引用到对客观存在的整体考察,企图以此代替所谓总体论或历史主义或乌托邦。结果他就从另一个极端,也和分析派一样地取消了哲学的根本问题,包括历史哲学在内。哲学所要探讨的是作为整体的客观存在的根本问题,而波普尔和分析派可以说是殊途而同归,他们都不承认有这个问题。具体到历史学的领域,问题就是:人类的历史发展有没有客观规律?我们能不能够,以及如何能够认识它?波普尔的答案对此是全盘否定的。某些分析派认为这个问题根本就不是哲学问题,所以不予考虑;而波普尔则认为根本就不存在这些问题,并断言它们都是神话。这就比逻辑实证主义走得更远了一步。

波普尔的基本论点是,科学知识和理论只能是通过试错法,即通过猜测与反驳而前进的。就凭这一点,他认为就可以否定历史主义。毫无疑问,试错法、猜测与反驳是有效的方法;但同样毫无疑问的是,任何方法论都有一个有效性的范围,超出了那个领域就成为荒谬(例如万有引力是普遍存在的和普遍有效的,但你不能拿它来解决一切问题,比如说爱情问题)。波普尔方法论的错误在于他把一定范围内有效的方法,当成了包罗一切和包医百病的方法。逻辑实证论的重点在于反对形而上学;但在反对形而上学的借口之下,却把本来不是形而上学的许多东西也都当作形而上学反对掉了。波普尔的批判理性主义重点在于反对历史主义,他并不(至少并不全盘)反对形而上学;相反地,他还认为科学的发现须以纯思辨的形而上学为其前提。① 他历来对逻辑实证论的一些原则都是采取批判态度的,应该说他对形而上学的看法要比逻辑实证论者更合理一些。和逻辑实证论者不同,他认为哲学的主要任务是研究科学方法论的逻辑基础。他的路数是从方法论入手来打通自然科学与历史学,然而他的结论则是否定了两者可以一视同仁。

科学方法——例如生物进化论的方法——(一)可不可以引用到历史研究上来?(二)假如可以的话,它是不是唯一有效的方法?如果对于(一)的答复是否定的,则历史就没有进化(演化)规律可言;如果对于(一)的答复是肯定的但对于(二)的答复是否定的,则这种方法虽在一定条件之下有效,却还是不足以成为独一无二的方法。这里有一个(或若干)条件的限制。历史学和理论科学不同:前者是研究独一无二事件的因果关系,后者则研究许多相同事件的普遍规律。② 更具体地说,这一论点也可以表述为:发生学的描述方法对于历史学的理论化工作并不重要,乃至于并不需要。③ 例如,我们不能用有关婚姻的历史起源的描述——如初民社会是在昏夜抢劫妇女成亲的——来解说或论证婚姻制度的法理基础。它们是风马牛不相及的两回事,二者的对象和性质都不一样。

这样,波普尔就把普遍规律排除于历史之外;并且同时与此相关,又把因果机制也排除在历史学之外。因为历史是人类思想活动的产物,而思想活动并不是一种因果机制,从中是籀绎不出来规律的。因此,历史就不能纳入历史主义的轨道。其实,他的这一理论的基本立足点就蕴含着一句话:不是存在决定思想,而是思想决定存在;亦即说到最后,终究是思想才是历史的决定因素。这里需

---

① 参看卡尔·波普尔:《科学发现的逻辑》,伦敦,1959 年,第 36 页以下各页。
② 参看卡尔·波普尔:《历史主义贫困论》,第 144 页。
③ 同上。

要澄清一下的是,波普尔所使用的是 law 这个字。这个字在中文里可以是"规律",也可以是"定律",还可以是"法律"。此字作为法律解,和自然规律意义上的规律一词,二者的含义是不同的。自然规律可以说是自然法,它有别于人为法。我们可以设想:自然界的事物是变化着的,而自然法(例如万有引力定律)却是亘古不变的。但是人为的法律(如宪法、婚姻法)却总是随着人类事物的不断变化而变化的。可以有万世不变的自然法,但没有万世不变的人为法。人为法既然总是要变的,则必定有要求改变它的那些思想和愿望为之前导。所以可以说,一切人为法从其诞生之日起,就在开始朝着否定它本身的方向前进了。任何法律或制度的创立,并不意味着它本身的巩固,反而是意味着趋向于它自身的灭亡。这个思想是波普尔理论中所应有的推论。其实,这一论点早在一个世纪之前,梅茵(Henry Maine,1822—1888)在他有名的《古代法》(1861)一书中就已经做过了精辟的阐释。

在统一自然科学与历史学的努力上,波普尔有着一系列根本之点值得商榷。其中之一是他用以反对历史主义的认识论论据:即一切知识(直观或推论)都是抽象的,所以我们就"不可能把握社会现象本身的具体结构"。[①] 另一个地方他又说:"制度是构造出来用以解释某些被选择出来的个人之间的抽象关系的抽象模型"[②];因而我们所把握的就只能是抽象,而不能是具体。这种提法犯了绝对化地割裂抽象和具体的错误。在某种意义上,语言所表示的确实只能是出之以概念的形式。但是这种抽象乃是对具体的抽象;反过来,我们所认识的具体也是以抽象语言形式所呈现的具体。二者是统一的,这就是我们认识的性质。这里不妨针对波普

---

① 参看卡尔·波普尔:《历史主义贫困论》,第78页。
② 同上书,第140页。

尔的提法反过来说:我们就正是以抽象的形式在"把握社会现象本身的具体结构"的,正如物理学家是以抽象的概念和公式在把握物理现象本身的结构一样。

  自然科学方法对历史学的适用性的问题,是许多世纪以来聚讼纷纭的老问题了。波普尔以他自己独特的方式参与了这场理论问题的角逐。他那独特的方式是,他讲历史思想方法论是和自然科学方法论直接挂钩并放在一起加以考察的;然而他又并不把两者等同为一谈,而是得出了各有其独自的领域、目标和作业方式的结论。他既讨论各种各样的现代科学与哲学的理论和方法,又恣意论列柏拉图、黑格尔、马克思的历史主义思想方式——所有这些就为他的理论平添一道现代科学的色彩,显得与众不同,从而也给他本人渲染出一副特殊的神态。不走这种偏锋,他是不会享有他现在的名气的。他的贡献倒并不在于(像是有人所说的),他那批判的理性主义可以取代、或者是确实取代了逻辑实证主义的地位。

十

  在他的创新之中,有一个论点是应该提到的,那就是他的第三世界的理论。他所谓的第一世界是指客观的物质世界,第二世界是指主观的精神世界;这是传统的二分法,即客与主、物与心的对立。但波普尔别出心裁,以三分法代替二方法①,于传统的世界两分之外,另拈出一个第三世界(按他的说法,应该叫作世界3);它是人类各种理论,各种问题和各种文化成果(科学、艺术等)的世界,它既不是第一世界,也不是第二世界。它虽是人类活动的结果,但

---

① 三分法在逻辑上似亦并非无据,因为两端之间总会有中间部分。

又超乎主观意识之外而独立存在,并且与主观意识相互作用着。①这个第三世界的历史也就是人类思想的历史,既不属于第一世界,也不属于第二世界。他认为介乎第一、第二两个世界之间,还应该有一种中间的、可以称之为有思想内容或自在陈述的东西存在着,像科学理论、技术发明、艺术创作,等等。按照传统的看法,第一、第二世界的对立,其间关系我们可以设想为是主客相依、相融,也可以设想为主观作用于或体现于客观或是客观作用于或反映于主观;这样在逻辑上便无另行假设第三世界的必要。但按照波普尔的看法,第三世界绝不是一个在理论上的无用赘疣,因为它是独立于第一、第二世界之外而存在的,而且历史是要依赖于这个第三世界的存在才能得到解释的。这一点关系到他之所以要特标第三世界的政治学和历史学的作意。他的目的是要论证历史主义所宣扬的那种"合理的社会结构"乃是"不可能的"②;因而零碎工程学就是不可避免的。

这就引向他的另一个基本论点,即政治权力的集中和人类的自由是互相排斥的、互不相容的。而自由和科学又是互为表里的;没有自由,也就没有科学。于是,科学和政治权力的集中,二者的关系也就是互不相容的(亦即哥本哈根学派尼·玻尔所谓的反面意义上的互补)。当科学本身可以起作用的时候,就不需要政治权力来干预;正如一架运转良好的机器应该是能够自行调节的那样。科学的进步是要靠思想的自由竞争,因而,归根到底也就要靠政治自由。波普尔的这一基本倾向突出地表现在他的反马克思主义的理论上。

---

① 参看 D. 卡尔(David Carr)和 W. 德雷编:《历史哲学和今日的历史实践》(*Philosophy of History and Contemporary Historiography*, Ottawa: University of Ottawa Press, 1982),第47—50页。
② 卡尔·波普尔:《历史主义贫困论》,第48页。

他承认马克思对资本主义早期阶段的分析,大体上是正确的,有道理的;但认为马克思的那个历史阶段今天已经成为过去了;例如关于无产阶级贫困化的论断在当时是正确的,而今天则已过时。原因是马克思也不能脱离他自己的时代,"马克思的思想在许多方面都是他那个时代的产物"。① 他认为马克思之所以错误,应该归咎于历史主义的思想方式。马克思是根据决定论而做出他对共产主义的预言的。然而波普尔辩论说:"决定论并不是科学之能够做出预言的必要前提。因此,就不能说科学方法是在赞成严格的决定论的。科学不要这一[决定论的]假设,也可以是科学的";接着他又以一种似乎是在为马克思辩解的口吻说:"当然,并不能责怪马克思采取与此相反的观点,因为他那时最优秀的科学都是这样的。"②所以这一点毋宁说是那个时代的而非马克思本人的局限。然而,按照他的讲法,现代科学革命的变化以及相应的思想理论的变化,理所当然地已经改变了这种决定论的科学观和历史观。

　　在他反对马克思主义的时候,他把一些本来并不是马克思的东西都塞到马克思的名下,然后就借口反对这些东西来反对马克思。事实是,自从马克思以后一个多世纪以来,全世界不知道有多少种政治和历史理论都在打着马克思的旗号,然而,其中有许多理论和实践根本就和马克思本人与马克思主义毫无共同之处。绝不能把一切后来号称的马克思主义都挂到马克思的名下,都要由马克思本人来负责。那样做是不符合事实的,也是不公正的。波普尔这样做,只能说不是出于无知,就是出于恶意了。一方面,他曾多次恭维马克思,称赞马克思"诚恳""开明""实事求是""绝不夸

---

① 卡尔·波普尔:《开放社会及其敌人》,第 2 卷,第 87 页。同一个地方他又说:"当时对法国革命那场历史大地震记忆犹新。"
② 同上书,第 85 页。

夸其谈",是"世界上反对虚伪与伪善的最有影响的斗士"①,等等;但另一方面,他又总是以共产主义和法西斯主义相提并论,作为是一对孪生兄弟②,把一切后来号称马克思主义的都算在马克思的账上。《历史主义贫困论》一书的献辞写道:"为了纪念各种信仰或各个国家或种族的无数男女,他们在历史定命的无情规律之下,沦为法西斯主义和共产主义的受难者。"③30年以后在他的自传中,他仍然坚持:历史主义既鼓励了马克思主义又鼓励了法西斯主义。④他自称他的反历史主义的这两部著作就是"反极权主义"的历史哲学,而马克思主义则是"极权主义在行动之中"。⑤ 但事实上是,假如有任何东西是和教条主义的总体论、神谕哲学的乌托邦或法西斯主义结合在一起的,那就绝不是什么马克思主义了;因为马克思主义的"辩证法不崇拜任何东西,按其本质来说,它是批判的和革命的"。⑥ 只有自封的马克思主义者或反马克思主义者才会以法西斯来冒充或篡改马克思主义。这本来是不言而喻的常识,波普尔却把黑格尔、马克思一起都划归为"神谕哲学",并把法西斯主义说成部分地乃是马克思主义破产的副产品。⑦ 同时,在另外的地方,他又把马克思主义和弗洛伊德的心理分析等量齐观,把它们一起列入伪科学。伪科学他也称之为神话;然而,他又并不全然反对伪科学。这不但因为伪科学可以发展为科学,而且尤其因为人类知

---

① 卡尔·波普尔:《开放社会及其敌人》,第2卷,第82页。
② 同上书,第81页。
③ 卡尔·波普尔:《历史主义贫困论》,第9页。
④ 参看席尔普编,《波普尔的哲学》,第2卷,第113—114页。
⑤ 同上。
⑥ 《马克思恩格斯选集》,第2卷,第218页。
⑦ 参看卡尔·波普尔:《开放社会及其敌人》,第2卷,第60页。马克思、恩格斯本人早已说明:"我们历史观……并不是按照黑格尔学派的方式构造体系的方法。"《马克思恩格斯选集》,第4卷,第475页。

识的进步就是伪科学由于受到批判检验而转化成为了科学的过程。

历史主义一词，在他看来，也就是神学史观的别名。法西斯主义和马克思主义二者据说都是在根据自己的史观（即他们所发现的历史发展规律）对历史做出的预言，和中世纪的神学史观一样；只不过中世纪的神学史观寄希望于选民，法西斯代之以特选的种族，马克思主义代之以特选的阶级而已。① 马克思的历史观，他也叫作"经济的历史主义"或"经济主义"。② 他认为这种主义的错误在于"相信历史的预言乃是研究社会问题的科学方式"。③ 但他说事实却不是这样。马克思认为历史运动有着不以人的意志为转移的客观规律，而且"这个规律对于历史，同能量转化定律对于自然科学具有同样的意义"；同时这个规律又是可以检验的，马克思本人就曾"用[法兰西第二共和]这段历史检验了他的这个规律"。④ 这是马克思和波普尔的根本分歧所在；波普尔认为历史是随着人的认识而转移的，所以就没有客观规律，而且历史主义的乌托邦就是不可检验的。他批评马克思主义在实质上乃是社会伦理学（即社会说教）而非社会科学。⑤ 既然历史主义注定了和乌托邦的体系是两位一体，所以他就极力推出零碎工程学来取而代之，他断言资本主义的性质可以、而且已经被零碎工程所改变了。关于他的这一论述，这里可以指出两点：一、他所指责的马克思，大多并不是马克思的本来面貌，而是后人（也包括波普尔本人）所强加给马克思的；二、固然点滴改良也是社会进

---

① 参看《马克思恩格斯选集》，第1卷，第9页。
② 同上书，第2卷，第101页。
③ 同上书，第2卷，第83页。
④ 同上书，第1卷，第602页。
⑤ 参看卡尔·波普尔：《开放社会及其敌人》，第2卷，第199页。

步所需要的,但对历史发展的整体理解却不是零碎的试错法所能为力的。任何一种理论,就其必然带有普遍性和概括性而言,就总是带有总体论的性质,那是零碎方法所无法总结出来的。

十一

再回到对历史认识论的考察上来。波普尔的论断是:"总之,不可能有'像它所曾的确发生过的'那种过去的历史;只能有对历史的解释,而并没有一种对解释的最后定论;每一代人都有权构造他们自己的解释。"①确实,每一代人都在重新解释历史;但这是不是就蕴含着过去并没有它自身的历史呢?历史唯心主义(包括波普尔)的论点是:既然你永远不可能认识客观历史,所以肯定客观历史的存在就是没有意义的事。也就是,除了主观的理解而外,根本就不存在什么客观的历史。我们对历史所能认识的全部,就只是我们主观的理解。他的这一历史学的诘难和我们上面所提过的另一个政治学的诘难在思想方法上是一致的。那另一个诘难是说:社会主义本来是要建立一个能够更好地适合于人类的新社会,但是新社会一旦建立,倒反过来要改造人以适应新社会了。在这种情形下,假如新社会不能适应人的需要的话,人们就不能责难新社会,而只好责难自己没有改造好,以致适应不了新社会。在他看来,"显然这就取消了检验新社会成功或失败的任何可能性"②,新社会的优越性就变成了某种不能证伪的东西,因之也就丧失了它有可能成为真理的资格。他似乎对人的改造(或思想改造)怀有一种本能的恐惧。③ 他认为要改造人的工

---

① 参看卡尔·波普尔:《开放社会及其敌人》,第 2 卷,第 268 页。
② 卡尔·波普尔:《历史主义贫困论》,第 70 页。
③ 同上书,第 159 页。

作乃是法西斯的工作,这个工作把问题颠倒过来了。(例如,希特勒打了败仗,那就被说成并不是元首的错误,而是整个德意志民族都不配实现伟大元首的伟大理想。)这个诘难表面上看来似乎其言甚辩,其实它和第一个诘难一样,是把对立的两个方面绝对化了。主客体在认识过程中是统一的,个人和社会在历史发展中也是统一的。新秩序的建立,当然首要的目的是能更好地适合于人的需要;但同时人也有使自己适应于新秩序的一面。社会以及个人同时都在日新又新,这才是历史过程的真正内容。假设有一方(即使是非主导的一方)是绝对不变的,那就真正是形而上学了。

波普尔指责社会主义的另一个论据是:社会主义是一个新社会,新社会必然要产生新阶级,"新社会的新统治阶级是一种新贵族或新官僚"。① 他认为一旦肯定了历史的必然性,就势必诉之于暴力;历史必然性和暴力二者是分不开的②;可以说暴力本身就孕育着新阶级。他还自命他已经证伪了马克思主义。这些都是缺乏事实根据的。迄今为止,号称可以证伪马克思主义的事例——例如这里所谓的新贵族、新官僚的诞生,可以承认确有其事——应该说都不是马克思主义而只是自封的马克思主义;因此,如果说证伪了的话,那就只是证伪了自封的马克思主义。问题是马克思主义并没有被证伪,也根本就谈不到已经被证伪。新贵族、新官僚并不是什么马克思主义的东西。波普尔把并非是马克思的思想硬塞给了马克思;这一点某些西方的学者也曾加以指责。③

---

① 卡尔·波普尔:《开放社会及其敌人》,第 2 卷,第 138 页。
② 恩格斯:"如果旧的东西够理智,不加抵抗即行死亡,那就和平地代替;如果旧的东西抵抗这种必然性,那就通过暴力来代替。"《马克思恩格斯选集》,第 4 卷,第 212 页。
③ 例如爱德华·卡尔就评论他说:"波普尔以为历史主义的核心错误在于相信历史倾向或趋势可以从普遍的规律之中推导出来,而这一点正是马克思所否认的。"爱德华·卡尔:《历史是什么》(*What is History?* Cambridge: Cambridge University Press, 1961),第 82 页。

波普尔有时走到了这种地步,竟至于把一切打着马克思主义旗号的理论和实践都简单地等同于马克思,于是得出了马克思主义是反民主的这一结论。其实,反民主的并不是马克思主义而正是反马克思主义或假马克思主义。他还针对着马克思的历史主义不承认思想的主观性可以影响历史规律的客观必然性,发了不少议论。这些议论只能表明他对当代马克思主义(以及打着马克思主义旗号)的各种理论与实践是何等地视而不见。这里是两个截然不同的问题:一个是马克思主义的理论是正确,还是错误?一个是打着马克思主义旗号的各种理论与实践,究竟是不是马克思主义?他把两个性质不同的问题混为一谈,张冠李戴,从而使他的证伪理论犯了不可原谅的逻辑谬误。

十二

一般的习惯总是把自然科学和历史学两者区分开来。应该说寻求一种统一的方法论来打通这二者,不失为一种值得尝试的努力。波普尔试图表明:(一)二者有统一的方法,(二)二者有统一的对象。那统一不仅是语言,而且是语言所指示的世界。他所探讨的范围虽广,其间却并非没有内在联系。他的方法论也并非全无合理的成分,对于前人也不失为有所突破或补充。但合理的因素被夸大到超出其有效性的范围之外,就转化为谬误。他的某些分析,在性质上本来是现象学的分析或概念的分析;他却把这些当成是论述客观历史实在的论据。① 他对形而上学的理解和态度也与流行的分析学派的看法不同,并有其独到之见。他认为没有形而

---

① 维特根斯坦承认:"现象学的分析是概念的分析,它既不赞同也不反对物理学。"L. 维特根斯坦:《色彩论》(*Remarks on Colour*, Berkeley: University of California Press, 1977),第16页。

上学的信仰,科学的发现就是不可能的事。分析他的理论中哪些是合理的成分,哪些是不合理的(以及政治上反动的)成分,还有赖于我国学术界做更进一步的研究。只有在吸取人类思想中一切合理的成分而又对一切不合理的成分进行批判的过程之中,才可望丰富和发展自己的正确的理论。不应该在正确承认一个人的合理成分时,把他不合理的成分也全盘接受过来;也不应该在否定他的错误时,就拒绝他的合理因素。对具体论点进行具体分析,就包含着既不以言取人,也不因人废言。

在他反历史主义的理论中,要害问题是:历史发展何以不能预言?日常经验和常识告诉我们,有些历史发展是难以预言的,但有些则是完全可以的。即以他本人所经历的第二次世界大战而言,战争爆发前不是有很多人都在预言战争是不可避免的吗?他本人不就是因此远走新西兰的吗?有些历史发展的方向,不仅是经验中的事实,而且(可以预言说)对于未来也会是有效的。这些预言是有根据的,而且是准确的,是任何人都不好否认的。对此他的答案只能是很勉强地说:这是趋势,而趋势并不是规律;或者说,这只是历史解释,而历史解释并不是科学理论,我们尽管可以有历史的解释,但却"不可能有历史的规律"。[1] 实际上,他的办法是把问题缩小到一点上:即知识的增长是没有客观规律的。问题虽然缩小了,但仍然给不出一个满意的答复。他真正的意图是要说:科学理论乃是人的意识的创造;有了客观规律才能够预言,而主观意识则是不能预言的。[2] 为什么主观意识或知识的增长就没有客观规律而且是不能预言的呢?他始终没有给出一自圆其说的论据,于是这个问题就成了他理论里的阿基里斯(Achilles)的足踵。在根本

---

[1] 卡尔·波普尔:《开放社会及其敌人》,第2卷,第264页。
[2] 这大概是指责弗洛伊德的心理分析是伪科学的真正原因所在。

上,他是一个历史不可知论者,这种偏见引导他把规律和倾向绝对对立起来,也把决定论和自由绝对对立起来。好像要么就要自由,要么就接受决定论;二者是不相容的,所以是不可得而兼的。这也引导他认定极权主义和决定论是两位一体,政治上成为极权,理论上就必然成为决定论;反之亦然。这就促使他自觉地处处要反对决定论以维护自由。他毫无根据地把理性等同于自由,把暴力等同于极权;他自诩是一个理性主义者,并宣称理性的态度乃是取代暴力的唯一选择。① 这种对概念的抽象化大概只能走到甘地式的或托尔斯泰式的非暴力论的结论。这种结论又是他无论如何也说不出来的。所以爱德华·卡尔又批评他说:他一方面号称是在保卫理性,一方面却又以他的零碎工程学把理性缩减到非常可怜的地步。卡尔还用了一个形象的比喻说:他派给理性的任务和地位,就好比英国政府里的文官,只能是听命于上级的政务官,波普尔的理性是完全听命于现行的社会秩序的。②

最后,在讲了那么多的历史与史学的理论之后,历史到底有意义吗?波普尔明确地回答说:历史没有意义。然而,历史虽然没有意义,但我们却可以赋给它以意义。所以有人评论他说:在形而上学的意义上,他否定了历史的意义,但是在实用主义或存在主义的意义上又肯定了历史的意义。这是形而上学和实用主义两者的结合。③ 在这种意义上,他也有理由被人说成是一个"反形而上学的经验主义者"。④ 而在另一种意义上,他的贡献又恰好在于他对逻辑主义的思维方式补充了一种历史思考的因素。

---

① 卡尔·波普尔:《猜测与反驳》,第18章中到处可见。
② 参看爱德华·卡尔,《历史是什么》,第207页。
③ 参看汉斯·迈耶霍夫:《我们时代的历史哲学》(*The Philosophy of History in Our Time: An Anthology*, Garden City: Doubleday, 1959),第300页。
④ I. 伯林:《反潮流》(*Against the Current: Essays in the History of Ideas*, New York: Penguin Books,1982),第37页。

至于他的反历史主义的理论,其中主要论点虽则大部分是可疑的;但是假如一种理论的贡献并不单纯在于它所给出的答案,而且也在于它所提出的问题;那么,可以认为波普尔的理论仍不失为有其成绩。在他把历史思考的因素注入思想方法论时,他提供了一个新问题,即在史学理论中怎样运用证伪方法作为检验标准的这一问题,从而有助于人们进一步去探讨,并通过对他的批判而提高历史学的理论水平;尽管其中有着那么多不可原谅的疏漏(例如,他完全不提古典历史哲学的价值)和那么多无可弥补的缺陷(例如,他过分简单地把决定论绝对化了)。而他本人运用这种方法成功与否,则是另外的问题。

十三

克罗齐的史学理论可以概括为一句话,即"一切历史都是当代史"①;那意思是说,一切历史都必须从当前出发,脱离了这个唯一的坐标系就无所谓历史。柯林武德的史学理论也可以概括为一句话,即"一切历史都是思想史"②;那意思是说,历史之成其为历史就在于有其中贯彻的思想,抽掉了思想,历史就只不过剩下来一具躯壳。在另一个地方,柯林武德又阐释说:"每一个时代都在重新写历史;每一个人都是把自己的心灵注入历史研究,并从自己本人的和时代的特征观点去研究历史。"③这种思潮反映了现代西方史学理论上的一场大换位,即把史学的立足点从客位上转移到主位上

---

① B.克罗齐:《历史学的理论和实际》(History: Its Theory and Practice, New York: Russell & Russell, 1960),第 12 页。

② R.G.柯林武德:《历史的观念》(The Idea of History, Oxford: Oxford University Press, 1962),第 215 页。

③ R.G.柯林武德:《历史哲学文集》(Essays in the History of History, New York: McGraw-Hill, 1966),第 138 页。

来。它标志着西方传统的朴素的自然主义历史学的根本动摇。在这一根本之点上,波普尔继承和发展了这种思潮的精神,即历史作为事件历程的本身,是根本就不存在的;或者说,自然主义意义上的那种客观的历史,是根本就不存在的。① 所以这种理论——即从根本上否认有所谓(兰克意义上的)客观如实的历史的理论——就被人称之为"克罗齐—柯林武德—波普尔的史学理论"(即关于史实的理论)。② 这一史学理论中带根本性的问题,即历史学认识论的问题,从克罗齐开其端,经过柯林武德的发扬,到波普尔手中,现在已经成为西方史学理论中的显学。这已是一个不争的事实;一个史学理论的研究者,无论是赞同它还是反对它,大概总是无法回避它的。

毫无疑问,波普尔对于历史主义、对于史学理论,有许多看法都是成问题的,甚至于难以自圆。但他也还有另一个方面。如果说,科学家的真正成就并不在于发现了一种理论,而在于发现了一种丰产的新观点的话③,那么,波普尔所提供的观点和方法之中的一些新因素还是值得加以研究和深入批判的。如果说,一种理论的价值就在于其答案的正确与否,那么,波普尔的理论大概可以说并没有多大价值。但如果说,一种理论的价值某种程度上也还在于它所提出的问题及其推理方式的创新性,那么,波普尔的理论似乎并非全无可取。前一种观点是判断思想内容的是非,后一种观点则是衡量推论方式的深浅。两者的关系并非是简单的同一或一致。错误得很深刻,可能要比正确得很浮浅更有助于丰富人们对真理的认识。像维特根斯坦所说的"一种新比喻可以清新智慧"④,

---

① 参看柯林武德:《历史哲学文集》,第99页。亦可参看卡尔·波普尔:《开放社会及其敌人》,第2卷,第269页。
② D. 卡尔和W. 德雷编,《历史哲学和今日的历史实践》,第313—314页。
③ 参看 L. 维特根斯坦:《文化和价值》(Culture and Value, Chicago: University of Chicago Press, 1980),第18页。
④ 同上书,第11页。

一个新问题或一种新思想方法同样可以清新人们的智慧。对真理的认识过程,本来就是通过正反两个方面在不断深入而开展着的。或许,这就要求我们对波普尔的理论区别两个方面来看待:一方面,是他思想的内容实质,一方面,是他思想的推论方法。有些人的贡献在于其结论,另有一些人的贡献在于他所提出的问题和方法。虽然观点和方法总是密切相联系的,但又毕竟并不是同一回事。据说维特根斯坦曾说过:"我所能给你的一切,就只是一种方法,我不能教给你任何新的真理。"①意思是说,结论的真假是另一个问题,重要的是提供了一种新的思想方式。似乎不妨说,波普尔的史学理论对当代的影响,主要也是在这一方面。

至于那另外一方面,即他思想的内容实质那一方面,虽然也有人认为他的理论做出了两大贡献,一是历史学上的情况逻辑理论,二是他的进步的制度理论②;还有人认为他的理论一劳永逸地揭示了历史主义与科学经验二者之间互不相容③;但这类评价的正确性似乎是很可疑的。真正值得考虑和研究的,看来并不是他那些对政治和历史的表态,而是他的方法论所提出的新问题,即历史主义能否证伪,以及如何可能证伪?

1987 年于清华园

(原载《历史主义贫困论》,卡尔·波普尔著,何林等译,中国社会科学出版社,1998 年)

---

① K. I. 尼恩:《维特根斯坦的历史观念》,伯克利:加州大学出版社,1969 年,第109 页。
② 参看席尔普,《波普尔的哲学》,第 2 卷,第 923 页。
③ I. 伯林:《历史的必然性》,牛津大学出版社,1954 年,第 10—11 页。

反思的历史哲学

——评罗素的历史观

伯特兰·罗素(Bertrand Arthur William Russell,1872—1970)是当代西方最著名和最有影响的思想家之一,也是当代中国知识界所最熟悉的西方思想家之一。1920—1921年,他来中国访问,曾在北京大学任客座教授一年;当时正值五四时期新文化运动的高潮席卷中国,他在中国所做的一系列讲演①对中国知识界是深有影响的,中国知识界的一些领袖人物许多都和他有过直接交往或者曾写文介绍。研究现代中国思想史的人,大概都不会忽略当年罗素(以及杜威)来华的一阕插曲。

罗素出身于一个古老而显赫的英国辉格党的贵族世家,这个家族的渊源可以上溯到都铎王朝的创立者亨利·都铎(1485—1509)。他的祖父约翰·罗素(1792—1878)曾两度任英国首相,他本人幼年受的是这种家庭教育。也许是由于这种背景的缘故,罗素思想深处似乎总有着某种与现代化的文明格格不入的东西;所以反对工业文明和工业化的态度,就成为有意无意在支配他思想倾向的一个主要因素。第一次世界大战及其所造成的满目疮痍,使得他也和当时许多西方的知识分子一样深感幻灭,于是他就远

---

① 他在中国的讲演结集为《罗素、布拉克五大讲演集》出版。关于他在中国的经历,他在《自传》第二卷第三章中曾以专章叙述,同时他还写了一部专著《中国问题》。

游东方。1919年他先到刚刚革命后不久的苏联,但停留了一个短时期以后感到失望,遂再向东方来到中国。在中国,他高兴地发现这个文明还不曾被近代的工业化所污染。此后多年,他在他的许多文章中都对中国文化称赞不已。这种立场似乎和当时中国的思想潮流不大合拍,因为当时中国所面临的当务之急,在精神上是反对传统的束缚,在物质上则正是近代化或工业化。这一分歧,或许可以这样来加以解说:外国人是站在局外来看待中国文化的,首先总是倾向于看到其中美好的那一面,而我们自己则因为身受其害,感到有切肤之痛,所以首先总是倾向于看到其中丑陋的那一面。18世纪末西欧的启蒙思想家,热情地赞美中国仁义道德的理想;而20世纪初中国的启蒙思想家,则在其中首先看到的是血淋淋的"吃人"两个字。双方的文化背景不同,历史发展的阶段不同,其目光所针对的标准和取景也各不相同;这本来是自然而然的事,完全不足为异。罗素的背景是一个后工业化的背景,所以他对工业化抱有一种深刻的反感;而中国则尚处在前工业化的阶段。解决后工业化社会的种种问题,虽然也可以取鉴于尚未经工业化玷污的某些古老的智慧,然而毕竟是不可能再回到前工业化的老路上去的。这一点似乎也可以说明,他何以对科学技术的进步往往带有浓厚的悲观色彩,认为科学技术的进步对于人类历史的消极作用往往要大过于积极的作用。一方面,他承认科学技术的进步之无可避免及其所带来的好处,另一方面又梦想着保留前工业化文化生活的种种美好。这个基本矛盾反映了他本人(以及和他相似的人们)在思想上的苦闷和彷徨。

  罗素生平创作时间的跨度,长达四分之三个世纪之久,直到1970年他以98岁的高龄逝世前不久,还在写作。罗素的著作多达60余种,此外尚有大量的演说、文章和书信。大体说来,他一生的主要活动包括以下三个方面:

一,作为一个数学家和逻辑学家,他的成绩是开创性的和划时代的,尤其是他和怀特海两人合作的《数学原理》(*Principia Mathematica*,1910—1913)一书已被公认为奠定了现代数理逻辑这门学科的基石。它的巨大的理论的和实用的价值,已为现代科学的实践所证明。

二,作为一个哲学家,他的理论以多变著称,先后受过柏拉图、毕达哥拉斯、休谟、康德、黑格尔以及摩尔和怀特海的影响,由新实在主义而走入中立的一元论,即认为唯一真实的仅只是感觉材料,精神和物质都是由感觉材料所得出的逻辑构造;但同时他又承认"事实"(与"经验"不同)是客观存在。① 他是风靡当代(尤其是英美)的分析哲学最有影响的创始人;然而在哲学上,他的影响似乎更大过于他的创造性。②

三,作为一个社会活动家和社会思想家,罗素数十年如一日地致力于教育、伦理、婚姻、社会改革、历史、政治的探讨以及女权运动与和平运动。他毕生著作中绝大部分是属于这些方面的,而属于纯哲学的尚不及三分之一。③ 第一次世界大战期间,他曾因反战而被判刑;第二次世界大战期间,他反对法西斯(同时,也有若干反苏的历史)。二战后,他于1950年获诺贝尔奖,领奖时的演说仍然谈的是人性与历史。晚年,他积极从事和平运动,反对核武器和侵

---

① 罗素早年服膺休谟,几经转变之后,于1940、1950年代又回到了休谟。他承认"事实"是客观存在,而"经验"却不是,或者不完全是。
② 一个有趣的故事是:罗素是怀特海的学生,两人早年合作,晚年在哲学上则分道扬镳;怀特海说罗素"思想简单",罗素说怀特海"头脑糊涂";也许两人各有其一定的道理。维特根斯坦又是罗素的学生,两人意见也不一致;罗素为维特根斯坦《逻辑哲学论》一书所写的序,公开承认他看不懂维特根斯坦。
③ 见艾耶尔:《20世纪的哲学》(A. J. Ayer, *Philosophy in the 20th Century*, New York: Random House, 1982),第21页。

略战争,1961年曾因反战而被判监禁。① 在这方面,他可说是一个20世纪的世界公民。

一 反思的历史哲学

由罗素所奠定的逻辑实证主义学派,大旨在于引用逻辑分析方法进行认识论的研究,进而把知识论溶解于逻辑分析;而其末流所及,乃至于往往根本不谈哲学问题。在这一点上,罗素和他的许多后学之间有着一个重大的不同:他本人对于哲学、社会和人生的种种问题是极感兴趣的。他写过几十篇历史论文和三部历史专著。这三部历史专著是:《自由与组织》,此书实际上是一部19世纪(自1815年维也纳会议至1914年第一次世界大战爆发)的西欧史;《1904—1914年协约国的政策》论述了第一次世界大战前的国际关系;以及那部脍炙人口的《西方哲学史》。《西方哲学史》一书全名为《西方哲学及其与从古代到现代的政治社会情况的联系》,在很大程度上是力图从历史的角度来观察哲学思想的发展;书中给雅典、斯巴达、希腊化世界、罗马帝国下迄卢梭和拜伦均立有专章,这在哲学史上可谓别开生面。此书出版之后,以一部学术性的著作而立即成为西方读书界的一部畅销书;那引人入胜的原因正在于作者的历史知识和眼光不亚于由于作者的哲学见解。它也再一次在读者心目中确定了罗素作为一个历史学家的形象和地位。

没有一个人文主义的思想家——罗素应该名副其实地是其中的一个——是能够忽视历史知识的价值和意义的;所以如此,罗素

---

① 罗素的和平努力曾被人批判为资产阶级的和平运动。1965年10月22日周恩来致函罗素:"你的这些正义的强有力的呼声反映了英国人民和全世界人民反对侵略战争、维护世界和平的坚强意志。中国人民高度评价并且深切地同情和支持你为国际正义与和平事业所进行的崇高的努力。"(《人民日报》1965年10月28日)

以为那原因就在于历史学能"开阔我们的想象世界,使我们在思想上和感情上成为一个更大的宇宙的公民,而不仅仅是一个日常生活的公民而已。它就以这种方式,不仅有助于知识,而且有助于智慧"。① 哲学就是"爱智慧",它不仅追求知识,而且追求智慧,历史学在这一根本之点上和哲学是相通的、一致的。罗素青年时受到德国古典哲学的影响,而德国古典历史哲学所揭橥的理想就是,一个人不仅是某一个国家的公民而且更其是一个世界的公民。康德那篇有名的历史哲学论文,标题就是《一个世界公民观点之下的普遍历史观念》(1784)。从 18 世纪世界公民的理想到 20 世纪宇宙公民的理想,其间一系相承的脉络似乎显示出,西方的历史理性和我们的有着某种差异。我们的历史理性偏重于实践,历史学的功能主要地在于"资治",仅仅是作为行动的指南,目的是为了借鉴(经验也好,教训也好);而在西方近代,则其作用是着眼于充分发挥人的天赋,目的是为了个人取得合法的公民权。这种差异所反映的,究竟是双方历史发展阶段的不同呢? 还是两种文化内在的本性不同呢? 抑或是两者兼而有之呢?

17 世纪所掀起的那场科学革命中,历史学是始终被遗弃在外的。一直要到 19 世纪,历史学是不是,或应不应该,或可不可能成为科学,才被提到日程上来。这个问题可以从两重意义上来考虑:(一)它可不可以成为自然科学那种意义上的一门科学? (二)它是不是在任何意义上都不可能成为科学? 对第一个问题的否定答案,并不必然地蕴含着对第二个问题的答案也必须是否定的。历史学不但过去不是、现在不是,而且也许甚至将来永远都不可能是自然科学那种意义上的科学,例如像力学那样高度精

---

① 席尔普编:《罗素哲学》(Paul Schillpp ed., *The Philosophy of Bertrand Russell*),纽约,1915 年,第 741 页。

确的数学公式化(虽然这并不意味着历史学就不可能或者不应该朝着那个方向做出努力);但是这并不妨碍它可以成为在它自己独特意义上的一种科学。做梦本来是恍惚迷离、难以捉摸的,但是心理分析学家所做的工作恰好是要从梦中籀绎出它的意义来,并把它归纳成为科学。在一种类似的但更为广泛的意义上,罗素对历史学所做的工作,就正是要把错综纷纭的历史现象,用人心之中最深邃的欲望作为一把钥匙来解开它。类似的工作过去虽然也有人(例如叔本华和尼采)做过,但是他们并没有把它认真地应用到历史解释上面来。

19世纪以前的西方历史哲学大抵是思辨的,到了20世纪则重点有日益转移到分析的路数上来的倾向①;经20世纪中叶沃尔什正式提出之后,这两个名词已成为西方历史理论的通行术语。按照这种二分法,罗素的历史哲学或者他对于历史的解说,既很难说是思辨的,也很难说是分析的。他对历史的理解是根据他对人性的理解而得出的一种看法,基本上是一种常识的看法;因此胡克(Sidney Hook,1902—1989)称之为"反思的历史哲学"。② 说他不是思辨的历史哲学,是因为他并不凿空立论,一心要为历史构造出一套思辨的体系来;说他不是分析的历史哲学,是因为他并不对历史学命题进行逻辑的或语言的分析,他从来没有讨论过历史认识的性质是什么,它是如何成为可能的以及它的客观有效性如何之类的问题。历史对于他是朴素的事实,他经过对这些事实进行反思之后,得出了自己的理论和理解。他没有一个完整的体系,也没有一套独特的方法。尽管他的历史观中带有浓厚的自由主义色彩;但是这个基调乃是得自反思的信念,而不是从某种思辨体系或

---

① 参见拙作《从思辨的到分析的历史哲学》,载《世界历史》1986年第1期。
② 席尔普编:《罗素哲学》,第645页。

逻辑分析推导出来的结论。例如,他强调一个民族文化的特性取决于它的形成期的某些伟大人物的作用,如孔子、释迦或耶稣。但这也只是常识性的反思。再进一步,则他对历史哲学家所感兴趣的历史中的边界性的观念(Grenzbegriff/border concept)及其以外的问题,始终不着一词。这种倾向成为他的"反思的历史哲学"的根本特色,而有别于通常的思辨的或分析的历史哲学。

二 历史学与科学

19世纪自然科学的大步前进使人们普遍地产生了一种信念,即随着科学的进步,一切都将被纳入科学的范围之内,于是一切问题最后就都可以由于科学的进步迎刃而解。科学终将囊括一切的这一思路,也深深渗入历史学的领域,使大多数历史学家怀有一种信心,即只要以严谨的科学态度对待史科、研究史实,并以严格的科学逻辑进行考察,就可以得出确凿不移的历史真理来。这一思潮所标榜的历史学,即人们所熟知的兰克的口号:"客观如实",或"按照事实的本来面貌"。① 它是当时的实证主义思潮在历史学领域的表现。实证主义的代表人物孔德,曾构想按照物理学的模型来建立一套社会动力学,在社会发展的过程中找出像物理学中的运动规律那样的社会运动规律来。1883年恩格斯在安葬马克思的仪式上说:"正像达尔文发现有机界的发展规律

---

① 兰克在他《1494—1514年拉丁、日耳曼各民族史》的序言中说:"人们分派给历史学的任务是评判过去,并为了未来的好处而教导我们现在。本书不敢期望着如此之崇高的任务,它只是想要表明事实上都发生了什么(wie es eigentlich gewesen)而已。"伯里在我们下面即将引述他的那篇有名的演说中,把这句话误作"Ich will nur sagen wie es eigentlich gewesen ist"。此后人们往往根据伯里的引文而以讹传讹(参见斯特恩编:《历史学的种类》[F. Stern ed., *The Varieties of History: From Voltaire to the Present*, New York: Random House, 1973],第58、215、494页)。

一样,马克思发现了人类历史的发展规律","还发现了现代资本主义生产方式和它所产生的资产阶级社会的特殊的运动的规律。"①在这里,恩格斯似乎也是在把社会历史规律看作是有似于自然科学规律那种意义上的规律的。属于类似的基本思想模型的,我们还可以举出许多人,例如20世纪初为甄克斯(E. Jenks)的《社会通诠》写序言的严复,30年代写《辩证唯物主义和历史唯物主义》的斯大林,60年代写《经济成长的阶段》的罗斯托(W. W. Rostow)等人;虽然他们的政治观点各不相同,但都是从一个类似的或共同的前提出发,即历史发展过程有其必经的阶段,这是客观的规律,正如自然科学意义上的客观的规律一样。这个(或这些)规律就表现为历史的演化(evolutionary)过程,但也可以是一个革命的(revolutionary)过程,假如从一个阶段过渡到另一个阶段需要采取暴力方式的话。

兰克当时在历史学中的地位颇有似于牛顿之在物理学中那样:原则已经是都明摆在那里了②,剩下的就只在于运用它来说明某个具体的问题。你如果能运用它来说明一两个具体问题,这就是你的贡献;而且你的贡献也就只此而已。但兰克权威的统治时期却比牛顿短促得多,不久这种思维方式就受到了严重的挑战。19世纪末西方思想界对这一思潮出现了一股相反的潮流。在历史学的理论上,问题恰好就出在:什么是所谓"事物的本来面貌"?例如,新康德学派的出发点就是:认识的主体有其不可离弃的价值观,我们不可能脱离这一点去侈谈所谓客观真实性。

---

① 《马克思恩格斯选集》,第3卷,第574页。
② 18世纪初英国诗人蒲柏说,在牛顿以前,一切都处在黑暗之中,上帝说:要牛顿出世吧,于是一切就都见到了光明。19世纪初法国分析学派大师拉普拉斯(P. Laplace)说,牛顿是人类最大的幸运儿,因为世界上的真理只有一个,而它恰好是被牛顿所发现。今天大多数人大概已经不再采取这种18、19世纪的科学观了。

1902年,伯里(J. B. Bury,1861—1927)继阿克顿任剑桥皇家讲座教授,在他的就职演说《历史科学》中,他赞扬了兰克考订学派的贡献及其实验主义的思想路线①,并以如下一句名言赞扬兰克考订学派的贡献及其实证主义的思想路线:"历史学是一门科学,不多也不少。"②这一点和屈维廉(G. M. Trevelyan,1876—1962)的意见相左,于是屈维廉就邀罗素写一篇针锋相对的文章,这就是罗素最早的那篇史学论文《论历史》的由来。从根本上说,罗素也认为历史学家有其不可离弃的价值观,因此就不同于自然科学家那种纯粹客观的立场。此文发表于屈维廉主编的《独立评论》上,是一篇充满抒情意味的小品,针对的是当时流行的见解:历史学只要掌握了详尽的材料和正确的方法,就可以成为科学。他认为,这种想法毋宁说是一种天真的信仰或者偏见。详尽的材料和正确的方法是必要的,但却不足以使历史学成为科学。历史学在这二者之外,还有着或者还需要有更多的东西。这就是历史科学(假如可以使用"科学"一词的话)之成其为历史科学而不同于自然科学之成其为自然科学的所在;因为历史学是一种文化或人文的科学,"文化的终极价值乃是要提出善恶的标准来,而这却是科学本身所无法提供的"。③何况,历史学的材料和方法也和自然科学的有着性质上的歧异。就材料而言,(借用布洛赫的话来说)"历史的事实,乃是心理学上的事实"④,而非物理学上的事实。就方法而言,则自然科学的研究对象是抽掉了具体事物的个别性之后的抽象性,目的在于得出普遍的规律;而历史研究的对象则恰好是个别事物的特殊

---

① 然而伯里本人的思想在晚年却日益倾向于怀疑主义。
② 斯特恩编:《历史学的种类》,第223页。
③ 罗素:《理解历史文集》(B. Russell, *Understanding History & Other Essays*, New York: Philosophical Library,1957,第41页。
④ 布洛赫:《历史学家的技艺》(Marc Bloch, *The Historian's Craft*, New York: Knopf, 1953,第149页。

性或具体性,目的在于做出具体的描叙。① 屈维廉本人同时写了一篇文章与伯里论战,文中提出:"不仅是在(历史)如此之复杂的题材上,不可能发现任何可以普遍应用的因果律;而且对任何一桩具体事件的解说,我们都不能正当地称之为'科学的'。"因而结论就是:"历史学的价值并不在于其为'科学的'。"②寻求历史的因果规律,并不是科学。

19世纪的历史学派蕴含着这样一个前提:根据同样的材料,使用大家公认的科学方法,每个历史学家就应该都得出同样的结论。这就是历史学,是"纯粹的历史学"。但事实却并非如此简单。事实是,每个历史学家都受到各种主观和客观条件的制约,所以每个人的历史理解和历史构图也各不相同。把"纯粹历史学"看成可以等同于一般实验科学,用怀特海的话来说,那只不过是一种"想象的虚构"罢了。黑格尔把普鲁士国家看成是历史发展的顶峰,麦考莱把英国的宪法体制看成是历史发展的顶峰。其实,成其为所谓历史发展的顶峰的,既不是普鲁士国家也不是英吉利宪法,而是黑格尔、麦考莱他们的构思;那在很大程度上,要取决于历史学家本人所隐然假设的前提。兰克本人是有自己明确的价值观的,他认为历史之有意义,乃是因为人类归根到底是按照某种指导思想在行动着。但是兰克的一些后学却流入盲目的考据,并不意识到自己工作的意义何在及其局限性何在。史料无论多么翔实、方法无论多么严谨,它本身并不能自动地就形成为历史学。

有人认为,历史学之缺乏自然科学那样严格的客观标准,原因

---

① 李凯尔特:《文化科学与自然科学》(H. Rickert, *Kulturwissenschaft und Naturwissenschaft*, Tübingen: Verlag von J. C. B. Mohr, 1921),第82页。
② 斯特恩编:《历史学的种类》,第223页。伯里谈到当时英国的史学时说:"博闻强记现在得到了科学方法的补充,而这一变化我们有负于德国。做出了这一变化的人们中间,尼布尔(B. G. Niebuhr)和兰克的名字是最突出的。"

在于历史学家之间缺乏自然科学家之间所存在的那种共同一致的科学纪律。所以历史学家根据同样的材料,使用同样的方法,就得不出(像自然科学家之间那样的)共同一致的结论。无论如何,即使是同一思想流派的历史学家,他们都有着号称是共同一致的信条、观点和方法,但他们的结论仍然并不一致。这一事实似乎可以说明,历史学所采用的是与自然科学不同的另一种思维方式或推论方式,它是在另一轨道上或另一个层次上进行的。例如,其中可能采用直觉的或艺术的思维方式,也可能采用神学的思维方式(即正反两方面的例证,都可以同等地用之于证实同一个预先假定的命题;而在自然科学上,正反两方面的例子则只能是一个证实,另一个证伪)。

罗素承认历史学并不是、或者至少目前还不是科学,因而其间总免不了历史学家凭个人好恶而随心所欲地加以改动。① 同时,与自然科学的功能和性质不同,历史学的用处或价值就在于,一方面是开拓人的知识和视野、丰富人的心灵,另一方面又是社会进步和政治改革之所必需。这里,罗素虽然不像19世纪的实证主义那样,硬要把历史学强行纳入自然科学的规格和模式,从而不失为一种开明的看法;但是同时,他却有使历史学脱离任何学术规范的约束之嫌。在一个重要论点上,罗素有着休谟的浓厚的影子。休谟论证了纯粹的经验主义不可能成为科学的充分基础;但是问题却在于:"归纳法是一条独立的原则,是既不可能从经验、也不可能从其他的逻辑原则之中得出来的;而没有这条原则,科学又并不是不可能的。"②归纳法的有效性是不可能被证明的,但对科学又是必要的;不仅对科学是必要的,对历史学也是必要的。这就仿佛给了罗

---

① 见罗素:《自由与组织》(B. Russall, *Freedom and Organization*, 1814—1914, New York: A. A. Knopf, 1927),第 viii 页。

② B. Russell, *A History of Western Philosophy*, New York: Simon & Schuster, pp. 699-700.

素一种根据,使他可以放手去归纳他的种种历史原则;但是有时候他也在反躬自问,他那历史归纳方法的有效性究竟如何。显然,他有许多的历史结论都是武断的,缺乏任何认识论上或方法论上的依据或保证。他的历史理论中的这种优点和缺点,我们在下文中还要涉及。

三　历史学中的人与个人

逻辑原子主义从"原子事实"或者从单纯的感觉数据出发,但是在历史认识的领域里却并没有"原子事实"或单纯的感觉数据可以依据。贝克尔举了"公元前49年恺撒越过了鲁比康河"为例,他说像是这样一桩貌似单纯的历史事实,实际上包括着一千零一桩更细小的事实,要把它们都说清楚,至少需要一部794页大部头的书。① 这个例子卡西尔也曾提到过,他认为在历史中起作用的是一种可以称之为"个性"或"动机"的东西,那种东西属于"个体因果性"的范畴,是"自然科学所不使用的,而且也是不能许可的"。② 由于对同一个历史事件每个人的反应不同,所以历史学所能使用的方法就只能是解说(interpretation)而不是归纳法。

自然科学可以而且必须使用归纳法,但历史学仅仅是一种经验科学,所以是不是从中可以得出自然科学那种普遍的因果规律来,就成为一个问题了。科学规律必须能够满足如下的条件:(一)它的假说是可以检验的,(二)它的结果是可以由实验重复做出来

---

① 贝克尔:《什么是历史事实?》,载汉斯·迈耶尔霍夫编:《我们时代的历史哲学》(C. Becker, "What Are Historical Facts", Hans Meyerhoff ed., *Philosophy of History in Our Times*),纽约,1959年,第121—122页。
② 卡西尔:《象征、神话与文化》(E. Cassirer, *Symbol, Myth and Culture*),纽约,1979年,第129页。

的,因而(三)未来就是可以预言的。然而对历史事件要进行受控的实验是完全不可能的,历史事实是无法重复的。不同的自然科学理论可以根据以上条件加以鉴别;但是很难认为"历史学已经达到了、或者很快地就会达到可以把这些标准也用之于事实的地步"。① 自然科学要依靠归纳法,而历史学作为一种经验科学是无法完全依靠归纳法的。除了上述原因而外,罗素本人也承认还有另一个重要原因,那就是"过去文明的例子还太少,不足以保证一种(历史学的)归纳"。②

自然科学在很大程度上可以说是决定论的,即只要给定的条件足够充分,我们就可以大体上(或者精确地)预言未来。但假如历史是决定论的,其中一切(或者至少是重大历程)都是预先被注定了必然会发生的,那么人或者人民又怎么可能是历史的创造者或历史的主人呢?承认人的努力的作用和价值,似乎和决定论是互不相容的。罗素不相信历史决定论,但又似乎走得太远而过分强调了人的、尤其是个人的地位和作用。在历史解释中,过分地突出个人的个性和心理——并且还往往不免"加上一点小小的恶意"③——就构成为罗素反思的历史理论的基本特点之一,而这一点正是以往许多历史哲学的一个薄弱之点。以往的历史哲学大都仿佛是在和抽象的概念打交道(或者再加上一大堆抽象形容词),却恰好遗漏了历史过程中最重要的组成部分,即真实的、具体的、有血有肉的人,他们的感情、意志、愿望和思想动机。因此,罗素诊断说,"制造历史哲学的人"实际上都是"制造神话的人"。④ 在反对思辨的历史哲学这一点上,罗素和波普尔可以视为同调,两人都

---

① 罗素:《不合时宜文集》(B. Russell, *Unpopular Essays*),纽约,1966 年,第 62 页。
② 罗素:《理解历史文集》,第 17 页。
③ 参见席尔普编:《罗素哲学》,第 664 页。
④ 罗素:《理解历史文集》,第 17 页。

不承认历史有客观的规律,使我们可以据之以预言未来。波普尔特别指出所谓"历史在我们这一边"这一口号的妄诞及其危害性。① 两人在反对思辨的历史哲学时,又都着重指出这类思想框架全然"忽视了智力作为一种原因"在历史发展中所起的作用。② 历史的动力是人,但"人"并不是有关人的某种抽象概念或品质,而是具体的男人和女人,即有感情、有欲望、有动机的男女们的心理活动。这种个人的作用和地位是不能抹杀的,所以罗素不同意那种把个人单纯地看作是某种社会势力的代理人或工具的观点。人虽然在某种意义上可以是历史的工具,但他绝不仅仅是历史的一个工具而已。这种对个人的内在价值的强调,导致他不承认有任何不以人的意志为转移的历史客观规律。历史是人(尤其是人的智力)的创造,所以它并不服从某种先天注定了的模型。在历史这桩伟业中,每个人都有自己的贡献,尽管大小不同。

过分强调智力的作用,就导致了过分强调个人天才的重要性。罗素曾经多次重复过这样一个论点:"通常有一派社会学家,总是要尽量缩小智力的重要性,而把一切重大事件都归之于非个人的原因。我相信这完全是一种虚妄。我相信,如果17世纪有一万人在襁褓之中被扼杀了的话,近代世界就不会存在。在这一万人之中,伽利略是首要的。"③ 在这一点上,怀特海与他相似,也把17世纪称之为"天才的世纪",并列举了对人类最有影响的十二个伟大的天才的名字,其中也有伽利略。④ 罗素强调说,近代文明乃是由于一批为数很少的人的发明和发现的缘故。⑤ 这一观点也曾影响

---

① 席尔普编:《波普尔的哲学》(P. Schillp ed., *The Philosophy of K. Popper*),拉萨尔,1974年,第2卷,第1172页。
② 同上,并参见波普尔:《历史主义的贫困》,纽约,1961年,第6—7页。
③ 罗素:《科学观》(*The Scientific Outlook*),伦敦,1931年,第34页。
④ 见 A. N. Whitehead, *Science and the Modern World*, New York: Mentor Books, 1958, Ch. 2.
⑤ 罗素:《理解历史文集》,第35—36页。

了中国的梁启超。梁启超在他的著作里曾不止一次地重弹此调：假如从历史上抽掉几个最伟大的名字，或者某几个重要的历史人物（他例举过袁世凯）的心态有所不同，那么历史的面貌也就会大有不同。①

情形是否真如罗素所说，历史只是少数天才的创作。看来，这里他犯了一个推论上的错误，他把伟大的名字和与这些名字相联系在一起的伟大事迹混为一谈了。牛顿发明了微积分；我们很可以说，没有微积分就没有近代科学文明。但是没有牛顿这个人的名字，另一个人例如名字叫作莱布尼兹的，也同样可以（而且事实上已经）发明微积分。这样的例子在文明史上，不胜枚举。大抵上，在类似的历史条件下，可以产生出类似的发明和发现。假如没有发现新大陆，近代历史的面貌自然会大有不同；但是假如仅仅没有名叫哥伦布的这个人而新大陆仍会被别人所发现，那么近代历史的面貌大概不会有什么很大的不同。假如我们不能分清这两个不同的概念，我们就只能走入极端的怀疑论或是偶然论，就像是帕斯卡的名言所说的："克里奥巴特拉的鼻子如果生得短了一点的话，整个大地的面貌都会为之改观。"②

罗素不承认历史决定论，但自己却又往往陷于天才决定论，实际上是抹杀了历史可能性的全部复杂性。决定论者认为历史发展只有一条唯一必然的航道，此外就别无可能。假如历史航程真是注定了非如此不可，那就应该可以完全先验地从纯理论上推导出整个一幅历史航行图。但是这类预言往往都是失败的，因为归根

---

① 按黄濬另记有梁启超1914年的一段谈话："（梁）叹曰：'……世事兴衰，大势略定，何人为之，皆不甚相远'。予因譬解，极言史迹皆由人为，……安得言何人为之皆不甚相远乎？任公亦极以为是。"（《花随人圣盦摭忆》，上海古籍书店，1983年，第197—198页）看来梁启超是在这两种相对立的观点之间徘徊的。
② B. Pascal, *Pensées*, L. Brunschvicg ed., Paris: Hachette, 1912, p. 405. 作者这句话的原意如何有不同理解，另当别论。

到底历史乃是一门经验的学科,而不是一门先验的学科。虽然个人的天才可以创造出伟大的业绩,但伟大的业绩与个人天才的关系却并不像它表面上看上去那么大。在15、16世纪的西欧,冒险的航海家车载斗量,新大陆的发现不必一定有待哥伦布这一个人;20世纪的核物理学家也是车载斗量,核能的释放也不必非有待费米(或其他什么人)不可。不能设想如果没有费米(或其他什么人),原子科学今天能否达到它现有的高度。

罗素的天才决定论的基本论点之一是:历史的变化和进步"全然要归功于科学技术"①,是科学技术大体上在决定着历史的面貌,而科学技术则是个人天才的创造。在讲到科学决定历史面貌的具体例证时,例如在讲到通讯对人类政治历史的制约作用时,有些地方他讲得颇为言之成理,不失有独到之见;但在讲到个人天才对科学技术的决定作用时,则不免失之过分武断。他对思想在历史上的作用赋予了极大的重要性,但他也只偏重思想在历史上起作用的那一面,而较少谈到思想首先是历史的产物那一面。

历史的推动力,在他看来,首先是天才的思想及其创造。由于他讴歌智力,所以他就不断地谴责人类的愚蠢。人类在历史上的苦难,源出于人类的愚蠢不亚于源出于人类的恶意。如果说智慧使人进步,那么就同样可以说,愚蠢使人倒退。这就回到了歌德的说法:政治上的愚蠢应该看作是罪行,因为它导致千百万人的苦难。罗素的历史观在这方面有合理的因素,反映出一个自由主义者的开明见解,但它停留在一个较浮浅的层次上,缺乏进一步的深入。然而在另一方面,夸大了个人天才的作用,则其结果就引向忽视人民群众的地位;所以他很少谈及历史上某些屡见不鲜的事实,

---

① 罗素:《科学对社会的冲击》(*The Impact of Science on Society*),纽约,1954年,第41页。

例如历史上的统治王朝和暴君正是被人民群众所推翻的。与此相联系的另一个理论缺点则是,过分强调个人天才的作用就在理论上引向了偶然论。例如,他提到,假如当时某一个德国主管官员偶然决定了不准列宁回到俄国,十月革命就会不同,以及诸如此类的事例。然而,历史事件的内涵毕竟是太丰富了,绝不可能完全是由个人的因素所能解释得了的;从而就整体的历史巨流而言,个人天才就是一种偶然,在实质上是无关大局的。

四 多元的人性论

罗素的历史观是多元的,他不承认在历史过程中有任何一种因果性的因素是唯一决定性的,所以可以说他不接受任何唯 X 史观,这个 X 可以是任何变数。① 马克思的历史观,作为一种一元论的历史观,是罗素所不能同意的。他曾多次批评过它。

他在一部题名为《科学观》的书里,曾依照他认为是纯粹而彻底的科学原则勾画过一幅科学的理想国的画面,那在任何读者看来,大概都不会是一个很有趣的国度。他倾向于把社会主义理解为单纯是物质生活的改善,所以他批评社会主义"太轻易地设想,更好的经济状况其本身就可以使人幸福。但人们所需要的并不仅仅是更多的物质上的好处,也还有更多的自由、更多的自我驾驭、更多地发挥创造性、更多的自愿合作和更少的不自愿地服从于不是自己本人的目的"。② 总之,一个理想的社会应该是着眼于最大限度发挥人们的创造性③,而不仅仅是满足人们的物质的(以及权

---

① 参见沃尔什:《历史哲学导论》(W. H. Walsh, *Philosophy of History: An Introduction*),纽约,1967 年,第 99 页。
② 罗素:《社会重建的原理》(*Principles of Social Reconstruction*),伦敦,1920 年,第 43 页。
③ 罗素:《自由之路》(*The Proposed Roads to Freedom*),伦敦,1925 年,第 210 页。

力的)欲望。

但罗素并不全盘反对马克思。在一个重要之点上,他是同意马克思的。我们国内过去习惯于批判那些据说是号称马克思主义而实际上是反对马克思主义的人。我们很少考虑到另一种情况,也有许多号称是非马克思主义者,却直接或间接、正面或反面受到马克思思想的影响。罗素不接受历史唯物主义的体系,但承认经济因素在历史上往往是起最重要的乃至决定性的作用。他承认,"大体上,我同意马克思说的,经济原因乃是历史上大部分伟大运动的基础,不仅在政治运动的而且也在宗教、艺术、道德的各个领域里"。① 这个见解在他论述美国历史时,表现得格外明显。但他并没有做过理论论证,何以经济因素在历史上就是最重要的;也许这一点在他看来是理所当然的而无待解说。

罗素反对布尔什维主义还基于另外一个理由,即他的权力论的学说。十月革命后不久,他就写道:"一旦获得了权力,就有可能把它用来为自己的目的服务,而不是为人民的目的,这是我相信在俄国很可能发生的事:即建立一种官僚贵族制,把权威集中在自己手中,创设一种和资本主义同样残酷和压迫的政权。马克思主义者从来也没有充分认识到,贪权也正如爱财一样地是一种强烈的动机,而且一样地是一种不正义的根源。"②因此,"除非是官僚的权力可以得到约束,否则社会主义就只不过是意味着这一帮主人代替了另一帮主人而已。以往资本家的一切权力就都将由官僚继承下来"。③ 在他看来,社会主义的问题也就是如何约束官僚的权力

---

① 罗素:《自由与组织》,第108页。可参见《马克思恩格斯选集》第3卷,第66页;第1卷,第232页。
② 罗素:《布尔什维主义的理论和实践》(B. Russell, *The Theory and Practice of Bolshevism*),伦敦,1924年,第133页。
③ 罗素:《科学对社会的冲击》,第36页。

的问题。他认为十月革命虽然表面上获得了成功,但实质上却是失败了,因为它实际上已背离了原来的理想而转化成为一个"政客的天堂"。① 要维持社会主义的理想于不坠,不能光靠国家政权,因为"由国家来实行的社会主义大体上无法消除现有的种种弊端,并且会带来它自身的种种新弊端"。② 要维护这个理想——而且确实,要维护任何理想——就要靠民主制度,也就是人民有权可以有效地控制政府领袖。应该说,这一可能性是马克思本人早已预见到了的,《法兰西内战》一书在总结巴黎公社无产阶级专政的经验时,已经明确提出了预防这种政治蜕化的措施。罗素把这个问题归结为民主问题,他研究历史所得出的基本结论之一就是:"民主政治是至今所发现的唯一办法","任何一个组织,不管它所宣称的目的是多么理想,都会蜕化成为一种暴政,除非是公众在自己的手里保持着某种有效的办法来控制领袖们"。③ 换句话说,民主的精义就在于:不是领袖如何领导群众,而是群众如何约束领袖。但,民主是不是就可以包医百病？他也承认,问题未必如此简单;不过无论如何,"民主政治虽不是一个完全的解决办法,却是解决办法的一个重要部分"。④

这就把我们带到罗素历史观中最核心的部分,即多元的人性论。研究历史也就是研究人性,即人性在不同的历史条件之下的具体表现。因此,历史最根本的源头就不应该单纯地求之于社会制度,还应该更进一步向着人心或人性的深处去追寻。人是一个社会动物,但又不仅仅是社会动物而已。⑤ 社会动物的行为,只是

---

① 罗素:《科学对社会的冲击》,第30页。
② 罗素:《自由之路》,第186页。
③ 罗素:《理解历史文集》,第51页。
④ 罗素:《权力》,沈炼之译,福州:改进出版社,1946年,第258页。
⑤ 参见罗素:《不合时宜文集》,第194页。

人的本性的外在表现。于是,这里应有的含义便是:人性就是社会性的这一提法,就应该正好颠倒过来,应该说:社会性就是人性在社会中的表现。前一种提法把社会性看作是人的唯一的本质,除社会性之外别无人性。而在后一种提法,则人性才是最根本的,社会性只不过是它的一种特定的表现形态而已。罗素的人性论受了休谟的影响;正如18世纪大多数的思想家一样,休谟所据以立论的"人性",乃是一个永恒不变的常数,他(和他们)把人性看作不是一种历史的产物,而是某种先天给定的东西。人性在这种意义上加以理解,也就是人的本能(不同于动物的本能);它是人类行为(也就是历史)的基本动力。在这种情形下,我们非但不可能从各种本能之中挑选出某一个来,指定它是主要的、决定性的,而且也不可能有所谓客观的规律;因为客观规律是外在的,而人类的动机(即历史的动力)则是内在的、主观的。罗素以本能来解说历史这一观点,可以称之为心理主义(Psychologism),因为这里推动历史的不是物质的因素而是心理的因素。例如,他认为竞争就是人的一种本能,它在各种不同的场合和条件下,可以采取各种不同的形式,如经济的、政治的,乃至战争的,等等。① 他特别列举了历史上有名的异端裁判所打着神圣的名号而以迫害异端为乐的例子。由此引申,则人类历史上的一切灾难都可以说是出于人类的恶意,更有甚于是出自人类思想与见解的真正不同。这乃是我们生活经验中的一个无可争辩的事实:人类历史上的灾难"主要根源是出自邪恶的感情,而非由于思想或信仰"。② 恶意,或作恶的快乐,是一种天性,是一种天生的人性,是隐藏在意识深处的乃至半意识的或无意识之中的东西;它不是社会的产物,而是 *Homo Sapiens*(智人)的

---

① 罗素:《选集》(*The Basic Writings of Bertrand Russell*),伦敦,1961年,第580页。
② 罗素:《不合时宜文集》,第189页。

产物,尽管它可以随时改变旗号或者表现形式。历史作为一门科学,也就是人性动力学或人性发展史。

康德把人类的理性最后分解为三个不可再简约的组成部分,罗素则把人类的天性最后分解成三个不可再简约的组成部分。于是,人类的历史最后就被归结为三种因素的作用,即占有欲(物质财富)、权力欲(统治权力)和创造欲(智力活动)。这三者都是先天给定的,或者至少是人类历史还短得看不出它们的变化来。在古典的思辨历史哲学里,历史乃是理性自身的开展过程;而在罗素这里则成为人类本能的开展过程。若仅仅就占有欲的角度考察历史,那种看法就是唯物史观①(亦可称为经济史观,这两个名词在西方往往是互相通用的)。但问题在于,占有欲仅仅是人类的本能之一,而非唯一的。这就是唯物史观所以不能成立的理由。

在他的多元论历史观之中,罗素所特别强调的是权力欲的作用。他认为"正统经济学家假设经济的利己主义可以当作是社会学中的基本动机,这正和马克思——他在这一点上和他们完全一致——一样,是完全错误的";这是因为人类不单纯是受着物质享受的欲望所驱使的,"他们所要追求的是权力,并不是财富","他们的基本动机并不是经济的"。因此,经济史观就丧失了它自己立论的根据。罗素自称:"我所关心的是要证明,社会科学上基本的概念是权力",而"权力也像能力一样,有着许多形式",它们"没有一样可以视为附属于其他的东西,没有一种形式是导源于其他形式的"。② 这就是说,权力欲和占有欲是一样地根本性的,我们不能用这一个来解释另一个。所以历史就不能看成只是物质财富运动的

---

① 参见罗素:《选集》,第528页。
② 罗素:《权力》,第4—5页。

一个函数。看来,罗素在这里把问题绝对化了,他只看到了财富与权力二者的不同,而没有看到二者之间的一致性,即二者的关系既是一而二、又是二而一的。用通俗的话来说,有权就有钱,有钱就有权;这是现实历史的经验中的一个无可争辩的事实。

1950年,在他本人已经亲身经历了两次世界大战之后,他在斯德哥尔摩领诺贝尔奖奖金时所作的主旨演说,其中心思想仍然是这个基调,即指出获得权力和占有财富一样,乃是人类本能的欲望。人类历史是受这些本能在驱动着的,我们不能挑选出其中的一个作为唯一的根本因素来解释其他。然而尽管这些欲望是平等的,却并不是等价的,其中权力欲的作用要更有甚于其他因素。所以他一贯强调:"社会动力的法则,唯有用各种形式的权力的用语才可以表达出来。"①由此推论,则历史上一切对内的专制暴政和对外的侵略战争,两者也都出自权力欲这同一个来源,所以两者的关系就是互为表里的。罗素讲权力的地方,成为他历史理论中最有特色的地方;然而其中终究有一个最主要的缺欠,即他并没有能给出一种充分的论证或证明。所以他的这一权力论的观点,正像他所责难别人的,只不过是一种信念。康德的历史哲学特标"观念"一词,"观念"是无从证明的,但又是不可或缺的;没有它,就无从理解历史。对于罗素,权力欲是一个基本公设;只有用它才能解说历史,而它本身则是一个无待证明、也无法证明的事实。问题如果追究到最后,大概也就只能是止于这一步。

对于这样一种多元论的历史观,我们假如设身处地,似乎也可以为它提出如下的两点辩护。第一是,多元论可以不必否定历史知识的客观性(这是罗素从来也不否认的),反而是为它所必需的。这种

---

① 罗素:《权力》,第7页。按此处中译文"用……的用语",于文似嫌不词,颇疑原文为"in terms of"(唯有以权力的各种形式才能表达),因未能找到原书,姑此质疑。

历史观点可以使人多方面从不同的观点和角度看问题,从而看得更为清楚和全面。一种多元论的观点,可以同时容纳许多种观点。① 早在罗素一个世纪之前,诗人哲学家居友(Jean-Marie Guyau,1854—1888)就提出过真理是多方面的,所以不应该禁止不同的观点和意见,而是应该鼓励它们充分发扬;只有这样才能使人们更好地看到事物的真相。罗素承认每个人(每个历史学家)都有局限性;他说:"既然我不认为会有任何人是没有偏见的,所以我认为完成一部大型的历史书,最好就是承认一个人的偏见,并且让不能满意的读者再去看其他作家所表述的相反意见。"他甚至还说:"我认为一个没有偏见的人,是不可能写出有趣味的历史书来的。"②每一个人(每一个历史学家)都应该谦逊地承认自己的偏见,同时谦逊地容忍别人的偏见;这不但有助于我们认识历史,也有助于我们认识各种不同的历史观。

  第二是,历史学和自然科学的区分并不是绝对的。如果说历史没有严格的自然科学意义上的规律,这并不意味着它就是完全不可捉摸而又无从预言的。法国大革命爆发的第二年,柏克就预言了法国革命未来的演变,有些预言是相当准确的。胡克以为罗素本人对俄国十月革命的演变的预言,也是相当准确的。可见历史学并不是不可能成为一门科学的。不过罗素的历史理论不同于一切思辨的或分析的历史哲学之处在于,它不需要靠先天的逻辑推导,他所运用的乃是纯经验的原则——社会学的、经济学的或心理学的。又正因为那仅仅是经验的原则,所以他从来没有尝试过要从其中构造出一个理论的体系来。或许历史生命的内容是如此之丰富,乃至于不可能被纳入到任何一个理论的框架之内。于是,这就仿佛加强了他的多元论的历史观,即人生中的各种因素:饮

---

① 有一句谚语说:"一种多元论的观点,并不是一种观点。"("A Pluralistic point of view is not a point of view.")
② 罗素:《自传》(Autobiography),波士顿,1968 年,第 2 卷,第 326 页。

食、男女、贪婪、追逐享乐、权力争斗、虚荣心乃至创造欲等都是本能,都在起作用,所以就都是人的行为(从而也就是历史)的动力。他无意于、并且认为也不应该把这些都归纳成一个一元的理论结构,尽管他倾向于把权力欲看作是其中最起作用的。与此相联系的另一个观点就是,历史上的必然和偶然也不是绝对的。所谓偶然并不是指无缘无故,而是指它不可能从当时的历史局势之中推导出来。克里奥巴特拉的鼻子的长短,这是由她的遗传基因所决定的,所以不是偶然的。然而它的作用却不能从公元前 1 世纪地中海国际政治的局势中推导出来;在这种意义上,它就成为历史上的偶然。按照这种说法,则偶然、必然更多是属于认识的主体,而不属于认识的客体。另外,罗素对历史的偶然性还有一种解说,即当历史上各种不同的势力大体上呈现平衡的时候,那么只要一小点力量就可以决定天平摆向哪一边;而这一小点但决定性的力量,就成为了历史的偶然。

五　人文主义的理想

在漫长的历史巨变之中(何况其间还经历过两次世界大战),罗素对某些具体历史问题的看法(例如对苏联的看法)前后有所变化;但就他的历史观而言,其主要倾向和思路大抵是始终一贯的。那就是,研究历史是为了获得知识王国的公民权,有了这个公民权才有资格作为历史的自觉的主人,而不是历史的盲目的奴隶。在这一价值观的引导之下,罗素的历史研究的着眼点,总是要归结到当前和未来,而绝不满足于仅只对过去考订史实或是发思古之幽情而已。这一点也是历史学的功能和自然科学的功能不同之所在;历史学的任务不单单是为事实而事实、为真理而真理,而且它还有其实践的、道德的、功利的、教育的乃至审美的内涵。这种实用主义的目的,也可以解释另一个貌似难以回答的问题:既然在他的哲学里,历史学并没有地位,何以他又如此之终生热衷于研究和讨论历史。在他的哲学和他的历史观之间,也有着一条思想上的纽带,那就是他那自由主义的气质。他的哲学号称多变,是因为他不肯坚持任何一种没有坚强论据的观点;他的历史观之所以不变,也是由于他不肯坚持任何一种未经经验证实的理论。

在历史学中,他有他自己的偏爱和偏见,他喜欢自由主义传统的那种他所谓的"大型的历史著作",即讨论任何具体历史问题,最后都要以把握整体的历史脉络为依归。我们可以设想:假如一个历史学家尽毕生精力去钻研一个狭隘的问题,即使是最后能对它得出确凿无疑的答案来,但那终究不能说是对于历史达到了一种理解,因而就不能说是真正有了历史知识。没有达到思想上的理解的历史学家,就不是一个历史学家。这样一种看法,使罗素不肯接受任何未经经验证实的信条或教条;他坚持这一立场而始终勇于反潮流、反一切形式的政治的或思想的专制。他反对盲从传统;他不但反对法西斯,反对侵略,也反对基督教。他写过一篇《我为什么不是基督徒》的文章,至今为人诟病;在西方上层社会,敢于公开承认自己不信基督教,这是需要有很大的道德上的勇气的。他在中国之行以后,曾多次斥责当时白种人的种族优越感。他也曾公开指责过苏联及其政策①,并且曾直言不讳地表示,他不同意列宁《唯物主义和经验批判主义》一书。他的反传统、反潮流的论点中,哪些正确,哪些错误,尚有待研究者们进一步地具体分析。

无论如何,作为一个历史学家,他不仅是回顾着过去和古人,而且更其是展望着未来和来者。他那眼光始终朝向前方,他仿佛是在论证:一个历史学家的尊严就在于他关心着未来可能的忧

---

① 罗素:《不合时宜文集》,第56—57页。

患。因此,他曾大声疾呼人类两百年来在肆无忌惮地污染着地球表层,那后果之严重将对子孙万代遗患无穷。他的这个预言正在得到实现,今天的人们都已懂得了环境保护和生态平衡的重要意义。他多年来一直积极呼吁普遍裁军,他担心人类的文明有可能毁灭,所以始终努力要求建立一个世界政府。两百年前,康德曾提出过他的《永久和平论》的建议,认为要保持永久和平,就需要建立一个世界政府。在两百年后的当代哲学家中,没有哪一个比罗素对人类前途更加忧心忡忡并且更加热衷于宣扬建立一个世界政府的必要性和迫切性了。在五六十年代,他是世界和平运动最积极的参与者。当然,这些努力在某些现实主义者看来,未免是不切实际的幻想;尽管陈义甚高,却是迂远而阔于事情。的确,罗素的许多见解往往只不过是常识再加上他的主观愿望(甚至偏见),他很少想到实践的可能性,予人以过分天真之感,其中伦理的立意总是多于科学的分析和具体的措施。他的文章以清通流畅见称,洋溢着机智、博学、深思和幽默,所以吸引了许多读者;然而更为值得称道的,却是他那谴责人间丑恶的道德勇气。他的史学观点中隐然有一个最重要的见解:一个历史学家的品质就在于他勇于谴责一切邪恶、卑鄙和愚昧,或者说就在于他的史德。他的这种精神和风格,曾博得《纽约时报》送给他一顶"一个堂吉诃德式的人物"的帽子。这或许是对罗素的一个恰如其分的写照。可惜的是,现实世界中堂吉诃德式的人物不是太多了,而是太少了。

也许罗素本人不会同意把他比作堂吉诃德,那么也许还可以比作另一位伟大的历史人物。卢梭认为要建立一个理想的宪法体制是太困难了,简直是需要一群天使而后可,康德则认为要达到这样一个理想的太平盛世,并不一定需要有一群天使而后可,就是一群魔鬼也行,只要他们有此智慧。罗素是相信魔鬼也可能有此智慧的,他毕生在以堂吉诃德式的热情同样地既在向圣人、也在向魔鬼进行启蒙教育。他坚信"如果圣人具有更多的世俗智慧的话,他是会预见到这一点的"①;当然,这对于魔鬼也同样适用。罗素的这种锲而不舍的努力和奋斗,使艾耶尔把他比作当代的伏尔泰。② 这或许是一个更恰当的比喻。也可以顺便提到,我国最近出版的《中国大百科全书》(哲学卷)中的伏尔泰一条是两千字。而罗素的一条是四千字。当代西方哲学家中只有两个人是给了四千字的最高限额的,一个是罗素,另一个是维特根斯坦;这可以反映我国学术界对他的地位的评价。

  罗素的许多历史见解和论断都是就当时的认识而立论的。随着时势的转变,有些显得已经过时了(如有关四五十年代东西方僵局的看法);另有些则似乎仍然值得人们考虑。例如,两个世纪以来的那个老问题:世界的永久和平是不是需要、以及如何才可能有一个世界政府?抑或,现代的科学技术(例如各国之间相互的核竞赛),已经使得它成为了不必要?对于凡此种种的问题,支配着罗素思想的是一种根深蒂固的旧式的世界公民的自由主义情操,这使得他对任何一种强暴、欺骗、邪恶或愚昧都抱有强烈的反感;但是这种情操也一定会有损于他的历史判断的客观和健全。我们仅仅根据他所引用的那些史实,似乎并不必然就能得出和他同样的那些结论。故而胡克评论他在对待历史问题上,就纯智识的角度来说,只不过是半心半意的。③ 那另外的半心半意就是偏见,而在罗素,那就是一个世界公民的自由主义的偏见。诚然,他讲历史都只是就事实作出论断,而不像 18 世纪的历史哲学家(康德、赫尔德或孔多塞)从一个理论框架中凿空推出结论来。即使如此,他的那些结论的

---

① 罗素:《理解历史文集》,第 49 页。
② 参见艾耶尔:《20 世纪的哲学》,第 40 页。
③ 席尔普编:《罗素哲学》,第 646 页。

有效性仍是颇为可疑的。由此,便涉及以下的另一个问题。

历史著作有真假之分,也有好坏之分,然而这条界线划在哪里?朴素的实在主义者有其优点,即他们理所当然地不再需要假定(或证明)有一个外在的、不以认识主体为转移的客体。事实是客观存在的;符合它,就是真的;不符合它,就是假的。这种说法本身可以自圆。不过主观论者也可以振振有词地回答说:所谓事物的本来面貌,只不过是你所认识的事物的面貌;除了你(或任何其他人)所认识的事物面貌而外,再假定有所谓事物的本来面貌,这是没有意义的;因为它的面貌就是我们所认识于它的面貌。除此之外,我们没有任何可以断言它的本来面貌的根据。这是一个亘古以来的哲学争论,也是历史哲学的争论。这个问题这里撇开不谈。我们这里要指出的是,罗素的历史观点实际是站在朴素的实在论那一边的,也就是站在日常常识的立场上,而与当代许多西方历史哲学家(如新康德学派或新黑格尔学派)都不相同。另外,所谓好坏,也是和真假相联系的。人们大致上认为所表达的真实性越高,则作品就越好;否则,就越差。就此而论,罗素的历史观大概是既不受思辨派、也不受分析派垂青的。思辨派不能容忍他没有一个严整的理论框架,分析派不能容忍他的概念含混;而这两者他确乎从来都未曾着意过。而且他从来也没有想到历史学家对于历史事实的构思可以不止一种,即不只是他所得出的那种构想。① 科学判断(是非)和道德判断(善恶)本来是两回事,或者说事实判断并不是道德判断;但是罗素的历史判断最后总是要归本于一种道德判断。与此相联系的另一个问题就是:我们对历史究竟有没有(或者可能不可能有)可靠的知识,抑或历史只是由认识主体所构造出来的形象?现实主义者肯定历史知识的可靠性,怀疑主义者

---

① 伯林:《反潮流》(I. Berlin, *Against the Current*),英国米德尔塞克斯,1969 年,第 6 页。

则持相反的态度。罗素以一个怀疑主义者而在历史知识上持现实主义的见解,这似乎是奇怪的。然而这正是构成其为反思的历史哲学的特征;因为罗素既不像思辨派那样,认定历史的发展遵循着一条合目的性的而又合规律性的途径在前进着,又不像分析派那样从回答什么是历史的真实性和客观性入手——他从来也不考虑这类问题,就仿佛把它们看成是并不存在的问题或者是不成问题的问题,因而是不值得探讨的问题。

这样的历史理解就必然有很大的随机性。只要他对某种历史问题感兴趣,就可以随心所欲地专就这一点加以发挥自己的见解,而把整体的历史网络置之于不顾;给人的印象是六经注我而非我注六经。所以尽管在若干具体问题上,他的历史论点不乏深刻的洞见,但是总的说来,却难以(或许他本人也无意)称之为科学的历史学。就这一点而论,他的历史观更多的是和人文主义的理想而不是和科学的理想相联系着的。在他的历史著作里,读者会感到又回到了古典人文主义那种文史不分的传统,而看不到其中有很多沾染近代科学思维色彩的东西。我们不妨借用年鉴派布罗代尔的话来评论罗素的这种观点,布罗代尔论述历史学与人文主义理想之间的关系说:"历史学家是以一种奇特的方式而使自己涉足于现在的。作为通例,他那涉足只在于要摆脱现在。"①历史研究的作用,是要使历史学家自己从目前摆脱出来,这正是罗素论历史的一系列论文的作意。布罗代尔继续论证说:"人文主义是一种希望的方式,希望人类彼此成为兄弟,希望文明(每一种文明自身以及它们的总和)能够拯救其自身并拯救我们","希望'目前'这座大门能朝着未来洞开"。② 这种人文主义的理想正是罗素终生孜孜不倦

---

① 布罗代尔:《论历史》(F. Braudel, *On History*, Chicago: The University of Chicago Press, 1980,第 209 页。
② 同上书,第 217 页。

在追求着的东西。我们从这种祈向的角度,或许可以对罗素的历史观作出更恰当的评价,即那首先不是一种对历史的"科学的"反思,而是一种"人文主义"的反思。他所要求于历史研究的,乃是常识与人文主义理想的结合。

六 历史知识的价值

罗素所要论证的是:历史学虽然不是人们所谓的"科学"那种意义上的科学,但它仍有其独特的、崇高的、无可取代的价值,无论是在认识上,还是在实践上。除了以上所提到的各种功能之外(如扩大视野、丰富知识,等等),它还可以使人们(借用一个中国传统的术语)"变化气质"。一旦气质变化了之后,就可以使人类如登春台。于是,似乎历史知识自然而然就会带来一切值得愿望的美好事物:审慎、宽容、人道、同情、远见、开明,如此等等。这里罗素就陷入了一种浪漫的想法,这种想法虽然是普遍流行的但也是天真幼稚的。假如历史学(乃至于广义的知识和文化)真是一个圣诞老人,能够送给人类这么多美好的礼物;那么历史知识最丰富的人,就应该是精神境界最高和智慧水平最高的人了。然而事实却显然远非如此。培根的格言"知识就是力量",是并不错的;历史知识当然也是力量。但是力量可以用之于为善,也可以用之于为恶。历史知识假如真的给了人类以更大的力量,那么人们就同样地既可以从中学到光明正大和美德,也可以从中学到阴谋诡计和权术。知识是人类进步的必要条件,但不是充分条件。历史上很多事实都可以说明这一点。知识作为一种力量,其本身是中性的,所以并不保证人类历史的取向。谈到自然科学时,罗素极为清醒地认识到这个道理;但是在谈到历史时——也许是由于人文主义理想的浪漫化效果——却不免糊涂。

任何学科,除了其学术的或知识的价值而外,同时总还会有实用的价值和其他方面的效用的。历史学除了求真的价值(对过去有更多的知识)和实用的价值(对未来有更多的智慧)而外,还有什么其他的价值呢?罗素以为,它还显然地有着另一种重大的价值。人生总是局促于一个狭隘的时间和空间的领域之内的,总是陷于种种现实生活的烦忧和痛苦之中,那往往是繁琐、庸俗、无聊而又摧残人的神经的;因此人生就总有一种要求超脱于现实龌龊生活之外的向往,一种辱宠皆忘、与世相遗而独立地观照千秋万世的向往。正像是安那克里昂(Anacreon)沉湎于醇酒而忘忧,一个历史学家则可以神游于古人或来者的世界,静观过去和未来;这可以提高我们的境界,达到一种精神上的无我或解脱。这是一种心灵的价值、一种美感的价值、一种无与伦比的伟大的精神价值,是一种历史的、世界的、宇宙的感情。这也是罗素本人之所以那么醉心于研究历史的原因。历史对于他,也像数学对于他一样,在它们的真理之中还可以同时感受到一种不可言喻的美感、一种宇宙与我合一的感通。历史学本来除了它那科学的一面之外,还有其作为艺术的一面;而它的效能也同样地有其与艺术相同的一面。

历史学既有其艺术的一面,所以理解历史也就有其艺术的一面。自然现象本身并不就自行成其为自然科学;历史事实本身也不就自行成其为历史学。但是自然现象是直接呈现在观察者面前的,而历史事实则否;所以历史学家就只能是间接地通过符号(如文字记载)进行研究。按照卡西尔的讲法,天文学家研究的天象是以永恒不变的秩序而存在的,化学所研究的物质是以永恒不变的成分而存在在那里的。但是人却是生活在一个符号(象征)的世界里,感情、意志、思想、愿望、信仰等,都是通过符号来表示的,而符号的意义却是无时无刻不在变化着的,过了一个时期,就成为不可理解的了；而这就成其为历史学的开端。① 所以古希腊历史学家希罗多德说，他的工作就是要永恒地掌握住人类的心灵。只有掌握了这一点，才能掌握人的世界和它的历史。在这种意义上，历史学家就是一个解释者，他的工作不是作一个单纯的档案保管员，因为他要重建过去，重新勾画出一幅过去历史的图像。人类的文明就是在不断地创造新的形式、新的符号；而历史学家的工作程序则正好是反其道而行之，是要由符号再返回到它原来的作意。故此历史学也是一种解释学，即解释出符号的历史含义的艺术。或者换一种象征的说法，那就是要从那可见的背后，看到那不可见的、看不见的或没有看见的，即要透过符号而看到人的本质，看到内在的真正的人。怀特海论历史学，曾有一段类似的话，他说，"理论是建筑在事实之上的，但反之有关事实的报道又是彻头彻尾被理论的解说所统摄着的"；因此"当前的证据同时也就是当前的解说，包括对数据的假设，而非仅仅是赤裸裸的数据而已"。② 与自然世界不同，赤裸裸的数据在历史世界里是并不存在的。也许以上这样一种看法，能够为罗素的反思的历史哲学提供一种更充分的根据。

最后还要提及罗素历史观中的一个缺点是，他不自觉地仍然在受到一种西欧中心论的支配。西方近代史是人类文明史上的一个特例或例外，在人类全部历史上的所有各个文明中，资本主义和近代科学（有别于古代、中世纪的科学）就只曾出现在近代西方的文明史上，并表现为随着这一对孪生儿而来的全部社会的与思想的新面貌。而大多数历史学家，罗素也不例外，却倾向于把历史上的这一特例当成通例，把这一例外当成常规。这只是信念，是没有任何史实根据的。而这一并无根据的前提假设，却导

---

① 参阅卡西尔：《人论》第二章"符号：人的本性之揭示"，上海：上海译文出版社，1985 年。
② 怀特海：《思想的历险》（A. N. Whitehead, *Adventures of Ideas*），伦敦，1948 年，第 11—12 页。

致了罗素许多武断的结论,因为他有意无意地在削其他文明历史之足以适西方近代历史之履。确实,资本主义开辟了世界市场,任何民族再想孤立于这个世界市场之外是不可能的了。确实,近代科学浸透了世界文明,任何民族再想要游离于近代科学的潮流之外,也是不可能的了。但这绝不意味着,西方历史的发展轨迹先天地在逻辑上就是一切文明发展的普遍规律;那就是说,即使不存在西方文明,别的文明也必然要走上这一条唯一的历史道路。似乎没有理由可以把任何一个历史上的特例,说成是人类一切文明的普遍规律。就他的这一不自觉的倾向或前提假设而论,我以为他在讲科学技术方面的历史作用上是比较成功的,而在讲政治或思想方面的历史作用上则是比较失败的。这或许是由于科学技术毕竟更具有普遍性,而不如思想意识那样具有特殊性。就这种偏向而言,罗素仍然是一个西方公民更有甚于他是一个世界公民。然而尽管有着这一切的缺点和错误;他的敏锐的眼光和思想,他的真诚的热情和向往,仍然不可能不给读者留下一个深刻的印象。

1988 年 9 月于北京

(原载《史学理论》1989 年第 1 期;又作为"译序",收罗素著,何兆武、肖巍、张文杰译:《论历史》,三联书店,1991 年)

论沃尔什和历史哲学

一

1938年通常被人认为是标志着当代西方历史哲学的一个转折点：在这一年里，雷蒙·阿隆(Raymond Aron, 1905—1983)的《历史哲学绪论》和曼德尔鲍姆(Maurice Mandelbaum, 1908—1987)的《历史知识的问题》相继问世，于传统意义上的历史哲学——即从康德、黑格尔到汤因比的历史哲学——之外，别开生面。但是，直到第二次世界大战后的1951年，沃尔什(William H. Walsh, 1913—1986)《历史哲学导论》的第一版出版，才开始拈出"分析的历史哲学"一词而与传统的"思辨的历史哲学"相对立，从而正式奠定了一门新学科的领域。自此以后，分析的历史哲学在西方思想界由附庸变为主导，竟有成为历史理论与史学理论中的显学之势。可以说，分析的历史哲学是历史学的知识论，而以往思辨的历史哲学则是历史的形而上学。追根溯源，本书对于开创一门新学科从而推动西方史学理论界的重点转移，是起了关键性的作用的。当代西方(尤其是英、美)的历史哲学之采取了分析的历史哲学的方向，主要是由沃尔什的这部书开其端。所以本书之具有史学思想史上的意义，并不亚于它所具有的史学理论上的意义。沃尔什本人以哲学家闻名，但是他的贡献和影响，主要地可能并不在纯哲学方面，而是在历史学方面,即他所开辟的对历史和历史学进行哲学反思的道路,这一点从他在本书中,除了传统历史哲学(即思辨的历史哲学)外,以绝大部分的篇幅来探讨(在当时是新颖的)分析历史哲学的课题就可以看出,同时也可以从思辨的历史哲学从此日益趋于式微这一史学史上的事实看出。从汤因比以来到现在的半个世纪里,西方史学界再也没有一部重要的思辨的历史哲学著作问世。唯一可以称得上是思辨的历史哲学的一部书,即沃格林(Eric Voegelin,1901—1985)的《历史中的秩序》,其第三卷于1957年完成;但是相隔17年之后,到它的第四卷于1974年完成时,他已经公开放弃了他原来的写作计划,即放弃了要揭示出西方历史的"意义"那条线索。

　　康德认为在哲学上不首先去探讨认识的能力和性质,就径直着手去认识世界的本质,那就好像是飞鸟要超过自己的影子,是一桩完全不可能的事。分析的历史哲学的出发点也可以说是如此,在历史学中不首先认识历史认识的能力与性质就要去侈谈什么历史的本质或规律,也正像是飞鸟要超过自己的影子,是一桩完全不可能的事。于是对历史的性质的研究,就转化为对历史认识的性质的研究,进而转化为对历史学家进行历史思维的性质的研究、对历史学家进行历史解说的性质的研究。无论如何,立足点从追求客观意义上的历史规律转移到探讨主观历史知识的性质上面来,这可以说是表现为历史思想与史学理论的一幕重点转移。在这种意义上,沃尔什这部书本身就构成为史学史和史学思想史的一个重要组成部分。本书作者沃尔什出身于英国牛津大学,曾任牛津大学哲学讲师,后任爱丁堡大学逻辑学与形而上学教授。他的这部书被美国思想史家伦德尔(John H. Randall)评为英文著作中有关历史思维的逻辑的最好的一部简明论著,加拿大历史哲学家德雷则称它是有关历史哲学问题的最好的总结。

如果说,19世纪西方史学思想的主潮是朝着兰克式的"客观如实"的方向前进的,那么当代史学思想的主潮就是朝着反兰克的方向在前进的。历史思维与历史认识的性质取代了历史事实与过程的性质,而成为历史哲学中的热门题材;极端论者乃至于既不承认有过去(历史)也不承认有对过去的陈述(历史学)[①],于是一切历史都是当代史这一命题竟至变成了一切历史都是当前的自我意识的历史。这当然只是极端的例子,但无论如何,旧的意义上的"史观"已经日益让位给了"史学观",这一点乃是西方当代历史哲学中无可争论的事实,即史学理论的立足点从客体转到主体上来,过去历史哲学是着眼于历史的客体的,现在则转到了主体如何认识历史客体的问题上来。

二

自然科学以其直接所面对着的自然现象为研究对象。历史科学却不可能直接面对已经成为了过去的历史事实,它直接面对着的只能是历史文献;而且历史学家也不可能像自然科学家那样反复进行实验来加以核实。所以历史哲学——即对历史学进行哲学的反思——就有必要首先考虑历史认识或历史知识的性质。沃尔什的书基本上把此前的历史哲学分为两种,一种是"实验的",另一种是"唯心的"。实验的路数,其最终目标在于使历史学同化于或者认同于自然科学(例如,把历史发展的规律看成是生物界的演化规律那样的东西),而唯心的路数则认为历史学有其不同于自然科学的独特的规律(因之,也就有其不同于自然科学的独特的方法)。前一种属于沃尔什所称之为的"思辨的历史哲学",后一种则属于"分析的历史哲学"。

---

① 参见艾耶尔:《哲学论文集》(A. J. Ayer, *Philosophical Essays*),纽约,1965年,第317页。

人们往往以为分析的历史哲学并不涉及任何价值判断,这是一种误解,分析的历史哲学之关系到价值判断,并不下于思辨的历史哲学;不过思辨的历史哲学是把历史放在一个目的论的框架里来加以考察的(即认为历史是朝着一个目标在前进的);而分析的历史哲学则仅仅着眼于其逻辑的内涵(即在做出历史判断时,其中所蕴含着的道德的和形而上学的前提假设都是些什么)。分析的历史哲学的任务之一,就是要把其中所蕴含着的尺度揭示出来,使之成为显然的尺度。换一种说法,这个论点也可以这样来表述:历史研究必然要预先假设某些哲学的前提或观点,而这些哲学的前提和观点却往往被历史学家认为是理所当然而无待验证的,有如几何学中的公理那样。然而,自然科学有自然科学的哲学问题,即有关自然科学的认识论和思想方法的问题,历史科学(作为不同于自然科学的一门独立的学科那种意义上)也有它的认识论和思想方法论的问题。不首先认识、分析和批判历史认识的能力,就径直去追求历史的事实和规律,那就是历史的形而上学了。沃尔什的历史哲学,其内容虽然兼顾到思辨的历史哲学和分析的历史哲学,而重点却放在后一方面:因为只有对历史认识的性质首先进行一番分析的洗练,才能朝着真正理解历史和真正理解历史学的方向前进。

历史研究当然要搜集材料,然而史料无论多么丰富,它本身却并不自行构成为真正的完备的历史知识,最后赋予史料以生命的或者使得史料成为史学的,则是要靠历史学家的思想。历史学家的思维方法并不属于自然科学那种模型,沃尔什称它为综合方法。所谓综合方法就是"对一个事件,要追溯它和其他事件的内在联系,并从而为它在历史的网络之中定位的方法"。① 历史学或历史

---

① 沃尔什:《历史哲学导论》(*Philosophy of History: An Introduction*, revised edition, New York: Harper & Row, 1967),第59页(以下所标本书页码均为英文版页码)。

著作绝不仅仅是一份日志或一篇流水账而已，它在朴素的史实之外还要注入史学家的思想。因此，对于同样的史料或史实，不同的史家就可以有，而且必然有不同的理解。史家不可能没有自己的好恶和看法，而这些却并非是由史料之中就可以现成得出来的，相反地它们乃是研究史料的前提假设。在这种意义上，史料并不是史学，单单史实本身并不可能自发地或自动地形成为史学。我们尽可以认为，史实作为数据乃是给定的、不变的，但是对历史的理解（或者说史学家对史实的构图）却是根据每个人的不同思想而呈现为多种多样；即使是同一个历史学家对同一件史实的解说也可以改变看法，使自己的解说前后不同。任何一种历史叙述或解说，不可避免地是根据某种哲学的前提假设出发的；而且这个（或这些）前提假设并不是自然而然地就可以从史实之中得出来的。分析的历史哲学，其主要任务之一就是要发现并研究历史叙述或历史解说——历史学——的前提假设都是些什么。

这种意义上的分析的历史哲学所要探讨的，其实是一百多年以来的一个老问题，即历史学有没有它的前提假设这个问题。而最早提出这种分析的历史哲学的开山祖师，则是19世纪末英国唯心主义的代表人物之一的布莱德雷。布莱德雷的《批判历史学的前提假设》一书首次出版于1874年，书中探讨了历史知识怎样成为可能的问题，从而开拓了后来分析的历史哲学的途径；布莱德雷的历史研究还表现出与当代现象学的研究方法有某些相近之处。但是他主要的兴趣则集中在历史的客观性这一问题上，这个问题也是沃尔什在本书中所着重探讨的问题之一。布莱德雷的基本论点是"历史学必定总是建立在一种前提假设之上的"①，并且只有那

---

① 布莱德雷：《批判历史学的前提假设》(F. H. Bradley, *The Presuppositions of Critical History*, Chicago: Quadrangle Books, 1968)，第96页。

些可以和我们目前的经验进行类比的东西,才能够成其为我们的历史知识或认识。从此以后,各派分析的历史哲学大都继承了这一观点而加以改造或发挥。对于这个老问题"历史学有没有它的前提假设",沃尔什的答案是:当然是有的,那种前提假设就是历史学家本人的哲学见解;历史学家"每个人都以自己的哲学观点在探索过去",而"这对他们解说历史的方式有着决定性的影响"。① 因此对于相同的史料,就可以得出各不相同的历史构图。就历史构图的形成来说,这些前提假设乃是先天的、立法的(假如可以借用康德的术语的话)。因此每一个时代、每一个历史学家才对历史不断地形成新的理解,这不仅是由于不断地有新的史料的发现(相对地说,史料总是有限的),而更其是由于人们的思想观念在不断形成新的网络的缘故。因此,沃尔什才说编年(史实)之于历史学,正有如知觉(感官数据)之于自然科学;虽则这种说法有的分析历史哲学家也并不同意。②

史家理解历史或者史家写史,总是在某种思想的指导之下进行的;如果没有某种指导思想,那就只会剩下来一堆干枯的、没有生命的支离破碎的零乱史实,而没有史学可言了。史实本身并不就是史学,它只是史学的原料,正如一大堆砖瓦并不就是一座大厦,而只是建筑大厦的原料。史学乃是要建造一座大厦、一座历史构图的大厦。如果说,哲学是对思想的反思,那么历史哲学就是对历史思想的反思,或者说是对历史思维的另一个更高层次的思维。因此,历史学就必须有其先行的道德的和形而上学的前提假设,历史学的客观性必须,而且必然要受到这些前提假设的制约。这也就是说,历史学家的价值观念——它在左右着历史学家的历史图

---

① 沃尔什:《历史哲学导论》,第 107 页。
② 参见丹图:《分析的历史哲学》(A. Danto, *Analytical Philosophy of History*, Cambridge: Cambridge University Press,1965),第 299 页。

像的形成——乃是历史研究的前提,而并非是历史研究的结论。这也就是对同一件史实之所以有着许多种不同解释的原因。伯里提出过,过去确实是什么样子,历史学就应该按那样子去写。不过,问题并不像伯里所设想的那么简单。历史——即伯里所谓的过去确实是什么样子——并不单纯是历史材料或历史数据的函数,而且同时更为重要的是,它还是那些在研究怎样发现"过去确实是什么样子"的人们(也就是历史学家)的心灵和思想的函数。沃尔什把历史学比作数学函数,优点之一是它有助于阐明历史学的一种特性,即历史学不仅有其作为科学的一面,而且也还有其作为艺术、作为美学的一面。当然,这种说法也有它的缺点。如果历史学家之理解或阐明史实,像他所论断的那样,乃是通过把史实"综合"或者"概括"于"适宜的概念"①之下,而且这种综合或概括又并不是外加的,而是由史家本人进行历史学研究的固有的性质所决定的,那么这就不免孕育着一种通向相对主义的可能性,即史家选择他那结构的布局并不是出于历史认识的需要,而是出于史家个人的偏爱或好恶。用海登·怀特(Hayden White)《元历史学》(*Metahistory*,1973)一书中的说法,这就可以导致把同一件史实纳入不同的布局之中。

近年来西方历史哲学发展的一般趋势是把历史研究越来越看作是一种人文研究而非一种科学(包括社会科学),着重点越来越转到历史写作的结构和布局②方面,看起来似乎是日益在回到自古以来文史不分的传统老路上去;当然,其着眼点却仍然是在知识论

---

① 沃尔什:《历史哲学导论》,第59—64页,又可参见沃尔什:《历史的可理解性》("The Intelligibility of History"),载《哲学》杂志第17卷第66期,第128—143页。
② 例如,一个有趣的例子是,怀特把19世纪以来历史学家的布局分为四种类型:传奇、喜剧、悲剧、讽刺,分别以米什莱、兰克、托克维尔和布克哈特四位史家为代表,并强调说这并不是在模仿文学的形式,而是由于语言学的必然规定所使然,即 metaphor, metonymy, synecdoche, irony 分别导致了四种不同的历史想象。

的意义上而非在文学的意义上。沃尔什的书没有正面论述这个问题,但和这个问题却是相通的,甚至于是它的前奏。

三

为了明确历史知识(或者不如说历史解释)的性质,沃尔什用了很大的篇幅来讨论历史和历史知识的客观性及其真实性的问题。他承认历史客观性的问题是"批判的历史学中最为重要而又最令人困惑"的问题,并对历史的客观性做出了这样一种规定,即所谓的历史客观性就是"每一个进行认真调查研究的人都必定会加以接受的"①东西。这样一种规定表明了他的理论的"唯心的"性质,因为这一规定并不符合人们在日常意义上对科学客观性的概念。在日常意义上,我们说一件事物是客观的——例如喜马拉雅山的存在是客观的——我们的意思是说,它的存在并不依赖于人的认识,也就是无论人们认识它与否,它总归是存在着的。但在沃尔什这里,所谓的客观性却有赖于每个人的认识。正是因此,丹图才称沃尔什的所谓客观性的学说是"相对主义的"。②

沃尔什又认为历史解释之中就隐然地包含有对普遍真理的参照系,尽管对大多数历史学家说来,这一点并不是显然的、自觉的或有意识的③,也就是说,要理解历史,我们就必须运用某些与之有关的普遍知识。一般地说,这种说法或许可以为历史学家们所接受,然而沃尔什对此还有更具体的含义,他认为,历史学家(或者至少是历史哲学家)的首要任务就在于明确这些普遍知识是什么。

---

① 沃尔什:《历史哲学导论》,第 94、96 页。
② 丹图:《分析的历史哲学》,第 102 页。
③ 在这一点上,他和柯林武德的不同之处在于:他认为科学中覆盖率模型(covering law model),在历史学中有着广阔的用武之地。

并且在他看来,这些普遍的知识并非来自科学,而是来自历史学家对人、对人性的基本判断。而这些判断——他强调说——可以说是人们的先入为主的成见,它们绝不是实证的科学,它们是不受任何检验的、为人们所预先假设的前提。如果一定要说它们也是一种科学,那么它们就只能说是一种"人性科学",或者人性学。但是这种说法如果要能成立,也会遇到它的难点。德雷就曾指出,如此说来,它们就不外乎是心理学,而且不外乎是普通人的常识心理学罢了。① 或许,沃尔什的这一说法,可以这样来解释,即他的主旨只不过是要表明,历史学并不是(或者并不完全是)纯科学,因为历史学不可避免地总要有其实用的或实践的背景,而纯科学是可以不考虑实用的背景的。因此之故,他才断言:"对历史学的任何论述如果遗漏了历史研究的实用背景,就必定是全然荒谬的。"②然而历史学的实用背景也是在不断变化着的,所以就这种意义而言,历史学也就是不断在变化着的(虽说成为历史学研究的对象的史实是可以不变的);所以在史实不变的条件下,历史学仍然有其不断在变化着的历史。历史学当然不能脱离史实,脱离了史实即无所谓历史学;但是历史学之成为历史学,却并不是取决于史实而是取决于历史学家的前提假设,而前提假设却不是从史实之中得出来的,而是(用一种形象的说法)历史学家所强加给史实的。沃尔什是推崇休谟的,他以为上述的论点只不过是休谟对于奇迹的论点的进一步引申。大体上说,丹图对这一点的评论可以代表分析的历史哲学对沃尔什的评论。丹图批评沃尔什的论点说:"他只是以更大的明确性更加详尽地思考了人们一般所都抱有的想法而已"③,但

---

① 德雷:《历史中的规律和解释》(W. Dray, *Laws and Explanation in History*, Oxford: Oxford University Press, 1957),第 135 页。
② 沃尔什:《历史哲学导论》,第 196 页。
③ 丹图:《分析的历史哲学》,第 299 页。

同时丹图又指出沃尔什的分析忽视了历史学家的历史想象力在进行创造性活动时的作用。

毫无疑问,分析的历史哲学是直接在分析学派思潮的强大思想影响之下而出现在当代史坛之上的,甚至于可以说是分析学派的思潮之侵入了历史学领域的结果。但又正如分析哲学虽然大大有助于澄清传统哲学的问题,然而它却并没有能对传统哲学问题正面给出真正的答案;它只是转移了、绕开了或者回避了问题,而没有能解答问题。同样地,分析的历史哲学也只是有助于澄清传统历史哲学(即思辨的历史哲学)的问题,而并没有能正面回答传统历史哲学的问题,即客观历史究竟有没有规律;如果有,那规律又是什么。分析的历史哲学把问题的出发点从客体转移到主体上来,它不问客观历史是什么,而是代之以历史学家是怎样在认识客观历史的,以及这一历史认识过程的性质是什么。它提出了问题,这种提法是有价值的;但是它并没有解决原来的问题。

应该说,历史学是一门科学,而且是一门独立的科学。历史学既然是一门科学,所以它就必然分享着科学的普遍性;凡是科学所具备的普遍性,它也是具有的。同时它又是一门独立的科学,而作为一门独立的科学,它就又具有它的独特性,亦即它所不同于一般科学的特殊性,例如,它所看到的历史发展就必然不同于生物演化的过程,我们也不能以描述生物演化过程的方式来描述历史过程,更不能把生物学的规律和研究方法照搬到历史学中来。历史学和一般科学既有同一性的一面,又有独特性的一面。以普遍性来抹杀特殊性,或者以特殊性来抹杀普遍性,都不免犯片面性的错误。这种情形颇似历史学中的另一个问题,即个人与拟制的问题。古代的历史学的重点是以具体的个人为其研究对象的(如普鲁塔克的《希腊罗马名人传》),而现代的历史学研究对象则更多地从个人转移到拟制上面来(如封建制度)。有人(例如布沙尔[Bouchard])

认为历史研究的是集体行为;也有人(例如保罗·利科)则认为所谓集体行为无非就是各个具体的人在做着各不相同的具体的事,脱离了个人就无所谓集体行动。情形很可能是:历史学如果要成为名副其实的一门真正独立的科学,它就必须同时既考虑到普遍性又考虑到特殊性,正如它必须同时既考虑到集体又考虑到个人。

分析的历史哲学虽然到现在还只有短短半个多世纪的历史,但已经在西方史学理论界占有统治地位,也做出了不少贡献,特别是对于历史知识的性质的问题,它大大深化了人们的认识。但是迄今为止,它也还有不少问题是值得商榷的。也许现在就给它下定论还为时过早。它的前途恐怕主要还要取决于它本身今后的实践。我们这里也无意给它过早地做什么结论,只不过是对这门新兴的学科以及沃尔什在其中的贡献做一个简单的介绍;何况作者的这部书虽然涉及思辨的和分析的历史哲学的广泛题材,但其中的基本论点还没来得及进一步深入地展开下去。

四

自从沃尔什此书行世、标榜出分析的历史哲学之后,西方史学界有关这方面的著作层出不穷。在此书初版16年之后,即1967年,作者又针对这一期间有关的研究和讨论对本书作了修订。我们现在的这个中译本是根据1967年的修订本译出的,目的是希望能对我国对于历史理论(本书思辨的历史哲学部分)和史学理论(本书分析的历史哲学部分)感兴趣的史学工作者,提供一部不失有参考价值的导论性的著作。作者已于1986年逝世,关于他晚年的最后一些观点,有兴趣的读者可以参看他1981年写的一篇文章,题名为"我们从历史学家那里能够学习什么"。① 该文对本书的某些论点有简明扼要的阐述和补充,其中并特别重申了本书中的一个论点,即研究历史乃是为了研究历史本身的缘故,而不是——像科学那样——为了要把具体事实作为普遍规律的一个事例加以研究。另外,作者还写有一篇《黑格尔论历史哲学》②,读者也可以参阅。

本书译文中(尤其是一些专业名词)的错误和不妥之处,希望能得到读者们的指正。

1988 年 3 月于北京

(与张文杰合撰,作为"译序一:沃尔什和历史哲学",收入 W. H. 沃尔什著,何兆武、张文杰译:《历史哲学导论》,社会科学文献出版社,1991 年)

---

① 载卡尔和德雷编:《今日的历史哲学和历史实践》(D. Carr and W. Dray, *La Philosophie de l'Histoire et la Pratique historienne d'aujourd'hui*, Ottawa: The University of Ottawa Press, 1982),第 179—194 页。

② W. H. Walsh, "Hegel on the History of Philosophy," *History and Theory*, Vol. 5, Beiheft 5: *The Historiography of the History of Philosophy* (1965), pp. 67-82.

再论沃尔什和历史哲学

一

沃尔什于1913年12月10日生于英国利兹城一个下层小资产者的家庭。他的父亲是浸礼会教徒,而母亲是天主教教徒,但他从未受过洗礼,这被他引为终生憾事。1932年,他入牛津大学默顿学院从事古典学术研究,同时跟他的导师缪尔(G. R. G. Mure)学习哲学并获得优异成绩。1936年他当选为该学院助理研究员。1939年第二次世界大战爆发,他应征入伍服役。战后1947年他重返牛津,接续缪尔任哲学研究员及导师。随后,转任圣安德鲁斯大学哲学讲师。1960年他任爱丁堡大学的逻辑学和形而上学的讲座教授,直迄1979年退休为止。1986年4月8日他逝世于牛津,享年七十有三。

缪尔本人的教条气息较浓,坚守自黑格尔下迄格林和布莱德雷这一当时已告式微的唯心主义传统,反对正在英国风行一时的、以摩尔和罗素为代表的逻辑实证主义。逻辑实证主义者一般都不重视哲学史,尤其是鄙视并反对形而上学。沃尔什对当时的各个学派都做过深入研究;一方面他接受的有从笛卡儿至黑格尔的各家系统哲学,另一方面也接受了当代流行的各个学派,特别是逻辑实证主义。20世纪中叶,语言哲学在西方(尤其在英、美)几乎成为主流时,他虽然也对赖尔和奥斯汀等人的理论表示过赞许,但又试图力挽狂澜,坚持强调历史学中形而上学的重要性(在这一点上,他类似于克罗齐和柯林武德)。他不同意语言哲学如下的这一基本立场:语言是哲学唯一的(或至少是主要的)内容和对象。他教学的重点是放在康德的批判哲学上,表现了与牛津学派迥然不同的学风。他在爱丁堡大学进行了一系列教学改革,使爱丁堡大学的哲学专业在英国居于领先地位,同时他还大力推动历史哲学和史学理论的研究与教学。他的主要著作有《理性与经验》(1947)、《历史哲学导论》(1951,1958,修订版1967)、《形而上学》(1963)、《黑格尔伦理学》(1969)、《康德对形而上学的批判》(1976)等,另有论文数十篇。退休以后,他住在牛津,着手写一部康德哲学,但未及完成便逝世了。历史哲学和史学理论是他一生学术活动中的一个重要部分。

二

沃尔什早年就对历史学深感兴趣;在读过了黑格尔饱含着历史感的《历史哲学》之后,对于历史的意义这个问题尤为关心。他的《历史哲学导论》在西方已成为第二次世界大战以后这门学科的重要代表著作之一,也是流传最为广泛的一部。此书的第一部分探讨历史思维的逻辑,即对历史的解释、历史事实的真实性、客观性和因果性的问题,第二部分则探讨所谓思辨的历史哲学,亦即对于历史的形而上学的解说(史观),或者说历史作为一个整体的意义是什么这一问题。第二次世界大战后在西方所通行的思辨的历史哲学与分析的历史哲学这一划分,是由他最早提出的。这种区分近年来也往往遭到批评,被认为并不妥当;不过应该指出的是,沃尔什本人并没有想把这种二分法加以固定化的意思。他虽然对思辨的历史哲学的宏伟体系持有怀疑态度,但同时也充分认识到道德的和形而上学的前提假设对于历史学之不可或缺的重要作用,因而他一方面反对实证主义的历史学,另一方面也反对唯心主义(idealism,理想主义)的历史学。

简单说来,沃尔什历史哲学的基本论点似乎可以概括如下:对于历史的理解或解释,有赖于历史学家对于人性的概括和总结——这里面既包括有经验的成分,也有先验的成分(大抵上相当于人们都做出了什么和人们应该做出什么这两个部分)。当然他也看出这个论点很容易启人疑窦。人们不仅要疑问对于历史解释的有效性,而且还要疑问历史事实本身存在的根据;因为历史事实是以判断的形式呈现的,而判断又有赖于不同的前提假设,但不同的前提假设又可以得出不同的事实构图。为了解决这个难题,他就提出了他的所谓"配景理论",或者说一种激进的"配景主义"(Perspectivism)。这一理论的要点在于承认不同的事实之间存在着"不可公约性";也就是说,在具有不同的道德的和形而上学的观点的历史学家们之间可以有"不可公约的"(即没有一个共同尺度的)历史事实,而在有着共同的道德的和形而上学的观点的历史学家们之间,则可以达成一种共同的或客观的历史意识。

早在他的《理性与经验》一书中,他就发挥了康德的论点,认为没有范畴,有组织的知识就是不可能的。30年后,在他1977年所写的《再论历史学的真实性与事实》一文中,他更多地吸收了康德批判形而上学的判断的理论。他区别了两种判断:一种是我们自己实际上作为思想者或思想主体所做出的判断,一种是我们要使自己的判断成为一切人都会接受的那种"理想型的判断"。我们自身的思想的实际判断当然会肯定某些历史事实,然而同时又要使之符合于上述的理想条件——这自然并非易事。沃尔什承认历史学家的思想没有能力可以宣布一种在逻辑上既是无可辩驳的,而同时在事实上又是可以验证的道德的和形而上学的结构,虽说他承认历史学家的道德的和形而上学的信念有着可以不断修改的余地。这个问题目前还悬而未决,只能留待将来去解决。

和柯林武德相同的是,沃尔什不同意逻辑实证主义者的反形而上学的立场。他认为他们并没有真正掌握形而上学的体系,就以片言只句断章取义,笼统而武断地否定形而上学。形而上学——无论是超越的,还是内在的——就在于要使经验作为一个整体而成为有意义的。并且就此而论,即使是超越的形而上学,也有其内在的方面。沃尔什本人是倾向于内在说的,他认为形而上学的任务就是要提出一套真范畴,从而为我们的经验提供一套统一的观点。但和柯林武德不同的是,柯林武德认为形而上学只不过表述某一历史文化的某些基本前提假设而已;沃尔什则认为各种不同的形而上学是在不断竞争着的,我们必须在其中作出选择,所以形而上学的任务乃是要选择规律,而不是要按照某种规律去办事。形而上学就在于阐明一套范畴结构,从而使我们能够系统地把经验看成是一个整体。因而,它那推论方法就既不是归纳的,也不是演绎的;就其本性而言,倒不如说是颇有似于文学批评的方法。我们对于各种理论都应该就其一贯性(即它本身的内在逻辑结构)及其综合性(即它对经验现象的概括能力)两个方面加以评估。形而上学固然也需要有论证,然而它之能否为人所接受,则须看它能否使人用来解说所观察的经验。这里面便有一个深度和洞见的问题。这也就蕴含着,理解和经验这两者是分不开的,而并非如一般人所认为的那样,即形而上学是脱离经验的理论。就此而言,则形而上学就必须满足某些必要的条件;当然,必要条件并非就是充分条件,所以每个人就仍然可以保留自己选择的余地。柯林武德和沃尔什两人都针对着逻辑实证主义的反形而上学的立场,而努力在维护形而上学的价值和重要性。尽管两人立论的根据有所不同,但在形而上学在当时被攻击得体无完肤、处于风雨飘摇之际,两人都继续坚持要把形而上学摆在哲学研究的中心地位。而历史哲学则成为两人这一努力的组成部分。

三

历史事实的客观性这一问题,是沃尔什历史哲学所讨论的中心问题。对这个问题可以说通常有两种答案:一种是客观主义的,即认为历史事实是绝对地客观存在着的;另一种是怀疑主义的,即否认历史事实具有客观真实性,而认为每种历史事实都只相对于历史学家的主观认识而存在。沃尔什于这两种答案之外,提出了第三种答案,即他的配景主义。这种答案有点像是波普尔所主张的,历史事实具有其相对于某种观点的客观性。1951年《历史哲学导论》初版时,沃尔什倾向于相信有可能发展出如下一种观点而为人们普遍地接受,即历史学家们虽然从不同的道德的与形而上学的前提出发,但终究有可能获得一致的意见。自然科学家之间可以有不同的哲学观点,但是在所有的自然科学家之间终究是有一个共同的尺度的;没有一个共同的尺度,就没有可能衡量科学上的是非,而没有共同的是非,就没有科学可言了。科学客观性的充要条件,乃是人们的普遍同意。但是在历史学中,不同的道德的和形而上学的前提能不能对于同一个历史事实得出同样一致的结论来呢?16年以后,即1967年,沃尔什似乎又从他原来的立场上后退了,他似乎不大相信历史学家们终究能取得一致的意见。①

---

① 参见阿特金森(R. F. Atkinson):《历史学中的知识和解释》(*Knowledge and Explanation in History*, Ithaca: Cornell University Press),第81—82页。

历史学家的道德的和形而上学的出发点,或者说他们的前提假设①,对于历史的客观性起着一种制约的作用,而这一点在自然科学中却似乎并不存在。但也有人认为这种区别并没有多大根本的意义,因为这一区别只是程度上的,即只是量的差异而非质的不同。自然科学家也会受到自己的哲学观点的制约;只不过,这一点在历史学家的身上表现得格外显著而已。因此,归根到底,道德的、形而上学的和价值观念的不同,就形成了不同的历史学家对于历史的理解或历史观的不同。

沃尔什把过去一切的历史哲学大抵分为两类,他分别称之为"理想主义的"和"实证主义的"。其区别在于前者强调历史学本身的自律性(把自律性看作是与其他科学不同的所在),而后者则力图使历史学认同于或同化于其他的自然科学或社会科学。这一区分亦即阿特金森所谓的"自律论"与"同化论"之分。凡是把历史学认同是科学的,便是"实证主义"或"同化论";凡是不认同的,则是"理想主义"或"自律论"。就这种区分而论,当代西方历史哲学家之中,奥克肖特、克罗齐和柯林武德可以划归为"理想主义"或"自律论",而波普尔和亨佩尔(Carl Hempel,1905—1997)等人则可以归入"实证主义"或"同化论"。亨佩尔1942年的那篇名文(《普遍规律在历史学中的作用》)大意是说:历史学中的解释与自然科学中的解释,其逻辑性质是相同的,二者间只不过有精粗之别而已;所以历史事件也应该以科学规律加以解说(这就是他所谓的 covering law)。50年代初,沃尔什的书问世以来,加德纳主张调和这两派而偏于同化论,丹图也意在调和,而德雷和盖利(W. B. Gallie)则持反对同化论的态度。

---

① 历史学中的"前提假设",布莱德雷用的是 Presupposition 一词,沃尔什用的是 Preconception 一词。

理解历史必须从假设某些普遍性知识的命题（如存在决定意识，或思想决定一切之类）出发，所以历史学作为一门学科首先就必须弄清楚这些作为历史理解的前提的普遍性命题或假设都是些什么。①实证主义者认为这类普遍性的知识来自科学，沃尔什则以为它们并非得自科学而是得自历史学家对于人性所做的判断，也就是人性对于生活中的各种挑战都做出了什么反应以及怎样做出反应的。但应该着重指出：这种"人性的科学"并不是心理学或心理的科学。历史学家乃是根据"人性中的可能"在判断过去的历史的。然而，德雷却反驳这一论点，说这种所谓的人性的科学和心理学二者在理论上并无不同；如果说有不同的话，也只在于其间有精粗之别。于是，这就又回到了亨佩尔的观点，即只是由于心理学目前的落后状态，故而历史学家目前还只能根据自己个人的经验和心得来概括出人性的规律。因此，德雷就以为沃尔什的问题就出在他的"人性"上。②

四

19世纪末叶以来，西方（尤其是德国）史学思想中有着这样一种非常流行的见解：历史学和自然科学在本质上是不同的，所以自然科学的思想方法就不能应用于历史学的研究。20世纪初在德国，豪西（Karl Heussi）就怀疑对历史有进行客观研究的可能性；韦伯虽认为逻辑思维与科学方法对一切人都是同样有效的，但认为价值观却是非理性的，而曼海姆则根本否认科学方法的普遍性。在这个问题上，沃尔什虽也强调历史学与自然科学两者之间的区别，然而他并不认为两者是截然相反的或互不相容的。他并没有

---

① 参见沃尔什：《历史哲学导论》，London：Harper & Row，1967年，第63—65页。
② 参见德雷：《历史学中的规律和解释》（Laws and Explanation in History，London：Oxford University Press，1964），第135—136页。

把两者的不同加以绝对化。

沃尔什的论点是:理解历史要求历史学家具有对于精神生活的体验,而在自然科学家则并不存在这个问题。当然,这个论点无疑大抵上是正确的,然而它却并不必然地意味着或蕴含着,历史就是人们内心的产物。它只不过是说:理解历史最后总要通过一个不可或缺的环节,即心理的环节。而这一不可或缺的环节却恰好被实证派的历史学家——即只着眼于社会的动力学规律而不谈个人心灵活动的历史学家们——所轻易地遗漏掉了。社会运动的规律,其本身并不就呈现为具体的、有血有肉的历史。例如,写贾宝玉、林黛玉的爱情故事是一回事,写18世纪的中国社会史又是另一回事。自然,宝、黛的恋爱不能脱离18世纪中国的社会历史背景,但是研究18世纪的中国社会历史并不能代替研究宝、黛的爱情,也不足以说明宝、黛恋爱故事的精神和实质。社会分析是不能代替心理分析的。在这一点上,历史学家倒更有似于艺术家,他必须要写出来具体的人和事,而不是像科学家(无论是自然科学家还是社会科学家)那样单纯总结出普遍的规律来。自然科学或社会科学以总结规律为目的,而人文科学——或者更好是称之为学科,在这里德文的 Wissenschaft 一词要比英文的 science 一词更恰当一些——则以理解和表现具体的人和事为自己的目的。表达宝、黛的感情,这是艺术家的任务;表达恺撒、安东尼和克里奥巴特拉的思想和活动,这是历史学家的任务,二者基本相似;至于总结其间的规律乃至经验教训,虽然历史学家也应去做,但不能离开对具体的人和事的考察。社会规律和个人活动虽然处于同一个统一体内而不可分割,但两者终究并不就是同一回事。

科学需要进行观察、实验和调查,但是历史学家却无法对已经成为过去的人和事进行观察、实验和调查。何况,历史学家还有其不可须臾离弃的(而科学家却可以完全不予考虑的)价值观和道德的以及形而上学的信念。然则,历史学又如何可能成为一种科学或学科?这是历来历史哲学家们都面临着的一个根本问题。对这个问题,沃尔什的答案是:历史学有其超科学之外的成分,这是无可避免的,然而那种成分却不是主观的、任意的。历史学家是以他自己预先假设的或构想的观点在观看过去的,他的工作乃是要在其中看出什么是真正重要的东西。① 但这个论点看来有一个缺欠,是沃尔什本人未能做出圆满的解释的,即他没有能说明何以这一特征就是为历史学所独有的。因为通常在我们看来,自然科学其实也是免不了有其预先假设的形而上学的观点的,例如牛顿的古典体系就是一个显著的例子。固然,历史学家有其不可离弃的价值观,而历史学家却往往并不自觉这一点;但沃尔什解释说,这正是由于历史学家过于"把自己的价值判断认为是理所当然"②的缘故。这里人们就不免要问,这种解说(至少在某种程度上)不是同样也适用于自然科学家所抱有的形而上学的信念吗?

据说历史学家必定有其不可须臾离弃的道德的和形而上学的前提假设;而不像自然科学家那样,对于其所研究的对象保持着道德的中立。但是假如每一个历史学家都有着不同的前提假设——正如沃尔什本人所承认的,每个历史学家肯定会有其各不相同的前提假设——岂不是就没有大家所一致公认的客观历史或者历史的客观性可言了吗?那么,剩下来就只有每个历史学家对历史的主观体会了;难道"诗无达诂"也可以,或者也应该同样运用于历史学吗?历史学家对历史的理解能说只是一种主观的体会吗?(当然,我们不会说自然科学家对自然的理解只是一种主观的体会。)是"史无达诂"吗?沃尔什曾深受康德的影响。康德以为认识有先

---

① 沃尔什:《历史哲学导论》,第185页。
② 同上书,第101页。

天的成分,但正由于它是先天的,就保证了它对大家都是同样有效的。假如我们的道德的和形而上学的信念并非完全是先天的,其中也有后天的成分,那么我们怎么能够保证对历史认识的一致性和客观性呢?

这就牵涉到另一个更根本的问题,即历史学家的道德的和形而上学的信念的根源是什么? 说"信念",这就意味着它所断言的真理是不可能加以证实或否证的;然而它又是(按康德的方式)不可或缺的。这一点可以理解为是由于理性所具有的非理性的性质所使然,或者可以说,广义的理性就包括有非理性的或超理性的成分在内。历史学家不可能不是从他的某些前提假设出发的,所以他所做出的判断就必然是价值判断。尽管对于这些作为前提假设的信念,历史学家可以(而且实际上往往)是不自觉的,但"它对他们解释历史的方式是在起着决定性的作用"。① 有些历史学家标榜所谓"科学的"历史学,试图从历史学中抽除价值判断,但结果却只能是犯极大的错误。② 历史学家总是以自己的哲学观点在研究过去;这是无法改变而又无可奈何的事,因为历史学家不可能没有自己的前提假设。归根到底,主观的因素(无论先天的或后天的)总是无法排除的,这些因素可以呈现为时代性、民族性、阶级性、集团性、宗派性或任何其他的什么"性"。正是因此,对于历史的理解就始终"包含着根据某些原则而对证据进行判断"。③ 换句话说,在对历史理解的过程之中,自始至终都存在着主观的因素,或者说某种前提假设。

我们对历史的见解当然也并非是永远固定的、一成不变的。我们一方面是在以自己的见解理解历史,而同时另一方面"我们就

---

① 沃尔什:《历史哲学导论》,第 103—107 页。
② 同上书,第 196 页。
③ 同上书,第 105 页。

在自己历史研究的工作之中修改着我们对于那个(历史)问题的见解"。① 这和他谈历史客观性的论点是相一致的。沃尔什使用客观性一词时,是用在一种较广泛的意义上,即"凡是一切严肃认真的调查都可以接受"的东西,就是"客观的"。② 历来谈论真理或真实性的,大体上可以分为融贯论和符合论两种说法,前者认为真理意味着其自身内部是融通一贯的,后者认为真理就是指与外界事实相符合。沃尔什试图综合这两种说法;他同意融贯论,认为一切历史论述或历史判断都只是相对的,我们不可能对过去有确切不移的知识,也就是说我们只知道我们的历史认识自身能否自圆其说,而不可能知道历史事实究竟都是些什么。但是他也同意符合论,认为应该肯定各种独立于我们的认识之外而存在的真实或现实,并且历史学家的任务就是应该把它的特点描述出来。③ 然而沃尔什经过多年的彷徨与折中而总结出来的那套配景理论,在逻辑上尚不是自圆的,在实践应用上也是颇成问题的。

  沃尔什之反对逻辑实证主义,还另有其深刻的思想根源。当代逻辑实证主义的发展越来越走向纯技术的操作,从而也就日愈远离了哲学的根本问题。沃尔什反对他们那种反人文主义的繁琐倾向,因为他本人是被自由主义的传统所孕育出来的,这个传统中的那种为崇高的理想所鼓舞的精神在现代的分析哲学中似乎已经被人遗忘了。不过和古典自由主义不同的是,他并不把人性看作是一个不变的常数。相反地,他倒认为人性乃是"以最显著的方式随着每个时代而在变化着"的。④ 但是作为古典自由主义代言人的历史学家吉本却看不到这一点,所以吉本的著作就犯了根本性的

---

① 沃尔什:《历史哲学导论》,第69页。
② 同上书,第96页。
③ 同上书,第89页。
④ 同上书,第66页。

错误。另一方面,与逻辑实证主义不同的是,沃尔什"主张有一套属于人性科学的基本概括,这是一切历史著作所假设的前提",因此,"历史学乃是具有其本身所固有的特征的一种知识形式——尽管它和自然科学乃至常识,并不像有时候被人所想象的那么不同"。① 并且因此,我们就应该承认:"有关人性的真理,在历史理解中乃是预先被假定了的",而"历史学家则是以某种有关人性的概念在着手自己的工作的"。② 不仅对于通史的研究应该如此,即使是对于某一狭隘的历史专题研究,也不可能没有这样一种脉络广阔的构想为其背景③,否则就根本谈不上对于历史的理解。由此而得到的结论便是:历史学并非是单纯叙述一连串的事迹而已,其中还不可避免地包含有历史学家本人所做的评价在内。这个论点看来和马克·布洛赫的说法有类似之处,布洛赫认为历史之能够有意义,只是"相对于参照一套我们有意识地接受了的道德体系而言"。④ 没有这一前提假设,就不能够对历史作出评价,也就不可能有对于历史的理解。历史理解(和自然科学的理解不同)其本身就是一种评价。

于是,这仿佛又回到了常识,即有些基本史实对一切历史学家都是共同的,绝不会因人而异,但是对于它们的理解和解说(也就是评价),则一定会言人人殊。无论是否认前一点(即不承认有对所有的历史学家都是同样存在着的历史事实),还是否认后一点(即认为对同样的史实,所有的历史学家都应该得出同样的解释),都不会有历史学,也不可能有历史学的进步。⑤ 前一点是历史学与

---

① 沃尔什:《历史哲学导论》,第70页。
② 同上书,第69页。
③ 同上书,第187页。
④ 布洛赫:《历史学家的技艺》,New York:Vintage Books,1953年,第139—140页。
⑤ 德雷认为沃尔什(也还有曼德尔鲍姆)是提示着所谓 covering law 的理论需要修正。(参见德雷:《历史学中的规律和解释》,第10页。)

艺术不同之所在,因为艺术家的对象可以是完全虚构的,是艺术家个人想象力的产物,后一点则是历史学与科学的不同之所在,因为科学家以同样的事实为对象,就应该得出同样的结论来。所以历史学和科学与艺术这二者既有其共同之处,又有其不同之处。历史学既有作为艺术的一面,又有作为科学的一面。历史学作为艺术是不同于科学的,历史学作为科学又是不同于艺术的。或许,这就是历史学之所以成其为历史学之所在。或许,这也就附带地解决了历史学之与科学以及与艺术的不同究竟是质的不同(如新康德主义所主张的),还是量的不同(如实验主义所主张的)。看来实证主义者要把历史学上升为一种严格意义上的科学的那种努力,是把问题过分地简单化了。

五

在评论了沃尔什的历史哲学之后,我们可以用离开本文主题稍远的几句话来作为结束。19世纪以来,在西方史学理论领域形成了一场轩然大波的,是有关历史研究的性质及其方法的大辩论。到了20世纪20年代,第一次世界大战之后,早一个时期有关"进步""周期""阶段""演化""规律"等的观念,似乎都已逐渐成为明日黄花。凡是属于这类企图寻求因果关系类型或规律性类型的历史观点,都被戴上了一顶"思辨的"帽子。而"思辨"一词在当代西方(尤其是英语世界)的思想理论界,则往往是一个贬义词,这应该说是由逻辑实证主义所衍生的一种偏见。而与此相对立,他们就标出"分析的"(或"批判的",或"科学的")一词,把历史哲学的重点从对历史发展过程的规律的探讨,转移到对历史的理解或解释的研究上面来。这场历史哲学上的重点转移,显然与当时分析哲学的兴起并取代以前的系统哲学(或形而上学)是同步的。在他们的用语里,"思辨的"和"形而上学的"乃是同义语。

　　这里的问题,仍然是一个老问题,即我们认识中的先验与经验的关系问题。例如,我们的科学知识是不能闭门造车的,它必须由经验的事实来加以验证,看它是否能够出门合辙。经验的事实,是我们赖以检查知识正确与否的标尺。但是另一方面,似乎我们也可以具有某些先验的能力,是无须靠经验来加以证实或否证的。数学知识似乎就属于这种性质。我们完全可以关起门来进行数学运算和推导,只要我们闭门造车的运算和推导是正确的(即合逻辑的),我们就不必担心它出了门会不合辙,它出门之后肯定是不会不合辙的。似乎数学的先验性——它不必有赖于经验事实的验证——只要运用得正确,其本身就足以保证它那结论的正确性,而并不再需要任何经验事实的验证。那么,是不是所有先验的推论,包括对历史的先验推论(即所谓思辨的历史哲学)也可以根据同样的理由而成立呢？如果说,几何学中的点和线是我们从经验事实中所抽象出来的纯概念,那么我们不也能同样地从历史的事实中抽象出来某些纯概念吗？德国古典历史哲学,尤其是康德的和黑格尔的,就正是这种意义上的思辨历史哲学的代表。我们应该有理由问:它们除了其时代的、历史的意义或贡献外,是不是也包含有其理论上的合理的内核呢？对这个问题,沃尔什的答案是否定的,他认为传统的思辨历史哲学若是要说:"如果我们观察历史的事实,我们就会看到它们符合纯粹理性独立于一切经验之外而能制定出来的一种模型",那么"这就是一种没有一个真正的历史学家将会相信的说法。"①我个人觉得这种论断未免有过分武断之嫌,除非是我们能证明人们的思维方式绝对没有、也不可能有任何先验的成分。但他在评论以往的思辨历史哲学的时候,也曾提出了

---

① 沃尔什:《历史哲学导论》,第149页。

一些很精辟的见解。他批评康德说,康德从来没有想到过我们有可能选择各组不同的范畴,并有可能从其中找出更好的一种来更加妥当地掌握现实。康德的历史哲学之所以出了问题,不仅在于它那先验性,而且尤其在于它那过多的目的性(例如康德开宗明义所断言的,人的全部自然禀赋是终将充分地、合目的地发展出来的①),沃尔什提出,历史学的客观世界并不是一组事物,而是一组为每个人都同意的事实,所以历史判断中的感觉成分尽管呈现于每一个个人,却并不是个人主观的东西。他又评论黑格尔说,黑格尔对个人所处的社会历史地位是敏感的,从而就为理解自我和道德提供了更为高明的看法。不过,黑格尔把历史当做是自由意识本身的进步过程,这却脱离了具体的历史背景,从而回避了真正的问题。沃尔什以为黑格尔"逻辑学的这种表现(指黑格尔从纯概念中抽象地推导出一部人类历史哲学——引者),看来非常像它的批评者所指出的,那是 *deux ex machina*[从机械中造出上帝]"。② 可是,"既然历史是一个尚未完成的过程,它那全体的布局(即黑格尔的历史哲学——引者)又怎么可能从经验之中被发现呢?"③这种责难对于先验的历史哲学也许并不是很公正的,因为先验的历史哲学正是要从纯概念之中推导出一套"先天而天弗违"的历史模型来。我们不妨比较一下柯林武德对克罗齐的批判。克罗齐以新黑格尔派闻名,他把历史和哲学打成一片:历史即哲学,哲学即历史,所以"真正的历史就是有可能进行内证的东西"④,亦即是可以从纯思维推导出来的东西。柯林武德(他也被归入新黑格尔派)认为克

---

① 参见康德:《历史哲学》,见《康德全集》,Berlin:G. Reimer,1912—1935 年,第八卷,第 18 页。
② 沃尔什:《历史哲学导论》,第 147 页。
③ 同上书,第 149 页。
④ 同上书,第 136 页。

罗齐的错误在于把哲学归结为历史,而这二者虽有密切的联系,但毕竟是两种不同性质的学科。哲学(和科学)的知识是抽象的,而历史知识则是具体的(即不是对普遍概念的理解,而是对个别事件的理解);所以历史学就需要有直觉,而抽象的知识则否。

有一种流行的看法是:历史学若要跻身于科学的行列,就必须否定人类有精神的自由;反之,如果承认人类精神是自由的,历史学就无法跻身于科学之林。① 不过,这两者间的关系也许并不像表面上看去那么地互不相容。历来历史哲学的一个根本问题,就是要在这两者之间找到一个联系点,或者说找出其间的辩证统一的关系。这并非是不可能的事,但是这里面却有这样一个先决条件,那就是不能采取传统的实证主义的态度来看待历史学,把历史学看成是一种自然科学意义上的实证科学。这两者不能简单地绝对地对立。"二者必居其一""非此即彼"的思想方法,是一种简单的二分法。"辩证"意味着对立双方在更高一级上的综合,所以就不能承认有一条"绝对分明的和固定不变的界限"②的存在。康德的历史哲学就是要解决必然与自由二者的统一问题,沃尔什的所谓概括或综合(colligation)其实也还是要解决这个问题。

1990 年

(与张文杰合撰,作为"译序二:沃尔什和历史哲学补论"收入 W. H. 沃尔什著,何兆武、张文杰译《历史哲学导论》,社会科学文献出版社,1991 年)

---

① 参见柯林武德:《历史的观念》,牛津,Clarendon 出版社,1962 年,第 315 页。
② 《马克思恩格斯选集》第三卷,北京:人民出版社,1972 年,第 535 页。

历史和历史解释

——从德雷的新探索谈起

一

历史一词在很多种文字中大体上都包含两层意思,一是指过去所发生的事情,一是对过去所发生的事情的叙述和研究,前者是历史,后者是历史学。一部中国史,可以是指中国过去所发生的事情,也可以是指对这些事情的叙述和研究(如一部题名为《中国史》的书)。① 与此相应,解释历史的理论是历史理论,而解释历史学的理论则是史学理论。或者说,前者是历史的形而上学,而后者则是历史的知识论。由于历史一词有这两重涵义,所以历来人们使用的"历史哲学"一词,既包括历史理论,也包括史学理论。20 世纪中叶,沃尔什才把前者称之为思辨的历史哲学,后者为分析的历史哲学。② 这种分法流传甚广,虽然也有人不同意。

20 世纪,特别是第二次世界大战以后,历史哲学经历了一场巨

---

① R. F. Atkinson, *Knowledge and Explanation in History*, Ithaca: Cornell University Press, 1978, p.9.
② W. H. Walsh, *Philosophy of History: An Introduction*, New York: Harper and Row, 1967, pp. 15-29.

大的转变。以前本来是思辨的历史哲学占领着历史哲学的主要战场,现在这些阵地一一让位给了分析的历史哲学;于是历史哲学研究的重心就日益有从思辨的转到分析的上面来的趋势,从对历史本身(客体)的研究转到对历史知识(主体)的研究上面来。只研究历史规律而不研究历史认识能力本身的制约性质的理论家,是越来越少了。马鲁(H. I. Marrou,1904—1977)评论这一现象说,由于20世纪对于历史知识进行逻辑分析的结果,"确实是已经出现了一门批判的历史哲学"。① 所谓分析的(或批判的)历史哲学,就是逻辑分析在史学思想方法上的应用。在分析派的理论家看来,逻辑分析在其他科学中的应用,已经达到很高的水平,而在历史学中的应用却还远远不够。他们认为,历史学非经过一番严密的逻辑洗练,就不可能达到可以称之为"学"②的高度,那也就是我们日常用语中所说的"不科学"。

　　分析哲学席卷了当代西方的思想,它也席卷了当代的历史哲学。就历史学的研究而言,分析派的缺点在于他们严重脱离历史现实;他们所萦心的已经不是历史是怎样演变的,而是我们的历史知识是怎样形成的。那已经不是传统意义上的"历史"学,而毋宁说是一种"历史学"学。但另一方面,这也是他们的优势所在。惟其脱离历史现实,所以他们的理论就不受历史现实的制约或束缚,从而可以保持其逻辑上的独立性和有效性。历史是不断在变的,任何思辨的历史理论都必须不断地随之而变,所以它就无法坚持任何一种有效的历史决定论。任何思辨的历史哲学在他们看来都只是形而上学,凡是形而上学都应该全部勾销。保罗·利科谈到

---

① Henri-Irenée Marrou, *The Meaning of History*, trans. R. J. Olsen, Baltimore: Helicon, 1966, p. 25.
② W. B. Gallie, *Philosophy and the Historical Understanding*, New York: Schocken Books, 1964, p. 20.

这一趋势时曾感叹说:"在最近20年中(按:这段话是1978年写的——引者),没有任何一门人文科学像历史学那样在其本身方法论方面,进行了如此彻底的再思考。"①

历史哲学上的这一分野,也多少带一点地域的色彩。由于英语国家的和大陆的学术思想传统历来就有所不同,大陆偏重体系的构造而英语国家偏重经验的分析,所以分析的历史哲学及其对思辨的历史哲学的批判,在英语国家格外流行。我们很容易随手就举出一长串分析历史哲学的代表人物的名字,其中绝大多数是英美人,或虽原籍大陆但在英语国家从事研究活动。加拿大是英语国家,曾长期为英国自治领地而又与美国密迩接壤;在我们所谈的这个学术思想领域中,大概大家会公认德雷是当今最突出的一位代表人物。

德雷青年时先在多伦多大学攻读历史,后去牛津大学攻读哲学,这两方面的兴趣和训练很自然地使历史哲学成了他终生的研究事业。多年来他一直在加拿大各大学任教并多次去英美一些大学讲学,1989年从渥太华大学退休,目前在安大略寓所仍从事研究和写作。他的主要著作有《历史学中的规律和解释》(1957)、《历史哲学》(1964)、《历史分析与历史》(1966)、《历史的透视》(1980)、《历史的实质和形式》(1981)、《历史哲学和当代史学》(1982)、《论历史与历史哲学家》(1989),主编过几部书籍,并有论文多篇。在当代历史哲学的重点转移这一过程中,德雷作为分析派的重要代表之一,曾以其独特的见解对分析的历史哲学多有发展。历史学家的任务是什么？德雷回答说:"历史学家的任务是不仅要确定事实,还得要解释它们。"②德雷毕生的工作就是解释什么

---

① 保罗·利科:《哲学主要趋向》,李幼蒸译,北京:商务印书馆,1988年,第204页。
② W. Dray, *Philosophy of History*, Englewood Cliffs: Prentice-Hall, 1964, p. 4.

是这个"解释"。每种科学或学科都要确定事实,而且都要做出解释。那么历史学的"解释"和其他科学的解释有何不同? 19世纪末,史学界讨论得最热烈的一个论点是:历史学的性质和自然科学的不同,因而二者的解释方式也不同。沿着这个路数推论下去,就走入了二元论,把统一的世界分裂成两个截然对立的世界。针对这一点,狄尔泰就提出如下的论点:人文研究(史学)和自然研究(科学)虽有不同,但内心世界和外在世界二者并非截然隔离而独立,只不过看问题的角度和方法不同而已。历史理解是我们对古人思想和感受的认识过程,其中主体和客体既是对立的,而同时又是统一的。他以为"生活、对生活的知识和对人的研究,是内在相联系着的,并且永远是在相互作用着的";所以历史学"对人的研究的基础并不是概念化(指自然科学——引者),而是对心灵状态的全盘领会以及以移情为基础的重建"。① 它既非全是主体,也非全是客体,而是兼有主体、客体的两重性,其间并不存在着人们通常所理解的那条主客之间的鸿沟。经验属于主体,但"与经验的主体相形之下",历史理解又包含着"生命的客体化"。② 历史学中通常所说的"洞见""史识""直觉"乃至上面所说的"移情",狄尔泰也称之为 das Nachdenken(对过去经验的重新体验)。他说:"人类如果仅就知觉或知觉知识加以领悟的话,就成为物理事实;而作为这样的知识,它就仅仅为自然科学知识所容纳。只有当它们表现为生命的活动,而且这些表现能为人们所理解时,那就成为了对人生的研究(即史学——引者)";也可以说,其间存在着一种"生活经验与理解二者的双向关系"。③ 狄尔泰的见解不失为一种持平的见解,

---

① Dilthey, *Selected Writings*, H. Rickman ed. ,London:Cambridge University Press,1967,p. 181.
② Ibid. ,p. 191.
③ P. Gardiner, *The Nature of Historical Explanation*, London:Oxford University Press,1965, p. 29.

但是后来的理论家们却把重点更加推向到主体性方面。例如,柯林武德即提出"历史学就是过去经验的重演"。① 这里"过去经验的重演(re-enactment)"字面上与狄尔泰的 das Nachdenken 颇为相似,但含义却迥然异趣。柯林武德是说每个人的观察都与别人不同,"企图从历史学中消除主观因素,总是不诚恳的——这意味着保持自己的观点而要求别人放弃他们的观点——因此也总是不成功的。如果它成功了的话,历史学本身也就消失了"。② 于是柯林武德就提出:所有的历史都是、而且必须是史学史,它们直接或间接地都包括所有前人的历史研究在内,也就是说包括所有的人的主观因素在内。

诚然,历史学并不具备自然科学那种普遍的客观性。自然科学家要求自己的研究结论应该为人人所接受,而历史学家一般并不大可能抱有这么高的奢望。之所以如此的原因,据沃尔什说,是由于自然科学的研究并不受个人的感情、背景、观点或者看法等的干扰;而历史学家解说历史则避免不了:(一)个人的好恶;(二)集体的偏见;(三)各种不同的历史理论(亦即"对各种不同因素的相对重要性"③)的不同看法;(四)人们的不同哲学的和道德的观点。这种分辨不禁使人回想起了培根所说的四种偶像崇拜。假如事情真是如此的话,那么——德雷问道——又还有"什么才叫作对过去历史的真正知识呢"?④ 这是德雷所提出的问题,也是他所要解答的问题。

和某些历史学家之往往喜欢侈谈历史研究的特点不同,德雷首先是问,它与其他科学研究的共同之点是什么?有一种看法是:

---

① R. G. Collingwood, *The Idea of History*, Oxford: Oxford University Press, 1962, p. 282.
② R. G. Collingwood, *Essays in the Philosophy of History*, Austin: University of Texas Press, 1965, p. 138.
③ W. H. Walsh, *Philosophy of History*, p. 101.
④ W. Dray, *On History and Philosophers of History*, Leiden: E. J. Brill, 1989, p. 61.

历史学也和其他科学一样,都只是要如实地反映客观情况。我们姑称之为自然主义史观。但自然主义史观如其能够成立,它就得在考虑客观事实时,也同时必须考虑历史学家的主观因素或主体性在历史理解中的作用,而自然科学一般地则不需要考虑对历史学来说是至关重要的这一点。每个人都有自己的主观性或主体性,这本身就是客观事实。不承认这一点,就不能称为客观。真正的客观必须包括承认主观的存在这一客观事实。如实地了解客观,就包括如实地了解主观在内。所谓主观并不就是郢书燕说,并不就是凭空臆造。历史学的进步不仅要靠新材料的不断发现,而且更为重要的是要靠新的历史形势所产生的大量新的经验。[①] 历史学家大都承认过去的事实是不变的客观存在,并由此而结论说,只要我们对它的看法是正确的,那么所得出的结论就会铁案如山,千古不易。然而事实上,人们的看法总是不断在变的,从而我们对历史事实的知识也就随之而变。另外,很多历史学家还忽视了一个事实,即所谓历史事实本身也是永远在变的。所谓历史事实包括有两层意义,一是指事实本身,它已经成为过去了,一是指事实所起的作用和影响,它永远不会成为过去,但又是不断在变化的。我们对(比如说)孔子的认识,不仅取决于两千多年之前孔子本人的思想与活动如何,而且也取决于他对后世、对今天的作用和影响如何。历史事实的后果是不断在变化的,于是历史事实本身的性质和意义在历史的长河之中也就不断在变化。所以不只是历史学家的看法在变,就连历史事实也在变。历史事实的意义和我们对它的认识,在很大程度上也要取决于它的不断变化着的后果。在这种意义上,历史事实就没有自然事实那种意义上的给定的客观性。

这样我们就看到历史学既有它叙述性的一面(单纯叙述历史

[①] W. Dilthey, *Selected Writings*, p. 189.

事实),也有它解释性的一面(对历史事实做出解释)。叙述可以强调客观性,而解释则并不那么有赖于客观性。一桩历史我们可以从两个方面去加以理解,即从史实本身方面和从对它的作用的评价方面。前一方面是不变的,而后一方面则否。① 这就像伦德尔(John H. Randall Jr., 1899—1980)所说的:"历史并不单纯是文献所记录的事件,而是我们从记录中所选择出来的事件,作为是对历史有意义的而又可理解的东西。"②历史事实是给定的,但对历史事实的知识和认识则是历史学家所精心铸造的。这里的这个区别,颇有似于18世纪章学诚的史学理论。章学诚区别的历史知识中的"功力"和"学问",大致即相当于这里的史实知识和对史实的理解或解释。章学诚说:"近人不解文章,但言学问;而所谓学问者乃是功力,非学问也。功力之与学问,实相似而不同。记诵名数,搜剔遗逸,排纂门类,考订异同,途辙多端,实皆学者求知所用之功力耳。即于数者之中能得其所以然,因而上阐古人精微,下启后人津逮,其中隐微可独喻而难为他人言者,乃学问耳。"③其意也蕴含着:历史事实是客观的,可以为人知道(相当于 kennen);而对事实的解释或理解则是主观的(相当于 wissen)。所以章学诚又指出:"学与功力,实相似而不同。……学不可以骤几,人当致于功力则可耳。指功力以为学,是犹指秬黍以为酒也。"④历史学除了史实而外,还需要理解和解释,章学诚对这个区分是相当敏锐的。他指出的史学研究有"高明"与"沉潜"之分("高明者多独断之学,沉潜者尚考索之功"⑤),也含有这层意思。沃尔什把这个区分认为是"编年

---

① J. Randall, *Nature and Historical Experience: Essays in Naturalism and on Theory of History*, New York: Columbia University Press, 1958, p. 62.
② J. Randall, *Nature and Historical Experience*, p. 42.
③ 章学诚:《章氏遗书》卷二九,外集二,《又与正甫论文》。
④ 章学诚:《文史通义》卷二,内篇二,《博约中》。
⑤ 同上书,卷五,内篇五,《答客问中》。

史"与"历史学"之别,认为历史学可以分解为两部分,一部分是单纯的叙述(编年史),一部分是有意义的解释(历史学)。真正的历史研究绝不能只停留在考订与叙述事实的水平上,而应该上升到有意义的理解和解释。

职业的历史学家有一种流行的看法,即分析的历史哲学只涉及逻辑分析而不涉及价值判断。这也是一种误解,因为"批判的历史哲学同样地涉及价值判断问题"。① 它同样要问:批判的历史哲学有什么价值? 职业的历史学家或许对这个问题感到奇怪,他们会认为这是一个完全没有意义的问题②;它不但无用,反而有害,因为它徒然增加了许多思想上的混乱。这种态度其实是在回避问题,而不是去面向问题的深处。因此,德雷特别指出,正面提出并认真回答这个问题,在历史学上会极大地有助于我们澄清自己概念的混乱,其作用一如分析派在哲学上对种种传统的形而上学有着摧陷廓清之功。"概念的澄清对于[历史学]实践不会是没有价值的"③,因为历史学家们的许多错误,有很大一部分就是由于概念混乱不清而来的。④

与此相关,德雷就提出了在历史研究中"以适宜的概念进行概括"的理论,简称之为概括理论。此处概括一词,他用的是"colligation"而非"formulation"⑤,此词最初是由沃尔什提出的。沃尔什不同意实证派的看法,即把历史事件当成是自然现象一样的过程,因而似乎便可以从中归纳出普遍的规律;他也不同意唯心派的看法,

---

① W. Dray ed., *La Philosophie de l' Histoire et la Pratique historienne d' aujourd' hui*, Ottawa: University of Ottawa Press, 1982, p. 198.
② R. F. Atkinson, *Knowledge and Explanation in History*, p. 78.
③ Ibid, p. 200.
④ W. Dray, *Perspectives sur l' Histoire*, Ottawa: University of Ottawa Press, 1978, Ch. 4.
⑤ W. Dray, *Substance and Form in History: A Collection of Essays in Philosophy of History*, Edinburgh: University of Edinburgh Press, 1981, p. 156.

即把历史事件当成纯属人的内心思想的外部表现,因而就没有客观规律可言。德雷进一步发挥了这一学说。他认为我们应该把历史事件置于这样的一种格局之中加以考察,使人能看到一桩历史事件和其他事件的联系和关系,从而能发现并把握它们所共同构成的那个历史整体。这就是说,对于一桩历史事件,我们不应该孤立起来就事论事,而应该就其全部繁复性的联系而论事;至少,历史上的重大事件应该如此。这个论点可以名之为"整体概括"(colligated wholes),即部分与整体相关的理论;在这一点上沃尔什显然受了奥克肖特的影响,又转过来影响了德雷。这一理论的重要性之一就是,它以这种方式便排斥了历史学中所流行的单线的因果式或因果模型的思维方式。对于自然现象,我们往往是把它们纳入因果模型加以理解;但是我们对于历史的理解却不必须纳入因果模型,我们只需用"合理的解释"就可以对历史完成一种特殊的理解功能。然则,什么是"合理的解释"?下面我们将略作说明。

二

历史学家通常不大注意有必要反思自己立论的逻辑根据,他们广泛地使用简单因果律的思维方式,以之为当然,却很少考察这个"当然"是怎么能够成立的。① 他们有点盲目地认为某些事件是因为某些原因,于是这种"因为"就成了一种普遍的思维形式;这就是历史学中因果律("因为—所以")的由来。但是自然科学可以应用因果律,是由于它可以不考虑偶然因素,像在经典力学体系中,我们可以把一切自然事件都视之为按照必然规律在出现;然而历

---

① W. Dray, "Interpretative Frameworks in Historiography", *Queen's Quarterly*, Vol. 89, 1989, p. 722.

史事件中却充满了偶然因素,我们从中最多也只能是得出近似的统计概率而非必然规律。假如一切都一元化地归之为必然的因果,偶然性就没有存在的余地了。所谓必然就是:从一个给定的前提出发,只能推导出一种唯一的结论;这同时也就是预言。科学能够预言,历史学家似乎还没有这种本领能从一定的给定条件出发,就推导出必然的结果,也就是说还不能够对未来做出预言。有谁自命能够预言,那大概事实上往往比"推背图"或"启示录"好不了太多;历史预言虽非绝对不可能,但总归是少数。让我们来看一个当代对全人类文明生死攸关的大问题——第三次世界大战究竟会不会发生？迄今为止还没有一个人能够做出必然性的预言。即使有谁预言了,也不必去相信。但如果说连对当代最重大的历史事变都预言不了,历史学还谈得上什么必然规律和科学预见？放言高论今后若干年将如何如何的,大概都不是严肃的历史学家而是狂妄的假先知。或许,情形就像是盖伦(Arnold Gehlen,1904—1976)所说的:"因果的分析方式并不适用于探讨大规模的发展过程。"[①]而预言则又只能建立在严格的因果推导上。能够"预言",就是决定论。

分析的历史哲学与其说是要"反对"决定论,倒不如说是要把决定论驱逐出历史学的境外,因为物理学的因果关系并非是历史学的前件与后件的关系。我们绝不能把历史上出现的前件和后件,理解为因果关系;前件只是经验的事实,后件要靠逻辑的推导。1914年6月28日奥国王储弗朗西斯·斐迪南在萨拉热窝被刺(前件),随之就爆发了第一次世界大战(后件)。但是萨拉热窝事件绝不是第一次世界大战的原因。所以我们对于因果律和决定论似乎

---

① Arnold Gehlen, *Man in the Age of Technology*, New York: Columbia University Press, 1980, p.54.

应该有更深一层的看法。这就提示说,历史学不能径直被认同就是自然科学那种意义上的科学。① 历史学如其一定要认为自己是科学,它就必须附加以某些条件的限制。科学追求的是普遍性的因果规律,而历史学的任务则是对独一无二的历史事件的叙述和解释。历史事件并不重演,任何历史事件都是独一无二的。② 然则我们怎么能够知道研究者对于某一个历史问题所做的解释是不是正确呢? 对未来所做的预言正确与否,还可以由未来加以检验;然而对于过去的解释是否正确,我们就无法进行检验了。③ 针对这一点,德雷就提出了他的"合理模式"(rational model)的理论,这样就可以既充分适应必然性和决定论的合理因素,又充分承认在历史中人们意向(intentional)因素的重要性,从而也就承认了道德因素的合法地位。④ 自然世界本身并没有价值可言,但人文世界则彻头彻尾贯彻着价值;因此科学判断仅仅是事实判断,并不包括价值判断,而历史判断则有其不可离弃的价值观。历史判断是价值判断——即我们通常所说的"伟大的意义""深远的意义"云云的"意义",而自然现象却没有"意义"。这一点前人谈论已多,无待赘述。

当我们运用某种原则来解释历史事件时,我们的解释正确与否并不取决于是不是所有的人对这一历史事件都采取这种原则。但是假如并没有人人普遍接受的原则的话,那么会不会像卡尔所说的"在历史中根本就没有普遍模型"⑤呢? 而且——更为重要的是——如果历史根本就没有普遍模型的话,是不是就意味着历史学也没有呢? 这就是当代分析的历史哲学所讨论的热门题目之

---

① W. Dray, *Philosophy of History*, p. 3.
② G. Iggers and Harold Parker eds. , *International Handbook of Historical Studies: Contemporary Research and Theory*, Westport: Greenwood Press, 1979, p. 154.
③ W. Dray, *La Philosophie de l'Histoire et la Pratique historienne d'aujourd'hui*, p. 212.
④ W. Dray, *Laws and Explanation in History*, London: Oxford University Press, 1957, p. 14.
⑤ E. H. Carr, *What is History*, New York: Vintage Books, 1961, p. 52.

一。换句话说,假如说历史本身并没有规律的话,是不是历史学作为一门科学或者学科(discipline)也没有任何规律呢?如果有,它又是什么呢?

1942年亨佩尔发表了他的《历史中普遍规律的功能》一文,其影响至今不衰,成为史学理论领域中一篇经典性的文献。文中提出的所谓规律,乃是统计规律而非逻辑规律。在他以前,波普尔在1935年《研究的逻辑》一书中就提出过这一模式,后来在他的《开放社会及其敌人》一书中又做了发挥。亨佩尔把这一观念扩大到超出了严格的形式。这个理论就被称为"历史解释的波普尔—亨佩尔理论"。① 其后又经加德纳(Patrick Gardiner)加以改造。德雷是不同意这个理论的,他对这一理论进行了深入的探索,于1957年写成了他的专著《历史学中的规律和解释》,把波普尔—亨佩尔理论称为覆盖律理论。这里的覆盖律,原文为 covering law,既非 colligation,也非 formulation。按照覆盖律理论,一切科学研究都只有一种唯一的逻辑,那就是覆盖律的模式,它对一切科学都是适用的。把它应用到历史研究上来,那就意味着除非我们能肯定在历史事件中人们是有道理地或合理地在行动,否则我们就无须追究他们行动的道理或合理性何在。我们应该把它们置之于自然现象的同等地位上来观察。这种理论和柯林武德的、德雷的或丹图的,都处于对立地位。问题的根本仍然要追溯到一个世纪以前新康德学派的老问题:历史学究竟是不是科学? 是不是服从同样的科学规律? 历史学和科学有什么相同和不同? 亨佩尔认为两者基本上是相同的,所以历史研究也需广泛使用普遍规律;他把这称之为"各种经验科学在方法论上的统一性"。②

---

① 这是 Alan Donagan 一篇论文的题目,载 History and Theory, Ⅳ, No.1,1964。
② C. Hempel,"The Functions of General Laws in History", The Journal of Philosophy, Vol.39, Issue 2,1942。

这种覆盖律所采用的是这一普遍形式：当某一组条件 F 得到满足时，就会出现 G 事件；用符号来表示就是：$(x)(Fx \supset Gx)$。但此外另有一种可能，也可以归入覆盖律的解释，即概率统计的形式。那是说，在多少是 F 的条件之下，G 事态可以什么样的统计概率出现，用符号来表示就是，就长期的相对频率 q 而言，$P_s(G, F) = q$，当 q 接近于 1 时，那么在 F 条件得以满足的情况下，即会出现 G 事态，亦即接近于前一公式。[①] 然而，这里我们却应该注意到这一事实，即历史解释的性质并不是统计性的；它所表示的并不是两桩事件之间的数量相关度，而是两个陈述——一个是解释者(*explanans*)，另一个是被解释者(*explanandum*)——之间的逻辑关系。前者是由归纳而得的关系，后者则要求演绎的推导，而这在前者是并不存在的。所谓覆盖律是指把历史事件(经验现象)从一套解释者的陈述之中推导出一套对被解释者的陈述。后一套陈述中包括有一些普遍规律，它们所描述的事件通常可以看作是被解释的对象的前件。德雷不同意这一波普尔—亨佩尔理论，是因为所谓的覆盖律对于历史解释既不构成必要条件，也不构成充分条件。在德雷看来，因果律是不能应用于历史解释的。作为代替覆盖律的模型，他就另外提出了"连续系列模型"(continuous series model)的理论；这个理论是说，每一桩历史事件在细节上都应该联系到它的先行事件，合理的历史解释应该是能够从前件就充分说明后件的出现。这就是德雷所主张的"合理的解说"，历史学家的职责并不是要去发现普遍规律，而是要解释具体的历史事件；他们所寻求的是足以解说某一历史事件的充分条件，而并非是证明其必然性的必要条件。以往的历史研究大多属于纯叙述型的历史学，包括叙

---

① C. Hempel, "Reasons and Covering Laws in Historical Explanation", S. Hook ed., *Philosophy and History*, New York: New York University Press, 1963, pp. 143-5.

述历史事实和叙述所谓历史的普遍规律;但是今后随着批判的历史哲学自觉意识的提高和增强,纯叙述型的历史学行将消逝而让位给解释型的历史学。

假如按德雷所说,历史解释的逻辑结构不能归结为覆盖律模型;那么难道我们的历史解释不是可以、而且往往还确实是诉之于某种规律并从而得出解释的吗?表面上似乎是如此,但其实这些解释都与所谓规律无关。一桩历史事件可以分解为若干次级事件(sub-event),这些事件可以再分为更次级的若干事件,直到最后分解到不需再加解释的事件为止。这种"连续系列模型"是着眼于解释的语言方面。任何历史解释总是相对于某种行文结构或格局的,而且是相对于我们知识的水平的。此外它并不需要有任何规律。上述两种观点的对立,某种程度也代表着科学统一论(即各门科学在原则上都是一样的)和科学两橛论(历史学与自然科学是性质上截然不同的两种科学)两种见解的对立。新康德学派和新黑格尔学派都强调历史的先验性和价值观;而亨佩尔则认为历史学家以因果律进行思维时,实际上乃是乞援于覆盖律,那是由经验所归纳出来的规律。至于德雷所谓的"合理解说"(其中显然可以看出柯林武德的影子)则是要说明人们何以如此行动(根据他们的思想看来是适当的行动)。历史是人类的行为,人类的行为是有思想的行为(这使人想起柯林武德的名言:历史就是思想史)。但是实证派以及一切科学统一论的信仰者们,恰好是忽略了历史中的思想成分。历史解释总需要有某些概念作为其前提。研究某一历史事件时,历史学家总需要考虑:当事人为什么要那样做?当事人是怎样去考虑自己的环境、局势及其可能的后果的?当事人的目的和动机都是什么?如果历史学家在其中看出了某种合理性,那么我们就说他对某桩历史事件有了理解。这就是说:我们理解人们的行动和我们辨识他们采取这种行动的道理,这二者之间有着一种概念上的联系。能够确定这二者之间的关系——即在某种给定情况下,人们就会采取某种行动——我们就称之为"合理解说",亦即解释者与被解释者之间的逻辑联系,但这却不是历史解释的必要条件或充分条件。所谓不是必要条件,是因为历史学家只不过表明了在自己看来当事人应该采取什么行动,而并非是说该当事人就必定是历史学家所设想的那种应该采取如是行动的人。所谓不是充分条件,是因为它并未表明当事人的信仰和目的与他的行为二者间的关系足以使当事人的行为看来是有道理的。"合理解说"是指历史学家的合理解说,而不是指历史事实本身(当事人行为本身)的合理性。

一切历史解释可以说都是要回答两个问题:(一)某一事件何以是如此,即它是由于什么原因而使然;这可以名之为"何以"(why)的问题;(二)某一事件如何是如此,即它是由于怎样的演变历程而来;这可以名之为"如何"(how)的问题。这两种问题有一个重要的区别,即第二个问题不必解释某一历史事件何以必然发生,因此也就不需要覆盖律。历史的合理解释,只需要令人满意地表明某一事件有可能如此,而无须表明它必然如此。所以把它纳入覆盖律,使之对"何以"问题给出令人满意的答案,就不是历史解释的必要条件。① 事实上是,历史学家所问的问题常常是某一事件是"如何可能的",他们却又往往误入歧途,错误地要去寻找(并且还居然找到了)它何以是如此的答案。这样一来,就篡改了历史解释的性质。当我们在解释"何以"时,我们乃是在反驳"它并不必然发生"这一假设。而当我们在解释"如何"时,我们则是反驳"它是不可能发生的"这一假设。这里涉及的,分别为"何以必然"与"如何可能"这两个不同的、逻辑上互相独立的问题。前一个问题是在

---

① W. Dray, *Laws and Explanation in History*, p.158.

问,某一历史事件是为什么(何以)会发生的;后一个问题则是在问这一历史事件是怎么可能(如何)会发生的。前一个问题并不是后一个问题的前提。当我们问"如何"这个问题时,我们是要解释某一历史事件如何可能如此。如果我们能够回答这个问题,所发生的历史事件就是可以理解的,而无须我们知道是什么原因使得它发生的,亦即它服从的是什么样的普遍规律,或者所发生的事件是由于什么原因。我们此处所需要加以解释的,并非"是什么使得它发生的?"或"人们这样做的动机是什么?"而是"就如此这般的情况而言,它是怎么可能发生的"。历史学家所需要解释的,仅仅是那些在某种情况之下似乎是不可能发生的事。① 这就是"历史解释"的含义。因此,德雷就提出历史学家应该用"如何—可能"(how-possibly,即它可能如此)这一模型来代替"何以—必然"(why-necessarily,即它必然如此)这一模型。后一模型即是覆盖律模型;它认为要解说一桩历史事件,就意味着必须表明它是必然的,亦即它是决定论的,是可以预言的。而反对者(包括德雷)则认为这就全然排除了人类的自由意志和自由行为;但是"如何—可能"这一模型,却既可以说明人类的行为而又无须陷入决定论的困境。

通常意义上的所谓"不可能",是指我们的经验知识所认为是"不可能"的;但历史学中"可能"与"不可能"的概念,却远较这种意义为广。所谓可能性(还有必然性)可以有各种形式和各种层次:物理的、逻辑的、理性的、道德的,等等。如果某个历史人物并未做到我们认为他的目的或他的原则所要求于他要做到的,那么"如何—可能"这一模型就可以用来表明,他那原则在事实上并非就是所想象的那样。至于"何以—必然"的模型所要回答的则是:为什么在该情势之下其他一切办法都行不通,于是就不得不出之

---

① W. Dray, *Laws and Explanation in History*, p. 160.

以这种唯一的可能。这里附带要明确的一点是:所谓规律性或必然性究竟是指什么?倘若是指:某个人处于如此这般的场合,就会自然做出如此这般的反应;那么这里的"自然"就并非是指我们通常意义上的规律性,而只是指他在这种场合就会做出被认为是适宜的某种行为来。①

德雷的这种解答应该有其具说服力的一面,但是距离令人满意的程度仍甚遥远。对历史的理解不应把目光仅仅局限于现实或实际,理论不就是实际,所以凡是理论就有其脱离实际的那一方面;如其理论的归宿就仅仅是已经成为了事实的现实,则历史便陷入了定命论。那么人作为历史的主人,就对历史不负(也不应负)任何责任了。但是历史学却又必须要解释,在一切可能性之中,为什么发生的恰好就是如此这般的现实,而并不是别的。这个历史学理论中的终古问题,至今还没有哪一个分析派曾做出过令人满意的答案。这或许就是为分析派所极力反对的思辨的历史哲学至今尚能保持其生命力、使我们读起(例如康德或黑格尔的历史哲学)来仍然觉得其虎虎有生气的奥秘之所在。另一方面,在有些地方德雷又走得太远,走到了主张"在通常的意义上,历史学家可以根本不用任何规律"②的地步。他似乎没有很好地察觉到,规律在这里有显然和隐然之别。一个实践的历史学家不必自觉地意识到自己是在运用某种规律的。但他隐然总是在按他所预先假定的规律来把握历史的。所以丹图就认为,这里问题的实质乃是:就历史解释而言,采用某种规律是不是就构成为必要的或充分的条件。③

为分析的历史哲学而辩护还有另一个理由,即一般人并不懂

---

① W. H. Walsh, *Philosophy of History*, p.198.
② W. Dray, *Laws and Explanation in History*, p.57.
③ A. Danto, *Analytical Philosophy of History*, London: Cambridge University Press, 1968, p.214.

得某种专门的科学知识(比如说核物理学),他们所感兴趣的只在于它的社会效果如何(比如原子弹可以作战,原子能可以发电)。但是历史知识——至少德雷认为——在这方面不同于这类专门科学,它本身就可以为一般人所了解,因而便有直接的使用价值。虽然许多实践的历史学家对此并不萦心;但这只表明他们对于历史研究缺乏哲学的头脑和见解,无力去分析历史思维的逻辑结构;所以他们的研究就不免失之于浅薄,甚至是立足于根本就站不住脚的假问题之上。

三

历史学虽然是人类最古老的一门学问,但是到了近代,比起其他科学之突飞猛进,却显得瞠乎其后,望尘不及。长期以来历史学被看作只是记述之学,单凭记诵为功,因而它的学术地位一直被置于推理之学和创造之学的下面,竟仿佛不大配得上称之为"学"的样子。这在笛卡儿那里就是一个显著的例子。自然,这是一种严重的误解,因为历史学家的叙述也有它自己的逻辑思维,历史学家也要按照一定的逻辑才能进行分析和思考。历史事实是客观存在,但对它的理解(以及它的意义)却不是自明的或者可以自行解说的(auto-explicative),而是历史学家根据自己的思想所推论的、所创造出来的。① 尽管历史学不同于(或不完全同于)其他的科学与艺术,但它并不是没有它自己的思维方式。探讨历史学家是如何进行思维的,是如何理解和解释历史的——这就是史学理论的任务。对任何学科来说,理论和事实二者都不可或缺,也不可偏废;二者相辅相成。如果说以往的历史理论家大多不够重视史实,那

---

① W. Dray, *Perspectives sur l'Histoire*, p. 153 ff.

么同样可以说,以往的实践历史学家就更加忽视自己的理论思维有不断进行自我反思与自我批判的必要;这一点或许是古老的历史学到了近代落后于其他科学的重要原因之一。历史学家的工作不仅仅是单纯叙述事实,他的叙述还必须是一种有意义的叙述。这一所谓"意义"就取决于他的理解。他不仅仅要叙述,比如说,公元前44年3月15日布鲁塔斯在罗马元老院刺死了恺撒,而且他还需要解释这一事件的意义是什么。这就和自然科学可以单纯叙述自然事件(如生物进化史)有了不同。历史学家不能停留在单纯的叙述事实的水平上,他还必须对它有自己的理解和解释。他一定要解释,比如说,布鲁塔斯刺死恺撒是为了保卫共和国或者是为了别的什么,以及一系列与此相关的意义。粗浅地说,历史学就是编年流水账加上历史学家的思想;进一步说,则历史学就是历史学家根据自己的思想所编制的编年流水账;再进一步说,则历史学家就是根据自己的思想在创作一个编年体系。他不仅要叙述事实的实然,而且要解释它的当然和所以然。① 史实本身不能自行解释,非仰仗历史学家的理论思维不为功。所以历史研究的对象既有事实,也还有历史学家的思想理论。历史学家不能不随时反思自己的思想(而一个数学家进行他的数学推导时,不必反思他自己的思想)。历史学具有这一特性,所以被德雷称之为"观点史学"。②

历史学家并不是一面镜子,只是消极地在反照客观事物而已,各个镜子之间只有清晰程度的不同。他是在以自己的思想重建过去的历史。并非凡是成为过去的,就都已经死去了。反之,倒不如说,虽然死者对生者是死去了,但死者却仍然活在生者的思想里。过去的历史就活在历史学家对过去的思想构造之中。所以在一定

---

① R. G. Collingwood, *The Idea of History*, p. 214.
② W. Dray, *On History and Philosophers of History*, p. 54.

意义上,也可以说是如贝克尔所谓的,人人都是自己的历史学家,因为每个人都在按照自己的思想解释历史。这再一次使我们回想起章学诚的理论:编纂和考订都不是历史学;章学诚所谓的历史学,其含义大抵正相当于近代的"历史哲学"。他的论断:"纲纪天人,推明大道,所以通古今之变,成一家之言"的历史学之所以成立,乃在于"微茫杪忽之际,有以独断于一心。"①这正是企图对历史学理论给出一个明确的界定,代表着一个真正好学深思、心知其意的历史学家对历史解释的警觉。

19世纪末以来,人们每每强调自然科学与历史学二者对象的不同在于:一个无思想,一个有思想。人有思想,所以历史学家就须深入探讨人们思想的幽微,而不能停留在无思想的表面现象上。不过在强调这一点时,人们却没有能同时强调另外的一点,即自然科学的对象是给定的客观存在,而思想却没有客观存在。固然也有人断言:思想也是客观存在。但是这样说的人似乎忘记了,这样一来就把思维对存在的问题转化成了存在对存在的问题。于是恩格斯那个极有意义的有名的命题②,就变成了毫无意义的命题,这就一笔勾销了恩格斯所规定的哲学中最根本的界线。唯其思想不是客观存在,所以它是不确定的,我们无法用一条客观尺度加以衡量。我们对物性有客观的尺度(如物体的硬度、温度),我们对人性却无此尺度(如人的忠诚、信心)。历史学的对象本身便具有极大的不确定性。

历史与逻辑的统一这一提法蕴含着,这一统一在逻辑上、而且也在事实上须以二者的对立(不统一)为其前提。统一是对立的统一,没有对立即无所谓统一。然则历史和逻辑两者的对立何在?

---

① 章学诚:《文史通义》卷五,内篇五,《答客问上》。
② 参看恩格斯:《费尔巴哈和德国古典哲学的终结》,《马克思恩格斯选集》,第4卷,北京:人民出版社,1972年,第220页。

这是谈统一必须首先加以明确的,否则就谈不到两者的统一。问题在于一切历史都只是经验中的事实,这个事实如何能从逻辑里推导出来?或者说,它怎么又恰好能符合逻辑的推导?先验的逻辑怎么恰好成了经验的事实?安东尼爱上了克里奥巴特拉,是无法从逻辑中推导出来的。逻辑推导的都是必然,而并非一切历史都有逻辑的必然性。如果能从逻辑中推导出事实来,那就成了"先验的事实"——这在用语上就是自相矛盾的,因为所有的事实都是经验的事实。如果历史和逻辑确实是统一的,那么我们就确实会有一部先验的历史了。但先验的历史和先验的世界乃是思辨哲学(而非经验科学,也非分析哲学)的事情。历史学就其本性而言,乃是一种经验的科学。先验性和经验性、偶然性和必然性,在历史学的实践中怎么能够统一?对此,德雷提出一种解说,即历史学家选择问题和选择答案分别属于两个不同的层次。① 在选择问题这一层次上的主观性,并不要求在选择答案这一层次上的必然性。反之,也可能答案是必然的,并无选择的余地,但这并不意味着对问题的选择也是如此。②

还有另一种解决办法,即不是设想历史与逻辑的统一,而是设想历史与文学的统一。这种设想更接近于古来文史不分的传统。历史学的工作乃是要叙述一个故事,这个历史故事不同于文学故事的,只在于它须以某些给定事实为根据;但两者都是叙述故事。两者都要求合情合理而又令人信服。历史学家固然要避免主观的好恶和偏见,但首先应该考虑的则是客观性究竟是什么以及是否可能。假如历史学家说不清它是什么,甚至于它在原则上就是不可能的,那么追求客观性就变成没有意义的了。在这种情况下,历

---

① W. Dray, *Philosophy of History*, p.29.
② R. F. Atkinson, *Knowledge and Explanation in History*, p.83.

史学就等于文学。即使不是这种极端的情况(即我们承认有某种程度的客观性),历史学和文学的性质也是基本相似的。我们可以用如下一个例子来说明历史学是怎样地更具有文学的而非逻辑的或科学的性质。给定条件:(一)张伯伦对希特勒的绥靖政策是完全错误的;(二)丘吉尔是一贯坚决反对张伯伦的绥靖政策的;(三)丘吉尔的任何解说必须照顾到英国民族的尊严和保守党政府的体面;(四)他对他的前任、领导和上级张伯伦不仅不能表示鄙视,而且要表示尊重和敬意。在这样的前提之下,对这段众所周知的历史事实应该如何加以解说?历史学家丘吉尔——丘吉尔曾以其历史学著作获诺贝尔奖——这样写道:"他(张伯伦)满怀希望地相信,慕尼黑会议是一个真心相见的会议,他和希特勒、墨索里尼一起已经把世界从战争的无限恐怖中解救出来。……如果说张伯伦未能了解希特勒,那么希特勒就更加低估了英国首相(张伯伦)的性格。希特勒错误地认为首相温良谦恭的外表和祈求和平的热情完全可以说明他的性格。他不知道内维尔·张伯伦有一颗坚强的心,不愿受人欺骗。"①这种解释完全满足了以上给定的条件。不过,它更是文学,而不是逻辑或科学。

我们还可以说,历史研究在某种意义上有似于法官断案:(一)他们都必须追究有关行动是由什么思想所支配的(如杀人,是卫国杀敌,或替父报仇,或正当防卫,或过失杀人,或谋财害命);(二)他们都必须追究某个当事人的责任(如研究第二次世界大战就要追究纳粹党和希特勒的责任)。自然科学绝对不追究自然现象的动机(如天灾或地震的杀人动机)及其所应负的责任。以上两者都须假设自由意志论作为其前提。问题是,这又如何与历史决定论相

---

① 丘吉尔:《第二次世界大战回忆录》,北京:商务印书馆,1974年,第1卷第2分册,第510—511页。

容？历史决定论认定每个人只是历史的工具或傀儡，是某种非个人的、乃至非人的（例如自然的）势力的代表，非如此就不能解释客观规律的必然性。但历史研究又不能因此就像自然科学那样不去追究任何动机和责任，而把一切都诿之于一句空洞的话："由历史去负责。"历史既不以个人的意志为转移，而个人意志又须对这一不以自己的意志为转移的历史负责。这真是一曲古典希腊悲剧式的主题。历史决定论所遇到的意志自由论的难题，正不亚于意志自由论之遇到历史决定论的难题。双方同等地需要解决各自的难题。

但是历史研究和法官断案之间也有一个重大的不同之点：法官断案是以法律为准绳的，法律是由人们共同同意而制订的，一旦制订之后就成为一切人所共同的、绝无例外的、强制性的准绳。但历史学并没有一种对人人都普遍有效的准绳，于是每个人就都是自己的历史学家，但每个人却绝不是自己的法官。于是，我们就被导向这样一种立场，即历史学没有普遍的准绳而只有个别的判断。这或许可以成为克罗齐的如下论断的注脚："历史学的特点可以归结为历史与个别判断的同一。"①

四

历史学是一门独立的学科；虽然其中既有科学的一面，又有艺术的一面。就其科学的一面而言，历史学不同于艺术；就其艺术的一面而言，历史学不同于科学。就其科学的那一面而言，它也不同于一般科学的抽象思维，它最后不是归结为普遍规律，而是归结为对具体的人物和事件的叙述和解释。物理学家可以撇开具体的客

---

① B. Croce, *Logic as the Science of the Pure Concept*, London: Macmillan, 1917, pp. 279 ff.

体,抽象地研究质点运动的规律,质点在客观世界中是并不存在的;历史学家却不能撇开具体的客体,抽象地研究人的活动的规律,例如他不能撇开具体存在的人(如希特勒)。就其艺术的一面而言,历史学又不同于艺术的驰骋想象,它不能虚构。科学无法承担起历史学中的艺术职能,即历史学要凭借叙述而重建一幅过去历史的具体图像;而艺术也无法承担起历史学中的科学职能,即历史学要求事实的真实性。科学所传达的是概念,历史学所传达的则是体验(Erlebnis)。概念对人人都是相同的,而体验则人人各异。历史学必须传达给人以对于人物或事件的某些具体感受,这就有似于对艺术的美感经验了。科学所表达的,就是它的文字或符号所表达的东西,而艺术所表达的则往往超出于它的文字或形象之外,每个人各有其对弦外之音或言外之意的体会。除非将来历史学可以另外创制一套符号作为更精确的表达工具,否则只要它需用文字来表达具体的人物和事件,它就在科学的可靠性之外,还需要有艺术的表现性,亦即章学诚所谓的"撰述欲其圆而神,记述欲其方以智"。① 历史学不仅是记述,而且是撰述。历史学家只有首先对历史学的本性进行一番分析的批判,历史学才可望在真正坚实的基础之上和别的姊妹科学并肩前进。

  人是自然人,作为自然人他无时无地不在服从自然规律;但是用自然规律仅仅能解释自然人,并不能穷尽对人的研究(历史学)。同理,人是社会人,他无时无地不在服从社会规律;但是用社会规律仅仅能解释社会人,并不能穷尽对人的研究(历史学)。凡是以为用自然的或社会的客观规律就足以穷尽解释人的本性及其开展过程(历史)的——用一种比喻的说法——就像走入了一座托勒密式(Ptolemaic)的迷宫,他们执意要以他们完美的圆形轨道(自然的

---

① 章学诚:《文史通义》,卷一,内篇一,《书教下》。

或社会的规律)来解释历史。本轮解不通,就加上均轮;仍解不通,就再加第三、第四乃至第 n 项小轮。总之,历史必须迁就他们那万古不变的完美轨道。他们不肯去想,问题就出在自己那形而上学的假设上面:世界(和人)的运动是必须符合他们的理想图式的。就像是亚里士多德认为月亮是纯粹的光明,因为神圣的东西是不会有阴影的。他们不肯承认:普遍存在的规律并不等于充分解释。万有引力定律是普遍存在的,是无时无地都不能脱离的,但这并不意味着它可以充分解释人的历史,虽然人的任何活动从未、也不会违反万有引力定律。其他一切自然的、社会的乃至心理的规律莫不皆然。X 是普遍存在的,所以就要用 X 来解释人的历史——这种思维方式乃是逻辑的混淆。简单说来,我们有三个层次不同的世界:自然的、社会的、人文的,或者说人对物的、人对人的和人对自己心灵的生活。历史学的固有领域是人文世界;它固然也牵涉到自然和社会,但并不就是同一回事。人的思想和活动虽然也涉及并包括自然的与社会的活动,但并不仅仅就是自然的和社会的活动而已。所以我们不能把对人的研究(历史学)简单地归结为科学研究,无论是自然的(如饮食男女)或社会的(如权力和财富),尽管这些方面也包括在历史学的范围之内。但它们严格说来只是提供必要的背景,而不能充分解释人文活动的自身(例如对真、善、美的追求)。归根到底,历史学既不是自然科学,也不是社会科学,而是一门独立的人文学科(假如我们不用通俗的"科学"一词的话,这里似乎德文的 Wissenschaft 比英文的 science 一词更好一些)。要充分解释历史就要引用人文的规律,而自然规律和社会规律仅仅是它的必不可少的基础或条件,但不是它的充分理由或原因。韦尔斯写他的《世界史纲》,用了那么多篇幅来写生物进化史和史前史,但那究竟并非历史学本身的研究对象。

我们说历史学是一门独立的学科,而不是其他(自然或社会)

科学的附庸,并不意味着它和其他科学之间的分野是绝对的。通常认为历史学的特点在于:(一)历史事件是独一无二的,它绝不重演;但严格说来,自然(或社会)事件也是独一无二的,它们也绝不重演;(二)历史学家有其主观性或主体性;但严格说来,每个(自然或社会)科学家也都受自己主观因素(性格、气质、偏见、好恶、背景、训练等)的制约和影响,甚至有某种类似艺术家灵感的东西。通常的这种说法——客观事实不变而主观看法在变——也只不过是一种方便的表述方式(上面说的,客观事实也并不是不变的,它的作用和影响是不断在变的;这就是历史。如果一件客观事实没有任何作用或影响,它就不是历史学的对象了)。任何认识的成立都有赖于主体与客体双方的相互依存,任何知识都不是一种客观存在的对象(Gegenstand),而是主客之间的一种状态(Zustand)。所以我们应该说,一切知识都有其共同之点,又复有其特殊之点。我们不能以其特性抹杀其共性,也不能以其共性抹杀其特性。人与自然和社会既是对立的,又是统一的;既有不同方面,又有相同方面。有见于同,无见于异;或有见于异,无见于同——都不免是囿于一隅的偏见。历史学应该对自然科学或社会科学独立,这并不意味着要和它们断绝关系。

就历史学而言,虽然每个历史学家所提的问题及其思维方式各异其趣,不过一切历史学家作为历史学家,总有大家面临的共同问题,如历史事件中自由与必然的关系,历史学中的主体性与客体性的关系。这些共同问题才使得历史学成其为历史学。也许从不同的角度上,各个历史学家都各得大道之一端,各以自己的理解和解释丰富了整个历史学的宝库。很难设想如果古往今来只有唯一的一种历史解释,整个历史学怎么可能繁荣和发展。把历史上任何一种重要历史解释或历史理论家排摒在历史学的领域之外,恐怕都会是对整个历史学无可弥补的损失。历史是复杂的,历史学也是复杂的,似乎不应把它强行纳入一种唯一的理论模型。分析派的历史哲学看来就有着这种缺点。他们也做了很多努力,也取得了不少成果;但他们的排他性太强而包容性甚小。他们没有能更多地吸收其他各家(尤其是思辨的历史哲学)所做的努力和贡献。在这方面不免予人以一种"以为天下之美尽在于己"的印象。

  任何科学大概永远都不会得出什么最后的答案。毕竟真理不像是北极;只要我们向北走,总有一个时候我们可以宣称:这里就是北极,不可能有更北的地方了。我们毕竟不能宣称:这就是极终的真理,再没有其他更高的可能了。真理不是北极,它不存在于任何地方,它就只存在于对它的永恒追求之中。人们的知识或认识不是一种对象,而是一种状态。审美感如此,真实感也如此。半个世纪以前,柯林武德曾对历史学研究寄予无限的希望,他认为历史学在 20 世纪要完成物理学在 17 世纪所完成的那种伟业;所以人类文明本身及其前途端赖我们对历史学技术的修养如何。[①] 两个世纪以前,那位体现了"对人道的兴趣乃是启蒙运动的理想"[②]的哲学家康德曾提出:启蒙就是人类要有勇气去运用自己的理性,要摆脱自己在思想上的"被保护状态"。[③] 这个愿望似乎直到今天都还没有实现,人类的思想似乎仍然未能进入成熟的独立状态。真正的"爱智慧"应该是以追求真知为出发点,历史学也不例外。思辨的历史哲学是对历史的反思,分析的历史哲学是对历史学的反思。回答这个问题:什么是我们的历史认识,或我们所认识于历史的究竟是什么? 这一点一直是分析派的贡献所在。过去有人嘲笑分析

[①] R. G. Collingwood, *An Autobiography*, Oxford: Oxford University Press, 1939, pp. 99 ff.
[②] L. W. Beck, *Studies in the Philosophy of Kant*, New York: Bobbs-Merrill, 1965, p. 427.
[③] I. Kant, "Beantwortung der Frage: Was Ist Aufklärung?", *Gesammelte Werke*, Berlin: Ak. Verlag, 1935, Bd. 8, p. 35.

科学的附庸，并不意味着它和其他科学之间的分野是绝对的。通常认为历史学的特点在于：(一)历史事件是独一无二的，它绝不重演；但严格说来，自然(或社会)事件也是独一无二的，它们也绝不重演；(二)历史学家有其主观性或主体性；但严格说来，每个(自然或社会)科学家也都受自己主观因素(性格、气质、偏见、好恶、背景、训练等)的制约和影响，甚至有某种类似艺术家灵感的东西。通常的这种说法——客观事实不变而主观看法在变——也只不过是一种方便的表述方式(上面说的，客观事实也并不是不变的，它的作用和影响是不断在变的；这就是历史。如果一件客观事实没有任何作用或影响，它就不是历史学的对象了)。任何认识的成立都有赖于主体与客体双方的相互依存，任何知识都不是一种客观存在的对象(Gegenstand)，而是主客之间的一种状态(Zustand)。所以我们应该说，一切知识都有其共同之点，又复有其特殊之点。我们不能以其特性抹杀其共性，也不能以其共性抹杀其特性。人与自然和社会既是对立的，又是统一的；既有不同方面，又有相同方面。有见于同，无见于异；或有见于异，无见于同——都不免是囿于一隅的偏见。历史学应该对自然科学或社会科学独立，这并不意味着要和它们断绝关系。

　　就历史学而言，虽然每个历史学家所提的问题及其思维方式各异其趣，不过一切历史学家作为历史学家，总有大家面临的共同问题，如历史事件中自由与必然的关系，历史学中的主体性与客体性的关系。这些共同问题才使得历史学成其为历史学。也许从不同的角度上，各个历史学家都各得大道之一端，各以自己的理解和解释丰富了整个历史学的宝库。很难设想如果古往今来只有唯一的一种历史解释，整个历史学怎么可能繁荣和发展。把历史上任何一种重要历史解释或历史理论家排摒在历史学的领域之外，恐怕都会是对整个历史学无可弥补的损失。历史是复杂的,历史学也是复杂的,似乎不应把它强行纳入一种唯一的理论模型。分析派的历史哲学看来就有着这种缺点。他们也做了很多努力,也取得了不少成果;但他们的排他性太强而包容性甚小。他们没有能更多地吸收其他各家(尤其是思辨的历史哲学)所做的努力和贡献。在这方面不免予人以一种"以为天下之美尽在于己"的印象。

任何科学大概永远都不会得出什么最后的答案。毕竟真理不像是北极;只要我们向北走,总有一个时候我们可以宣称:这里就是北极,不可能有更北的地方了。我们毕竟不能宣称:这就是极终的真理,再没有其他更高的可能了。真理不是北极,它不存在于任何地方,它就只存在于对它的永恒追求之中。人们的知识或认识不是一种对象,而是一种状态。审美感如此,真实感也如此。半个世纪以前,柯林武德曾对历史学研究寄予无限的希望,他认为历史学在20世纪要完成物理学在17世纪所完成的那种伟业;所以人类文明本身及其前途端赖我们对历史学技术的修养如何。[①] 两个世纪以前,那位体现了"对人道的兴趣乃是启蒙运动的理想"[②]的哲学家康德曾提出:启蒙就是人类要有勇气去运用自己的理性,要摆脱自己在思想上的"被保护状态"。[③] 这个愿望似乎直到今天都还没有实现,人类的思想似乎仍然未能进入成熟的独立状态。真正的"爱智慧"应该是以追求真知为出发点,历史学也不例外。思辨的历史哲学是对历史的反思,分析的历史哲学是对历史学的反思。回答这个问题:什么是我们的历史认识,或我们所认识于历史的究竟是什么?这一点一直是分析派的贡献所在。过去有人嘲笑分析

---

① R. G. Collingwood, *An Autobiography*, Oxford: Oxford University Press, 1939, pp. 99 ff.
② L. W. Beck, *Studies in the Philosophy of Kant*, New York: Bobbs-Merrill, 1965, p. 427.
③ I. Kant, "Beantwortung der Frage: Was Ist Aufklärung?", *Gesammelte Werke*, Berlin: Ak. Verlag, 1935, Bd. 8, p. 35.

派的工作只是概念游戏;不过历史学如果要证明自己作为一门独立学科的合法地位,看来认真进行一番这样的概念游戏还是必不可少的。

(原载《加拿大,成功的启迪》,吉林教育出版社,1991年)